高校社会工作专业的建设与发展

张正威 著

全国百佳图书出版单位 | 吉林出版集团股份有限公司

图书在版编目（CIP）数据

高校社会工作专业的建设与发展/张正威著.--长春：吉林出版集团股份有限公司，2021.3
ISBN 978-7-5581-9885-4

Ⅰ.①高… Ⅱ.①张… Ⅲ.①高等学校—社会工作—专业设置—研究 Ⅳ.① C916

中国版本图书馆 CIP 数据核字 (2021) 第 054484 号

高校社会工作专业的建设与发展

GAOXIAO SHEHUI GONGZUO ZHUANYE DE JIANSHE YU FAZHAN

著　　者：	张正威
出 版 人：	吴文阁
责任编辑：	陈佩雄　孙　璐
装帧设计：	南通朝夕文化传播有限公司
开　　本：	710mm × 1000mm　1/16
字　　数：	250 千字
印　　张：	13.5
版　　次：	2021 年 03 月第 1 版
印　　次：	2022 年 01 月第 1 次印刷
出　　版：	吉林出版集团股份有限公司
发　　行：	吉林音像出版社有限责任公司
地　　址：	长春市福祉大路 5788 号龙腾国际大厦 A 座 13 层
电　　话：	0431- 81629679
印　　刷：	定州启航印刷有限公司

ISBN 978-7-5581-9885-4　　定　价：58.00 元

前言

PREFACE

随着经济发展，社会进步以及社会主义和谐社会理念的深入人心，社会工作越来越受到人们重视，并且对于社会工作的要求也是越来越高，而地方高校之中，对于社会工作专业课的建设也正在迅速发展之中。社会工作专业是以政府为主体，社会力量广泛参与的，以社会工作、社会学、心理学等为主干学科基础，物业管理、医学、法学等为辅助学科，以助人自助为核心理念，以个案工作、小组工作、社区工作为直接工作方法的学科。旨在为案主提供专业服务，解决在与环境互动过程中所产生的各种问题，帮助案主重塑自信，协助解决困境，重新融入社会，从而加快高校社会工作发展，紧跟时代步伐。

基于此，笔者撰写了《高校社会工作专业的建设与发展》一书。全书在内容编排上共设置六章，第一章以高校社会工作的定位、高校社会工作与相关学科、高校社会工作实务的条件与程序、高校社会工作的服务体系为切入点，诠释高校社会工作的基本理论；第二章探讨高校个案社会工作、高校小组工作以及社区工作；第三章分析高校社会工作专业实践课程体系的完善、高校社会工作专业隐性课程的缺失与建设、高校社会工作专业三位一体教学模式及其构建；第四章论述高校社会工作专业学生就业形势、高校社会工作专业学生就业路径探索、高校社会工作专业人才培养的反思与重构、高校社会工作专业师资培养及其队伍建设；第五章突出实践性，分别从高校社会工作专业实习教育困境与对策、高校医务社会工作专业教育特点及发展对策、高校社会工作视角下新生与毕业生工作、高校社会工作嵌入新生管理的专业平台搭建实践四个方面研究高校社会工作专业的实践教学；第六章基于高校社会工作专业的转型与未来发展视角，论述非营利组织与高校社会工作专业的融合性发展、开放教育社会工作专业发展路径——嵌入性模式、社会工作专业与高校协同创新的效应及其路径选择。

  本书结构清晰、内容流畅、思维缜密、逻辑性强，结合相关理论对高校社会工作专业的建设与发展进行深入研究，注重理论与实践的结合，使读者能够从理论上获得指导。

  笔者在撰写本书的过程中，得到了许多专家学者的帮助和指导，在此表示诚挚的谢意。由于笔者水平有限，加之时间仓促，书中所涉及的内容难免有疏漏之处，希望各位读者多提宝贵意见，以便笔者进一步修改，使之更加完善。

张正威

2020 年 9 月

目录

CONTENTS

第一章 高校社会工作的理论基础 ······ 001
  第一节 高校社会工作的定位分析 ······ 001
  第二节 高校社会工作与相关学科 ······ 009
  第三节 高校社会工作实务的条件与程序 ······ 012
  第四节 高校社会工作的服务体系 ······ 032

第二章 高校社会工作的多元化探索 ······ 040
  第一节 高校个案社会工作 ······ 040
  第二节 高校小组工作 ······ 075
  第三节 高校社区工作 ······ 099

第三章 高校社会工作专业课程改革与模式构建 ······ 120
  第一节 高校社会工作专业实践课程体系的完善 ······ 120
  第二节 高校社会工作专业隐性课程的缺失与建设 ······ 123
  第三节 高校社会工作专业三位一体教学模式及其构建 ······ 125

第四章 高校社会工作专业就业形式与人才培养 ······ 131
  第一节 高校社会工作专业学生就业形势分析 ······ 131

第二节　高校社会工作专业学生就业路径探索……………………133
　　第三节　高校社会工作专业人才培养的反思与重构………………134
　　第四节　高校社会工作专业师资培养及其队伍建设分析…………139

第五章　高校社会工作专业的实践教学研究……………………………**145**
　　第一节　高校社会工作专业实习教育困境与对策…………………145
　　第二节　高校医务社会工作专业教育特点及发展对策……………153
　　第三节　高校社会工作视角下新生与毕业生工作研究……………159
　　第四节　高校社会工作嵌入新生管理的专业平台搭建研究………178

第六章　高校社会工作专业的转型与未来发展…………………………**188**
　　第一节　非营利组织与高校社会工作专业的融合性发展…………188
　　第二节　开放教育社会工作专业发展路径——嵌入性模式………193
　　第三节　社会工作专业与高校协同创新的效应及其路径选择……199

参考文献………………………………………………………………………**208**

第一章　高校社会工作的理论基础

社会工作是政府管理和市场运行的共生系统，是发达地区和文明社会的重要标志。高校社会工作服务中心作为民间自发的公益机构和高校社区的专业活动场所，具有一定的特殊优势。本章重点围绕高校社会工作的定位、高校社会工作与相关学科、高校社会工作的基本程序以及高校社会工作的服务体系展开论述。

第一节　高校社会工作的定位分析

当前，我国正处于社会变迁的转型期，这个时期出现的复杂多变的社会问题，必然反映到高等院校中来。因此，社会发展需要社会工作教育者在高等院校开展学校社会工作服务，在社会工作实践中探索高校社会工作的特殊规律。

一、高校开展社会工作的必要性与可能性

（一）高校开展社会工作的必要性

改革开放 40 多年以来，随着对外交流的日益频繁和市场导向的逐渐扩大，在我国产生了信任危机、贫富悬殊等社会问题，处于社会变迁转型期的社会问题对青少年及其家庭以及学校与青少年的关系产生了复杂的影响，这是开展学校社会工作的主要社会前提。

当前，我国高校在校大学生多为独生子女，从入学到大学大部分时间是在

校园里度过的，部分父母平时忙于工作，与孩子沟通较少，因此，两代人的价值观差异较大，关系相对陌生。尤其是信息社会中电子媒介对青少年的影响逐渐加大，这些都使家庭的传统功能遭到挑战，家庭对子女的凝聚力、家长对子女的影响力受到削弱，同辈人之间的影响逐步增大，对父母封闭的内心空间只是向同辈亲密伙伴开放，以此缓解学校和家长对自己的学业压力。过重的学习负担，使学生产生厌学情绪。一般而言，父母决定子女的考试、升学、就业等有关人生道路的重大选择，学生的个人独立判断问题、处理问题能力下降，环境适应能力欠佳。

近年来，学校社会工作却为人们带来了全新的理念和方法，在高等院校开展学校社会工作是解决当今大学生存在的复杂问题的有效途径之一。

（二）高校开展社会工作的可能性

目前，我国高校开办了社会工作专业教育，在教学过程中，社会工作专业师生苦于缺少社会工作实践的机会，专业建设不能落实，学生对专业的认同感以及专业技术训练存在许多问题。事实上，社会工作的专业实践就在高校师生的身边，在校大学生就是高校社会工作最主要的服务对象，学校是高校社会工作服务的主要场所。高校开办社会工作专业教育，聚集了一批社会工作专业人才，积累了一定的专业知识和实践经验，具备了在高校开展专业化学校社会工作服务的条件，因此在高校推行学校社会工作服务是完全可能的。

社会工作教育不可与现实脱节，必须要和研究与服务紧紧扣起，亦必须要积极参与对理论的反思及建立，而实践中心便是达到这个目标的其中一个有效方法。例如，位于山东省烟台市的山东工商学院社会学系建立了"学校社会工作服务中心"，社会工作教研室的几位教师任督导通过面试选拔社工专业高年级学生担任见习员，每日下午值班3小时，师生共同学习讨论社会工作伦理价值、服务规则和工作方法，近期工作服务对象是在校大学生，逐步扩展到社会。服务中心开通了热线电话，每日对外开通3个小时。来访服务中心的学生主要涉及的问题有环境适应问题、专业方向选择问题、恋爱交友问题、职业生涯设计问题等。服务中心成立以来，接待来访人员的数量呈明显上升趋势。迄今为止，值班记录百余次。其中小组活动近40次，接待来访人员共计50多人次，热线电话服务数十次。

学校社会工作服务中心成功举办了一系列颇具特色的活动，主要有：参观考察烟台山历史文化遗迹和栖霞牟氏地主庄园，以了解烟台开埠时期的社会慈善事业，使其切身感受地方的历史文化和社会变迁；参观烟台市聋哑学校和芝罘区辅读学校，感受残障社会工作及其特殊教育的魅力，增强学生的专业认同感；多次组织学生深入黄海、毓璜顶、东山三个社区实习基地，进行社会调查，为社区建设献计献策；针对毕业生就业压力和新生的环境适应问题，举办"职场面试指南"讲座，开展异地环境适应问题的团体活动及专升本的团体咨询；在教师指导下设计"大学生校外租房问卷调查"，掌握高校学生校外租房的复杂原因、分布状态、结果影响等。

二、高校社会工作与相关工作的联系

高校社会工作与其他社会工作一样，都是一种助人自助、解决困难的专业化活动，这是高校社会工作与其他社会工作的共性。高校社会工作的对象以及工作目的的特殊性，决定了高校社会工作的特殊性。

（一）高校社会工作不同于党团组织的思想政治工作

高校社会工作在主体身份、价值伦理和工作方法上具有一定的特殊性。高校社会工作团体不像党团组织那样是上级领导的代表，高校社会工作团体具有鲜明的民间性、公益性和专业性，这恰恰是党团组织所不具备的。对此，这种区别并非只是专业技能上的，也不是工作途径与形式之分，而是一种工具价值上的差别。社会主义体制下做人的工作，一个深层的理念是从它的根本利益出发，以个人的根本利益与现存社会的利益是完全一致的这样一个假设为前提。同样是"以人为本"，而我国原有的对人的工作则偏重于对团体、对人的共同利益的重视。这使得原有针对各类人群的工作，更多的是一种教育、一种规范，强调个体适应社会和团体，而不是从对个体的尊重出发。进入市场经济开放时代，人们的个体本位意识不断上升，传统的思想政治工作已不适应社会发展的需要。与学校社会工作相比，传统的思想政治工作与工作对象是"政治人"的关系，工作方式是刚性的；而开展的高校社会工作，工作者与来访者其双方地位是完全平等的，工作方式是柔性的。例如，18岁以前是心理及情绪最不稳定的阶段，18岁以后则被认为寻求成就感和自我肯定，又面临异性选择和未来职业选择等问题。根据这种特点，高校社会工作应当采用平等对话、共同讨论的方式，这比较适合大学生特殊心理时期的状况，也更能体现社会工作者对服务对象人格尊严的尊重。

由于高校社工对象主要是在校大学生以及教师，其自决的潜力更突出些，因此，不能把高校社会工作服务对象视为弱势群体的援助对象或心理障碍的治疗对象。对此，人们把高校社会工作中社工与服务对象的关系定位于平等伙伴关系，平等对话、深层次的沟通是开展高校社工服务的主要方式。工作目标强调服务对象的"意识觉醒"以及社工人员自身的道德实践，双方不回避有关价值理念和道德实践行为的讨论。因为高校社工服务中社工与服务对象的关系，或者是师生关系，或者是同学关系，所以双方能够彼此接纳，深刻体会对方的心理变化，以精神沟通解决精神自闭问题。服务对象讲出自己的困惑，服务对象的经历和感受在一定程度上影响着社工的态度和决断，在此社工人员不可能绝对超脱服务对象问题之外做到所谓的"纯客观态度"，"价值介入"是不可避免的。

（二）高校社会工作与心理咨询的联系

心理咨询是运用心理科学的理论和方法，通过接触咨询对象（即来访者）的心理问题（包括发展性心理问题和障碍性心理问题）来维护和增进身心健康，促进个性发展和潜能开发的过程。更重要的是，心理咨询与心理治疗在本质上没有明显的不同。高校学校社会工作与心理咨询的关系非常密切，二者属于包含与被包含的关系，心理咨询只是高校学校社会工作的基础学科之一，高校学校社会工作也要引入心理咨询的一些方法和技术；然而高校学校社会工作的学科基础和工作范围显然大于心理咨询。

当社会工作者去帮助解决的许多个人问题存在着社会结构、制度、政策方面的根源，因而需要通过社会结构、制度、政策方面的调整、变革来从根本上加以解决时，社会工作者应该去从事、参与这样一些调整、改革社会结构、制度与政策的行动，包括参政、议政性质的活动。因此，社会工作的范围实际上是很广的，其形式是多样的。

由此看来，心理咨询主要还是解决个人心理层面的问题，而高校社会工作还要解决社会层面的问题。因此，高校学校社会工作与心理咨询二者之间不能以一方代替另一方。高校社会工作者在学校体系中不仅是澄清问题的被咨询者，而且还是沟通同学关系、师生关系、学生与学校关系的协调者，通过灵活多样的协调沟通工作，不仅要解决服务对象的情绪问题、人际调适问题，而且有时还要深入到社会整体层面。

（三）高校社会工作与社区社会工作的差异

学校是社会的缩影，学校内反映许多社会问题。由于高校社会工作与一般的社区社会工作的工作对象不同，导致了工作方式的差异。高校社会工作的主要工作对象是在校大学生，当然包括那些"问题"学生；而社区社会工作对象主要是生活在社区的居民，特别是老弱病残和妇女儿童等弱势群体。高校社会工作的对象需要的是心灵沟通和心灵支持，社区工作对象急需的是物质救助、生活环境的改善等，所以二者在工作对象和工作内容上有很大差异。由于中国高校内部各种生活服务设施齐全，所以高校就形成了一个相对比较独立的特殊社区——生活共同体。因此，高校社会工作必须根据大学社区的特点，解决大学社区的特殊问题。当然，高校社区不能局限于地域概念的理解，实际上高校大学生接触的有关学生团体，如学生社团、学生宿舍、同乡会等，也可以列入高校社区，这也是高校社会工作的工作对象。

由此可见，高校社会工作以社会学、心理学和教育学等学科为基础，以爱心助人、公益务实为原则，以个案、团体和社区工作为主要工作形式，排解学生在学业、社交、情绪、人格等方面存在的难题。目的在于解决当今大学生存在的学业适应欠佳、独立生活能力较低、未来选择迷茫、生理发育与心理发展不平衡等问题，沟通学生与学生、学生与学校之间的关系。大学生郁闷的精神状态迫切需要心灵沟通和支持，因而采用面对面平等对话、共同讨论的方式，以心灵的真诚相遇改变师生疏离的交往关系，辅助学生自主解决问题，实现其精神健康发展。

三、高校社会工作的特征与优势

（一）社会工作的特征

社会工作的目的是帮助有需要的人通过道德的途径满足需要，它至少有以下四大特征：

（1）社会工作者关注社会问题，无论问题多么复杂、多么难以解决。社会工作者可能遇到存在性虐待的家庭，必须努力制止；可能遇到青少年违法率直线上升的社区，必须立即采取措施。社会工作并不能解决所有问题，但大部分问题还是能够得到解决或缓解的。

（2）社会工作关注并改变环境。社会工作者为了实现目标而需要改变或影响的系统称为目标系统（target system）或改变的目标（target of change）。改变的目标并不局限于个人或家庭，环境也是社会工作的目标系统。案主有独特的需要，社会机构、组织、社区可能满足不了这样的需要，必须对这些没有回应案主需要的系统施加压力，迫使它们改变。

（3）社会工作改变环境与案主之间的关系。例如，社会工作者经常把案主和能满足其需要的机构联系起来。

（4）价值。社会工作专业价值聚焦于个人自由选择美好生活的权利。社会工作并不限定人们以特定的方式思考、行动，相反，它帮助人们选择、决定、行动。

（二）高校社会工作的优势

1. 民间自发组织优势

高校社会工作服务中心作为自发性民间组织，具有特殊的优势。在高校开展学校社会工作必须建立一个组织机构，这个组织机构不是校方指定安排的，而是由专业社工教师自发组织起来。参与高校社会工作服务中心的社工专业师生在本质上是志愿服务者，志愿服务的基本精神是个人或团体在自由意愿下从事服务工作，不受外力强迫，可自由选择、参与的服务。高校社会工作服务就是自愿的、非外力强迫性的利他行为，这体现了对生命价值的肯定和自我理想的实现。这种自发性会带来意想不到的工作主动性和创新性。在自发活动过程中，许多师生扮演了重要角色，他们亲自动手，在工作中产生出一些全新的想法和实施策略设计，做出具有重要意义的活动项目，从而直接推动学校社会工作的发展。

2. 专业活动场所优势

高校社会工作服务中心是一个专业活动场所，为社会工作专业教师提供了教学、科研及实践的活动场所，在服务工作中实现教学、科研、实践三者的有机结合。服务中心为社工专业高年级学生开辟了一个便利的实习平台，使他们能够做到不离校就亲身接触到社会工作的实际问题。面对一个来访服务对象提出的问题，有时学生社工见习员会向社工教师提出一些想法，师生共同策划工作方案，共同参与对服务对象的帮助。学生实习中所遇到的难题推动着教师科学研究的深入，教师对某一领域的钻研也提高了学生的实际工作能力。另外，高校社会工作服务中心机构的开放性避免了实验室的封闭性，封闭的实验室阻碍了学生的来访，任何人都不愿意把自己交给别人作为实验对象；而高校社会工作服务中心能够激发广大师生的参与热情和创造能力，吸引更多的学生来访。

高校社工服务工作需要师生动用大量的社工知识和技巧，服务工作处处渗透着社工价值伦理。社工专业高年级学生担任高校社工见习员，他们按照所学的社会工作专业知识来塑造自己的专业形象，在活动中自觉运用专业价值理念和工作方法。因此，这是学习经验化的过程，也是专业技巧的尝试过程。社会工作专业师生需要来自实际生活的个人亲历经验素材来提升社会工作专业理念，强化教学科研的实际效果。高校社会工作能够满足社工专业的这种特殊需求，社工专业师生在高校社工服务活动中，介入高校学生存在的种种问题，通过专业化的服务来解决问题，从而证明自己的专业社工价值。通过现场工作的亲身感受，反复体会专业知识，使社工理论知识内化于学生的行为之中。那些积极参与社工作服务的学生改变、充实、提升了自己，实现了获得专业能力的目标。因此，高校社工服务活动实际上是一个专业目标达成的过程。

高校社工服务活动是社工专业价值理念内化的过程，也是培植个人修养的道德实践过程。社工专业学生在接待来访人员过程中，不断转换角色，在角色转变中认识自我、完善自我，确立社会工作专业人员的角色定位。在目前高校还没有一个以学生为主体的助人机制的情况下，学校社会工作服务中心提供一线社工服务，特别是同辈人之间的对话讨论以及辅导，具有意想不到的特殊功效。这里所说的辅导是指高年级同学对低年级同学的辅导。这种辅导既有专业方面的身体力行，又有在行为心理方面的互相影响。社工专业的学生在服务活动中不仅找到了专业的认同感和自信心，而且对社会工作的价值取向，即对人的价值和尊严的尊重有了深刻的理解。在小组对话和走进社区活动中，同学们彼此相顾、互相体谅，深刻体会到了集体协作、和谐相处的珍贵。学生参与学校社工服务活动，能够克服当代大学生人际交往中的障碍，改变其与人相处的不良习惯，还可以培养学生的高尚情操和敬业精神，提高学生的社会责任感和义务感。在此意义上，社工服务活动是一种培植个人修养的道德实践活动。

高校社会工作所开展的服务性活动，旨在培养社会工作专业学生服务他人和尊重他人的态度，提高其公民责任感和义务感，立志为社会服务，培养学生的高尚情操和敬业精神，早日认识未来的就业环境，为今后就业做好一定的心理准备。

3. 公益性机构优势

高校社会工作服务中心作为公益性机构，具备特殊的功能。高校社会工作服务中心不同于社会上专业社会工作机构，它是社会工作专业师生志愿为师生服务的公益性机构。社工专业师生有了这个机构，他们的爱心助人、公益务实的美好愿望很容易得到实现。高校社会工作服务是在社工专业教师指导下开展的助人自助、助人发展的专业化活动。这种活动当然包括救助贫困生以及帮助和支持那些有精神困惑的学生走出困惑。然而，高校社会工作服务中心开展工作不可能像书本上描述的那样，社工专业师完全处于客观、中立的立场。

社会工作是一个价值相关的助人的过程，它是一个社会工作者为了帮助他人而进行的服务。这里的"价值相关"指的即是社会工作强调对受助者利益的关心，并加入明显的伦理因素，社会行动取向和社会批判取向的社会工作就明显地表现出社会工作强烈的价值相关性。

4. 社区优势

高校社会工作服务中心的工作范围和服务对象从校内逐渐扩展到周边社区。山东工商学院的社区环境为几所高校密集的社区，文化氛围浓厚，家庭文化素养较高；而院校毗邻的城郊村镇改为城市建制的时间不长，具有浓厚的农村生活色彩，乡土文化氛围还在。尽管这里的人们共同生活在一个地域界限内，但因为各自的生活方式不同，不能形成一个完整的社区文化，人们也没有归属感和认同感，两种文化氛围很难把大学社区与周边社区结合为一个统一的社区。

为此，处于这种地理位置的高校社会工作者肩负一个重要的历史使命，就是通过面向社会的社会工作服务，增进双方的互相认识和彼此了解。再有，校外社区现有的社会组织，如社会保障所、再就业培训中心、职业介绍所、老人活动中心等，也是高校社会工作服务中心的合作对象，与它们联手会带来更多的社会工作实践机会，也能够使学生的视野和活动范围进一步扩大。学校周边潜在资源相当丰富，需要社会工作者去开发和利用。

第二节 高校社会工作与相关学科

一、高校社会工作与社会学的联系

社会学本质上是一门科学，是社会科学的一种，而社会工作的本质是专业实践。提到社会学，更多地意味着对社会关系、社会结构和社会发展的科学研究，是研究取向的。提到高校社会工作，则更多地意味着知识的应用，意味着技术（technology）、技能（skill）、干预（介入）、社会工程。例如，个案工作、小组工作是重要的专业技术，扶贫计划、希望工程是典型的社会工程。社会工作是一种实务，但社会学不是实务，而是理解社会的努力。换言之，社会学侧重于理论，社会工作侧重于实务。因此，社会学大多称系，规模小；社会工作大多称院，规模大，因为理论人才的需求量相对较少，而实务人才的需求量相对较大。

社会学与社会工作的关系类似于生物学与医学的关系。社会学与生物学是基础知识，而社会工作与医学是专业服务（实务）。医生不仅仅需要掌握生物学知识，同样，社会工作者的知识范围也不局限于社会学，还包括政治学、经济学、生物学、心理学、人类行为与社会环境等。换言之，社会工作者既运用社会学知识，也运用其他学科的知识。

社会学与社会工作的另一个重要区别是价值。社会学家像任何其他学科的科学家一样，致力于追求真理，因此，他们必须保持价值中立，对世界进行客观的研究；而社会工作者的言行举止则必须遵守社会工作专业价值。

二、高校社会工作与心理学的联系

高校社会工作与心理学的联系和区别也主要表现为三点：心理学本质上是科学，社会工作本质上是专业实践；心理学是基础知识，社会工作是专业服务；心理学家必须保持价值中立，社会工作者必须遵守专业价值。

心理学家研究个体，试图理解人类是如何成长、发展的，理解影响人的思想和行为的内在因素。心理学家从生物学中获取大量的信息，因为个体的基因构成对其思想和行为有重要的影响。很多心理学家把大量的时间用在实验室里，试图通过实验来理解思想的运动。心理学的一个分支是应用心理学，很多心理学家为个人及家庭提供咨询、智商测试、人格测试。

社会学家不研究个体，根据涂尔干的观点，社会学家研究社会事实。社会学的一个分支——临床社会学将社会学知识应用于改变社会关系、重构社会机制。

社会工作者可以关注个体，像心理学家那样；也可以关注社会环境，像社会学家那样。但是，为了解决复杂的问题，社会工作者不能仅仅关注其中一个方面，而必须同时关注个人和环境，研究它们的相互作用。社会工作者对个体、环境及其相互关系的三重关注有时被称为"系统的""生态学的"。所以，社会工作者既要学习社会学，又要学习心理学。很多学校还开设了经济学、政治学、人类学课程，帮助学生理解经济、政治、文化的作用。

就服务而言，心理学的服务范围在心理领域，帮助解决和治疗心理上的困惑和异常；社会学改变的范围在社会领域；社会工作的服务范围则在个人、环境及其相互关系三个方面，尤其注重人与环境之间的相互适应性。心理学注重调整个人心理，社会工作注重利用和开发社会资源。社会工作一般不处理精神疾病，而是解决失业、贫穷、家庭矛盾等社会生活适应问题。同样是帮助受虐待的孩子，心理学医治心理创伤，社会工作调动社会资源关心帮助并妥善安置孩子，使他今后不再受伤害。在社会工作中，个人调适和社会调适具有同等重要的分量。

三、高校社会工作与社会福利的联系

高校社会工作与社会福利是两个容易混淆的概念，一本影响很大的英汉词典上就明明白白地写着社会工作（social work）就是社会福利（social welfare），但事实并非如此。

社会福利的含义更广，包括社会工作、公共福利和其他相关的方案和活动。弗里德兰德（Friedlander）指出，社会福利"是有组织的社会服务和机制，帮助个人和群体生活得满意、健康，拥有满意的人际关系和社会关系，让人们能够在与家人和社区的需要和谐一致的情况下，尽其所能使生活更加幸福美满"。社会福利是一个国家的计划、救济和服务体系，该体系帮助人们满足基本的社会、经济、教育和健康需要，这对维持社会稳定必不可少。

社会福利的受益者既包括富人，也包括穷人。当其他制度与系统（如市场和家庭）不能满足个人或群体的基本需要时，社会服务就应该发挥应有的作用，以维持社会稳定、促进社会发展。

社会福利的具体项目通常包括托儿所、幼儿园、各类学校、儿童福利院、儿童收养、困难补助、医疗保险、法律服务、各类公共援助项目与计划、公共卫生、退伍军人服务、家庭服务与家庭咨询、养老院、护理院、被虐妇女服务、艾滋病患者服务、儿童保护与服务、离家出走青少年服务、各类残疾人服务、求职服务等。

几乎所有的社会工作者都在社会福利范围内工作，但社会福利领域里的工作人员并非都是社会工作者，许多其他专业工作人员也在其中发挥作用，其中包括为穷人提供法律服务的律师，公共卫生机构里的医师、心理学家、护士等。

四、高校社会工作实务与咨询

咨询与临床社会工作不是社会工作实务的内容，但实际上，社会工作者在为案主服务时，经常使用各种咨询理论、方法和所谓的"临床社会工作"方法。在全美社会工作者协会和国际社会工作者联盟关于社会工作、社会工

作实务的定义中，都包括咨询。例如，许多临床社会工作者自称心理治疗师（psychotherapists）也就是从心理学的角度解决人们的情感问题或精神紊乱问题，特别是通过语言交流——有时称为"谈话治疗"——的方式。对许多社会工作者而言，社会工作师（social work clinicians）或临床社会工作师就是心理治疗师或社会工作心理治疗师（social work psychotherapist）。

值得注意的是，社会工作师扮演多种角色，心理治疗师只是其中的一种。当一位社会工作者自称临床社会工作师或社会工作心理治疗师时，并不意味着他只做心理治疗而不从事其他工作。社会工作者经常与机构、社区交往，为案主争取资源。

第三节 高校社会工作实务的条件与程序

一、高校社会工作实务的条件

高校社会工作实务与其他类型的社会工作实务不一样，其最重要的准备工作不再是对工作者的培养，而主要是为工作者或者说是工作者如何塑造一个良好的工作环境。从实践的角度来看，高校社会工作与其他类型的社会工作一样，需要遵循一些基本的价值伦理与制度规则。实质就是社会工作实务的一种纯理论取向，其分析了如何依靠系统理论提供的一套观点和方法来进行社会工作实务。从研究的角度来看，系统理论只能是一种社会工作实务理论，诸如进化论、冲突论等理论都可以为社会工作实务提供一套观点和方法。这些理论条件是高校社会工作者应该具备的。但是，就高校社会工作实务的具体条件而言，与其他类型的社会工作没有本质上的差异，只是在具体内容上有所不同。

（一）高校社会工作的组织体系条件

所谓组织体系，是指一个机构的内部组织结构以及与其工作上有联系的外部组织的集合。内部组织结构是指对于工作任务如何进行分工、分组和协调合作。高校社会工作内部组织一般包括职能部门和工作岗位的设置。机构的职能部门和工作岗位的设置，不是把一个机构分成多个部分。因此，高校社会工作机构不是由整体到部分进行分割,而是整体为了达到特定目标,必须有不同的部分。这种关系不能倒置。机构各部门之间是一种分工加合作的关系。

下面以所任教的学校里社会工作专业负责成立的社会工作服务中心为例,通过分析其基本组织架构来了解内部的职能结构,以及与外部组织的联系,如图 1-1 所示[①]。

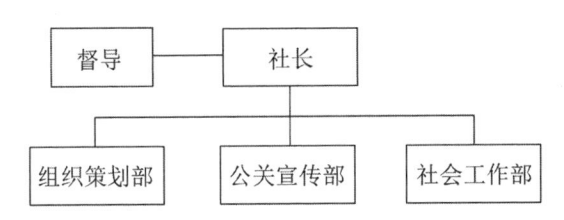

图 1-1 "天使之家"社工服务中心的机构设置

各部门的职能主要有以下方面:

(1)社长,负责中心的全面工作,由一名品学兼优的社会工作专业的大三学生承担。主要职责:①领导和团结本中心成员,有计划、有步骤地指导各部门开展工作,制定总的方针和活动方案;②主抓各部管理协调工作;③与外部交流联谊以及活动申请工作;④督导并评估各部门工作;⑤负责中心网站、信箱、邮箱以及校内的管理工作。

(2)督导,负责中心的专业知识和技能的培训与督导,由中心聘用的社会工作专业教师组成。主要职责:①负责对提供服务的工作者、志愿者进行指导和监督;②对新加入中心的工作者、志愿者进行专业培训。

(3)组织策划部,负责中心的活动规划,由向全校招聘的志愿者中有策划能力的人组成。主要职责:①组织和策划中心的每次活动,包括个案、小组、社区以及其他活动;②具体实施中心的每次活动;③对活动策划、活动过程以及活动效果进行评估。

(4)公关宣传部,负责中心对外联络的相关事务,由向全校招聘的志愿

---

① 杨晓龙,张子龙. 高校社会工作 [M]. 北京:中国社会出版社,2010.

者中有交际活动能力的人组成。主要职责：①树立和塑造学校社工服务中心的形象，设计宣传方案；②负责中心每次活动前的宣传策划和实施工作；③负责对专业教师的邀请、外来人员的接待、活动赞助等事宜；④寻求并保持与其他社工服务中心或公益组织的合作和联络，为中心筹集活动资金，提供舞台；⑤活动的场地借用及设备借用等事宜；⑥负责活动和工作所需的摄影摄像。

（5）社会工作部，负责中心中与专业相关的具体执行，由大二及大二以上年级的社会工作专业的学生中选拔出专业水平优秀的人组成。主要职责：①协助社长管理中心内部日常事务，是连接各部的纽带，是学校社工服务中心的中枢；②起草并管理中心工作的有关文件档案；③购买并负责管理中心所有物品（如：部分物品有其他部门使用，应做好记录工作）；④每次活动的记录和存档工作；⑤负责中心内部会议的记录；⑥中心的值班接案工作；⑦负责中心的环境设计和保持工作。

社工服务中心作为一个校内组织，必将与学校领导（包括校团委、系主任等）、学生会、学校广播站、电视台以及其他学校社团组合发生联系。另外，随着社工服务中心的发展壮大，它还可能延伸至校外，与其他社工服务机构以及公益组织进行合作交流。其中，社工服务中心与高校各个学生社团之间的紧密合作，是高校社会工作实务的一大特色。

（二）高校社会工作的人员条件

虽然高校社会工作服务中心囊括的组织体系非常广泛，但是，高校社会工作服务中心的主要工作者才是其真正主体，是服务的主要提供者。由于高校社会工作是一种纯粹的无偿性质的服务，所以高校社工服务中心成员的组成同样是个难题。

由于高校社会工作服务中心不是学校的正式编制单位，因此没有正式的社会工作成员。在这种状况下，服务中心社会工作成员分成两部分，即督导和见习员。对见习员的选拔直接影响到工作的质量，见习员良好的工作质量是服务中心持续存在的关键。

在社工成员的来源和组成上，存在着功利性和专业性的矛盾。没有正式的编制和无偿性的服务，使得服务中心的见习员只能从在校大学生中挑选，而且要求这些大学生是志愿者。然而，在当今中国社会，竞争是主导的社会互动形式，这使得功利性思想在当代大学生中普遍存在。而见习员的首要参与要求就是无条件的奉献，这是社会工作者的一个基本价值伦理原则。同时，高校社会工作面对的对象是人，面对的事是不能重复做实验的事，因此，对见习员的专业性要求很高，这也是服务中心不是社团的根本所在。社会工作专业的学生不一定都愿意牺牲自己的时间和自由去帮助别人，而那些愿意奉献的学生不一定都具有专业知识。既然是志愿，行政手段在见习员选拔上更是不可行的。所以，服务中心的督导可以由专业教师担任，但见习员的资格认定却需要谨慎，应该有一套严格的认定程序。

以一般社会工作成员为标准，高校社会工作服务中心见习员的选拔，首先，应该以社会工作专业的学生为主；其次，应该设计一场资格认定考试，以考试成绩为标准来挑选合格成员。

（三）高校社会工作的资源保障条件

在具有了基本理论的条件下，高校社会工作的具体形式可以通过成立一个学校社会工作服务中心来实现。服务中心运转的物质条件与其他任何一种类型的社会工作一样，需要拥有一定的活动场所和活动经费。与高校中其他的社团不一样的是，高校社会工作不是一个任何人只要交纳会费就可以参与的社团，它实质是社区工作的一种类型，有一个特定的工作地域，并针对一些特殊的服务群体。同时，它还必须遵循社会工作的一般宗旨，即无偿性质的服务。在高校成立学校社会工作服务中心，以其社会工作的属性而言，它不能依附于学校的某个行政组织，不能归于学校的管理体制中。一个很简单的理由是：依据"每一个人的价值和尊严是与生俱来的"的原则，被学校的管理体制排除之外的人，也应该是服务中心援助的对象。所以，在中国传统的学校管理体制下，服务中心的物质条件准备要想得到学校的帮助存有一定的难度。

因此，既不能通过工作来自我生存，又不能通过依附于学校行政部门而获得经费资助。依据目前中国高校的管理体制，学校社会工作服务中心的物质条件获得的最佳途径，是以教学科研的名义成立中心，隶属于有社会工作专业的教学单位，从教学系统而不是学校管理系统中获得资助。另外，作为公益组织的高校社会工作服务机构还可以通过对外募捐的形式获得部分资助。

二、高校社会工作实务的程序

在塑造了一个良好的工作环境之后，展开具体的工作就要以一定的程序为基准。高校社会工作的对象可能是个案，也可能是团体，还可能是高校社区，所以，高校社会工作服务中心的见习员首先应该是一个"总体社会工作者"，其实务程序也就不能只是某种类型的社会工作程序。

总体社会工作者正像医院里的全科医生一样，其特点是掌握了多样的方法与技能，能处理常见的基本问题。在总体社会工作者的背后，是专门社会工作人员（相当于医院里的专科医生），当案主有特别的问题需要解决时，他们将被分派给这些专门社会工作人员。总体社会工作适合于初级社会工作者。

（一）高校社会工作实务程序的制定

从见习员的来源和选拔上看，服务中心的见习员最多也只能称之为"初级社会工作者"，而由专业教师组成的督导就是在他们背后的"专门社会工作人员"。督导依据的实务程序就是专门化的实务程序，如接待个案，就应该采取个案工作实务程序。所以，这里的实务程序的制定主要是就见习员而言的。

1. 高校社会工作实务程序制定的原则

在解决有关的问题时，需要与不止一个的系统打交道（例如，在为少年犯服务时，既要同其家庭，还要同其学校打交道），单方面地解释某一个问题通常是无效的。根据案主的需要，总体社会工作人员也许需要同时或先后扮演几个角色（例如，促进者、呼吁者、教育者、经纪人、实现者、个案管理者以及调停者等），他们也许需要成为任务小组、社会化小组、信息小组和自助小组的负责人或组织者。事实上，高校社会工作的内容极其复杂，主要有学生个人的问题、学生之间的问题、学生与学校及其各个下属单位之间的关系问题。因此，见习员在处理任何一种问题时都要扮演多种角色，既要能够与和自己具有同样文化水平或不同民族、专业取向的案主打交道，又要能够妥善地处理好学生与学校之间的矛盾而不能脱离于学校的正常管理体制外。所以，见习员实务程序的制定应该依据实际情况坚持以下四个基本原则：

（1）合理性原则。合理性原则强调的是实务程序的制定应该是在坚持一定的规则之下区分普遍性与特殊性的事务。这个"规则"在此主要是指维持学校正常运转的规章制度。学生与学校及其下属单位之间的矛盾冲突关系，可能是中国高校社会工作的主要工作内容。在传统的管理体制之下，学生与学校及其下属单位之间是一种不平等的关系，学生处在被动的位置。从课程设计安排、学位发放制度到住宿规则、食堂菜价，都是学校单方面的运作，学生在这些关系到自身利益的问题上没有任何发言权，学生的任何抗议行为都会被学校强制性地镇压。显然，这种状况在如今强调主体意识和公平竞争的时代中是不合时宜的。事实上，目前诸如学校后勤社会化之类的改革都是这种冲突导致的结果，学生与学校之间的公平对话是不可避免的社会发展趋势。

（2）有效性原则。有效性原则是建立在合理性原则的基础之上的。合理性原则是就普遍性规则而言的，是针对具体事件的。

（3）目的性原则。目的性原则要求社会工作成员以案主或案情的特点选择相应的实务程序。要做到这一点，社会工作成员就必须对实务理论的把握达到一定的程度。尽管实务理论不太能够将每个细节都交代得一清二楚，但成功的实务工作者仍然有能力将抽象的理论概念内化，并且将理论概念作为选择相关干预策略的依据。有针对性地选择实务程序，也是社会工作的一个基本特点所要求的，即不能采取做实验的态度对待案主或案情。

（4）简化原则。简化原则要求社会工作成员在依据案主或案情的特点从多个备用程序中选择时，要选择最简单、最直接、最有效的那个程序。同一案情可以采取个案工作程序，也可以采取团体工作程序，或可以采取社区工作程序。面对这种情况时，就要求社会工作成员以案情的特点和自身所掌握的社会工作技巧为标准来选择实务程序。在此，技巧是一种实务工作的内涵，结合知识与价值，并转化成关怀与满足需求的行动；抑或是一种引导完成特殊目标或活动的组织行为。在实际操作过程中，对社会工作成员而言，最熟知的那种程序就是最简化的程序。

2.高校社会工作实务程序制定的形式

高校社会工作服务中心的主体包括督导教师和见习员，因此，依据合理性原则和有效性原则，实务程序的制定可以分成督导制定和见习员制定两种形式。

督导制定是指督导教师依据现有的理论成果制定相应的实务程序，由见习员自身以学生的身份来检验。高校社会工作是一个新领域，原有的理论成果具有指导意义，但不一定具有现实意义。因此，督导制定追求的是合理性，而见习员的自身检验是有效性原则的要求。

与督导制定正好相反，见习员制定是从自身的检验出发，以现实条件为标准来制定相应的实务程序，由督导教师来审查其合理性。与案主（学生）具有同样身份的见习员，由于有切身的体验，制定出来的程序的有效性可能会很高，但以专业的标准来衡量却不一定合理，因此需要督导教师从专业的价值伦理等角度进行审核。

（二）高校社会工作实务程序的内容

社会工作是注重实务取向的应用型学科，作为社会工作者，不仅要通晓社会工作的理论知识和方法，更需要在实践中把所学的知识转化为适当的服务传递给大众。高校社会工作与一般化的社会工作一样，其助人过程有一些基本的程序，概言之，即接案与建立初步关系、资料收集与问题评估、制订服务方案、服务方案的实施、结案、实务成效评估与跟进服务。下面对每一阶段进行分析。[①]

1. 接案与建立的初步关系

（1）目的。这一阶段的主要目的是通过与求助者的初步接触，对其带来的问题进行初步评估，并依据机构的功能与求助者商讨是否可以提供服务，使求助者成为案主，这个过程叫接案。

（2）结果。通过初步接触以及工作者和求助者的评估，这一阶段有可能产生三种结果：一是机构接受求助者的申请；二是求助者所需服务不在机构的能力之内，机构为求助者提供转介服务；三是求助者的困难不足以使其成为案主，工作者为求助者提供一些必要的咨询和建议。

（3）工作内容。

1）接案前的准备。如果产生了上面所述的第一种结果，即机构接受求助

[①] 朱眉华，文军. 社会工作实务手册[M]. 北京：社会科学文献出版社，2006.

者的申请，那么工作者就会再次约见求助者以进一步了解求助者的情况，建立初步关系达成服务意向。这次会谈是非常重要的，因此，工作者在正式接案前需要做一些准备。这些准备主要包括四个方面：其一，对案主相关信息的收集；其二，对于初次面谈的时间、地点、环境方面的安排；其三，草拟面谈提纲；其四，工作者调整好个人的情绪，做好心理准备。

2）建立初步关系。达成服务意向后，下一步就是与案主建立初步的专业关系。这个阶段工作者的主要任务有以下方面：

第一，明确案主所需要的帮助或服务。注意，在了解案主的需要时一定不能太过直接，这样会让案主以为在刺探他的隐私，导致其产生焦虑和防卫心理。尤其对于高校社会工作的服务对象——大学生而言，这个群体相对而言拥有强烈的自我意识，形成了比较牢固的心理防卫界限。鉴于此，工作者可以先通过引导案主谈他的求助期望，然后顺此线索导向案主存在问题的来龙去脉，引导求助者深入谈论困难。

第二，介绍机构的相关政策、伦理守则、服务内容。这样做是因为很多求助者来机构寻求帮助时，对机构和工作者抱有不切实际的幻想，他们并不十分清楚机构和工作者是否能帮助他们。因此在建立初步关系之前，有必要将这些情况详细地告知求助者：一是使其理性判断机构和工作者是否能够提供他所需要的服务；二是使其明确机构、工作者和案主的权利义务关系。

第三，介绍机构主要工作人员的服务方向。当工作者和案主都认为可以达成服务意向时，工作者需要向案主一一介绍机构主要工作者的服务内容，以便案主选择适合为自己服务的工作者，以及避免发生工作者和案主原本就认识的状况，因为这不利于保密原则的实施。

（3）转案。转案是社会工作尤其是个案工作中常用的方法，它是针对一些非本机构或者个人所能提供服务的个案，经过必要的程序而转送到其他机构或者个人，使求助者能够得到适当的服务。

1）转案类型。高校社会工作中通常有三种情况可以提供转案服务：第一，工作者断定求助者所需服务不属于机构服务范围内，即机构不能提供案主所需的服务。如：帮助学生寻觅恋爱对象的服务。第二，机构无法提供专门的服务。

如：学生寻求的戒毒服务。第三，机构仅仅为某一些区域的人提供服务，求助者不属于这个区域。如：机构专为在校学生提供服务，其他人则不在机构服务范围之内。

2）转案步骤。提供转案是需要一定的步骤的，因为对于每个人来说，与别人谈论自身所处的困境、向他人寻求帮助并不是一件容易的事。因此，工作者绝不能以"不适合服务或其他理由"随意拒绝求助者的服务请求，因为这很有可能对求助者造成二次伤害甚至打击其信心。一般而言，转案需要经过的步骤：第一，通知案主并解释转案原因及过程。第二，新工作者与案主见面，原工作者向接见者介绍案主情况，移交相关资料；同时，原工作者向案主介绍接见者。第三，新工作者观察原工作者为案主服务。第四，新工作者与原工作者共同为案主提供服务。第五，新工作者独自为案主提供服务。

2. 资料收集

当求助者成为案主之后，就进入了第二阶段。这一阶段的主要目标是尽可能详细地收集与求助者所带来的问题相关的资料，从中了解问题的成因，确定问题的性质，发现解决问题的着手点。

（1）原则。第一，联合，即联合案主。工作者收集有关案主的资料是一个双向互动的过程，需要案主的积极配合，否则工作者收集的资料很可能失真或照本宣科、脱离实际需要。第二，告知，即告诉案主。工作者在收集有关案主的资料前要事先告知案主并取得其同意，对于案主不愿对外透露的信息，工作者应尊重案主的决定，不能强迫或诱使其对工作者透露。第三，相关，即与案主问题相关。工作者收集的资料一定是与案主问题相关的，不是每一个案主都需要详细收集所有资料，所以收集的资料一定要有针对性，符合案主问题解决的需要。第四，全程，即贯穿始终。工作者收集案主资料的过程贯穿于为案主提供服务的始终。

（2）内容。对于案主资料的收集主要包括以下内容：

1）个人资料。

第一，基本资料，包括姓名、籍贯、年龄、性别、专业、年级、民族等。以性别为例。首先，从社会学的视角来看，性别对于一个人看待问题、分析问题以及解决问题的方式的影响是重大的，尤其对于社会性别角色已经基本形成的高校学生来说，性别因素应该成为分析问题的重要考察变量。

第二，生理方面。人的心理问题可以导致生理的疾病。同样，生理的疾病也能影响人的心理。因此，首先排除生理方面的因素是非常重要的。如对案主病史的了解，有无残疾、遗传病以及长期性疾病，目前的生理状况如何等。

第三，心理方面。运用一些心理测量工具以及工作者与案主的会谈和对案主的观察，可以监测和了解案主的气质、爱好、性格特征等。

第四，价值观，包括案主对人、对事的看法，案主的言行举止与其价值观是否一致等。

第五，能力。了解案主对问题的分析能力以及过往面对冲突、困惑的解决能力。

2）环境资料，包括案主的家庭环境、延伸的环境系统等与案主问题相关的环境信息。

第一，家庭环境。家庭是案主最亲近的环境系统。通过观察案主的家庭环境，主要了解案主与家庭成员之间的关系、家庭内的规则、家庭的历史等资料。

第二，延伸的环境系统，包括案主的朋辈环境、社区环境和学校环境等。工作者要对与案主问题有重要关系的人或系统给予特别的关注，这些可能是了解案主问题以及解决案主问题的重要资源。

3）方法。①会谈，即通过工作者与案主的会谈，从中总结一些有关案主的基本情况；②填写调查表（问卷），即请案主填写机构统一的案主基本信息调查表，但是，案主可以选择有些内容是否填写或填写到怎样的程度；③观察，即工作者通过观察案主的言谈举止以及一些非语言信息（手势、表情、眼神等）获得相关信息；④文献搜索，主要是通过学校管理机构获得一些有关学生的信息，特别要注意的是，一定要事先告知案主并获得案主同意后方能进行；⑤环境调查，即对于案主的环境系统，包括家庭、学校、社区等进行综合考察，获取有关信息。

3. 问题评估

评估是工作者和案主一起来汇集资料，进行分析和整合的过程。评估的目标是社会工作者对案主的问题有清晰的陈述，要明确是谁、有怎样的问题以及为何会存在这样的问题。社会工作者应有足够的资料来描述问题的性质、范围和程度。社会工作者要对案主所处的系统有清楚的界定，案主存在的问题和哪些系统有关，是家庭、朋友、学校还是社区？社会工作者要清楚地阐述案主和其周围的系统是如何互动的。社会工作者要整合所有的信息，为形成介入计划做好准备。评估的内容相应的围绕着以下三个方面进行：

（1）了解案主存在的问题，以及问题的性质、成因、程度及对案主的影响。

（2）了解案主个人的生活经历及行为特征，其中包括案主的人格特征、案主的长处和弱点；了解案主与周围环境的互动状况，及案主对自身问题的认识和实现改变的动力和能力。

（3）了解案主所处的环境，包括家庭、朋友、学校、社区等系统对他的影响，从这些系统中找出有利和不利的因素。

在社会工作的实践过程中已经积累了较为丰富的评估方法和技巧，根据案主系统的目标和特征的差异，可以采用不同的评估方法，常用的评估方法有：问卷调查、心理测量和角色扮演。

4. 制定服务方案

所谓服务方案，是指在问题评估的基础上，为解决问题和达到目标而制定一系列解决方案的决策的过程。它是评估和实施服务的纽带，服务方案的重点是设定介入的目标以及实现这些目标有哪些可能的方案、最佳方案是什么，最终与案主达成服务协议，共同实现目标。因此，服务方案的制定是一个十分复杂而重要的过程，服务方案的质量直接影响案主问题的解决程度。

（1）原则。鉴于服务方案的制定如此举足轻重，工作者在制定服务方案时需要遵循以下原则：

1）对案主来说通俗易懂。制定的目标一定要简洁明了，尽力避免专业的和艰涩的词句。简洁明了的目标可以让案主明白自己的努力目标。

2）目标与工作者和案主解决问题的能力一致。制定的目标既要考虑案主解决问题的能力和动机，同时还要考虑工作者的能力，两者合力才可以有效地解决问题。很多时候案主解决问题的动机和能力是随着问题的逐步解决而慢慢加强和恢复的，因此，一开始的目标不宜定得太高。定目标要有层次，可分为初级目标、中级目标和高级目标，或许初级目标也要根据案主的能力定出不同的层级。另外，工作者要认识到，有些情况下对案主的问题有认识上的局限，解决问题的能力也有限制，因此，制定的目标也要与工作者的能力相协调。

3）目标与机构功能一致。案主问题的解决与机构所能提供的资源和服务有关，如果所定的目标与机构的功能不适合，有可能使案主得不到适当的资源支持和有效的帮助。

4）目标是案主和工作者共同协商的结果。目标不是案主或工作者单方面的决定，如果一方对所定的目标有意见，就不能成为最后的目标，所定的目标必须是在双方充分讨论的基础上达成共识的结果。这样可以提高案主解决问题的信心和能力，以便有效解决案主的问题。

（2）目标构成。服务方案中涉及两种目标：总目标和具体目标。总目标是案主想要达到的境界的宽泛的总体陈述，它所表达的是一种想得到的结果、一种理想的境界，或者是一种助人关系的长期的目标。总目标并不一定是可测量的。而相比较而言，具体目标是指案主在其行为和情境方面希望发生的具体变化的清楚表述，它应该是可以观察到的并可测量的。具体目标是要达到总目标的那些较小的、增量的成果，工作者和案主可以设定很多具体目标来实现一个单一的总目标。

（3）步骤。工作者可以通过下面四个步骤协助案主制定出目标：①工作者重述案主的问题，以便再次确认问题；②协助案主列出与问题相关的问题，以便再次确认问题的重点；③协助案主确认问题解决的优先次序；④协助案主明确其想要的结果。

（4）内容。一份完整的服务方案应包含以下内容：①案主的基本情况，包括姓名、年龄、性别、专业、年级、籍贯等；②简要、准确描述并列出案主的主要问题和相关问题；③服务的基本阶段和方法，以及每个阶段需要采用的方法和需要动用的资源；④达到目标所用的期限；案主的联系方式，案主留下认为方便和便捷的联络方式，以便日后联络。

（5）服务协议。服务协议是在服务方案形成的基础上案主和工作者共同协商的产物。服务协议的签订意味着双方共同承诺合作，以实现双方所同意的目标与服务方案。对于工作者来说，这意味着对案主服务品质的承诺；对于案主而言，意味着案主清楚地知晓并认可了接下来的服务方案以及可能存在的风险。

1）协议形式。服务协议的形式是多样化的，通常使用的是口头的、默认的或正式的书面协议。这主要根据工作者和案主的喜好、机构的政策以及工作的正式程度来决定。其中，正式的书面协议有一定的格式，其所涉及的内容包括案主的各种信息、具体的目标、社会工作者和案主同意承担的任务和责任、预计完成的日期及双方的签名、签署协议的日期等。

2）协议内容：①案主的基本资料；②案主所需帮助的描述；③服务目标，包括总目标和具体目标；④服务的方案以及采用的方法，以及案主在接受服务时可能存在的风险；⑤双方的权利和义务，包括工作者应该遵循的伦理守则以及案主积极配合工作者的工作等；⑥每次服务的时间、地点和服务的总次数；⑦接案日期、结案日期、双方签字。

5.服务方案的实施

服务方案的实施是助人过程的关键阶段。实施阶段又称介入，能否完成预设的目标、解决案主的问题，就取决于工作者和案主在此阶段能否有效地合作并采取一系列行动完成相应的任务，也取决于能否有效地利用所有可用的资源和服务。工作者在此过程中需要熟练运用社会工作的方法和介入技巧，注重增强案主自身的力量，并着力于改善环境和拓展资源，为案主的成功转变创造条件。

（1）工作者的角色。

1）使能者。使能者的意思是工作者利用自身的知识与技巧使案主发挥自身的能力，促使案主自身发生改变。社会工作者坚信人是有潜能的，因此工作者要做的就是协助案主尽量表达感受，鼓励案主的每一个进步，让案主感觉到自身的价值和能力并进而调动起来，积极面对自身的问题，并解决问题。

2）联系人。对案主实施有效的帮助，在很多情况下要动用一些资源。一方面，工作者需要了解案主的需求；另一方面，工作者本身就是一个掌握一些资源的人。工作者还清楚了解有些问题应该通过哪些途径到哪儿去寻找怎样的资源，并与提供资源的机构直接进行工作上的联系，因此工作者在介入中常常扮演联系人的角色。

3）教育者。社会工作者在与案主的联系中扮演教育者角色，但与教师角色不太一样是，工作者并不进行工作技能的传授，而是有些时候作为榜样进行人际关系的示范，扮演一些角色甚至讲授一些道理等。

4）倡导者。当工作者在协助案主争取一些服务资源的时候，发现由于种种原因资源分配不合理或者缺少资源，使得案主得不到合适的服务，解决不了案主的问题。工作者此时要扮演倡导者的角色，利用自己的权力和身份，积极倡议机构实行一些改革或动员案主一起争取一些合理的资源和权益。

5）治疗者。很多情况下，案主有很大的心理困扰，工作者运用自己的知识和专业训练帮助案主宣泄郁闷的情绪，提高案主对自己的认知能力，使其学习一些新的处世技巧以应对生活中的困难等。工作者在这种情况下扮演了一个治疗者的角色，与心理辅导员的角色一致。

（2）工作内容。在这一阶段，工作者会根据案主的不同情况而采取不同的介入方法。总的来说，这一阶段工作者的主要工作内容包括：支持与鼓励、情绪疏导、观念澄清、行为改变、环境改善、信息提供以及直接干预。

（3）注意事项。在服务方案的执行过程中，工作者需要注意四个方面：①随机应变；②充分利用资源；③阶段性的检查与评估；④注意专业关系的保持。

6. 结案

结案是社会工作助人过程的最后阶段，这一阶段的任务就是工作者结束与案主之间的专业关系，并对整个服务过程进行回顾、总结，巩固案主已取得的成果。表明需要进入结案阶段的主要有五个方面：①工作者和案主都觉得目标已经达成；②案主觉得自己离开工作者后有能力解决自己的问题；③工作者和案主的专业关系出现问题；④工作者觉得案主出现了一些新的问题，需要其他一些机构或者工作者为案主继续提供服务；⑤工作者因为一些不可预测的原因离开，如工作者调离机构或死亡。其中，在后面三种情况下可能需要在结案之后进行转案工作。

（1）任务。结案的目的是为了适时地结束一种有责任的助人关系。因此，在结束阶段，首先要让案主在离开社会工作者或团体之前有充分的思想准备，并能独立地应对生活。社会工作者和案主在此阶段的主要任务：①决定结案时间；②检查目标完成程度；③保持已有的进步并促进案主不断成长；④正确处理案主在结案过程中可能体验到的情绪反应；⑤邀请案主对社会工作者进行评估；⑥进行适当的转介。

（2）结案中案主的反应及处理。对于结案带来的情绪反应，可以从两方面进行讨论，即结案的反应（包括案主的正面反应、负面反应及工作者对结案可能有的反应）以及工作者对结案的处理方法。下面将主要讨论结案中案主的负面反应及工作者的处理方法。

1）案主的负面反应。

第一，对工作者的过度依赖。有些案主可能把求助作为解决问题的替代品，并不追求自身的成长。一旦结案，他们会为结束一个可信赖的关系而感到难过，并且会对自己独自面对未来而信心不足，甚至产生焦虑。

第二，老问题再次出现。有些案主在临近结案时会变得惶恐不安，他们告诉工作者原先已经得到控制的老问题又出现了，以此来提醒工作者不能结案。虽然这样的案主并不多见，但如果案主的问题在结案阶段有重现的现象，不必对此特别关注，而应该着重和案主探讨案主对结案后的生活的恐惧感和前途的不确定感，要用同理心来回应。

第三，出现新问题。为了阻止结案，有些案主会在结案期提出自己又出现了新的问题与压力。这些案主往往会一反常态，开始大谈自己的问题，甚至包括过去不愿吐露的秘密。此时，工作者既不能忽视案主提出的问题，又不可急于去探讨这些新的问题，要避免掉进案主设下的"陷阱"。而可以先探讨案主对结案的感受。如果案主提出的问题确实很重要，除了延续服务外，还有重新立案的可能。

第四，寻找替身。有些案主因为结案，常希望可以找到一个可以替代社工的人来继续给他支持和安慰。这种寻找替身的做法本身就带有强烈的依赖性。这种做法会增强案主长期依赖他人的习惯，有碍于个人的成长。因此，社工可以和案主讨论对方依赖的倾向及可能造成的后果，使案主能反思其行为，加强自立的意识。

2）工作者的处理方法。

第一，提前告知。工作者根据服务的进程对结案的时间有个大概的确定并提前告知案主结案的时间，让案主有充分的心理准备，避免在案主毫无思想准备的情况下结束服务。

第二，过程回顾。工作者和案主一起回顾从服务开始到结束过程中的重要片段，从经验中肯定案主取得的成果，增强案主对未来的信心。

第三，巩固并进一步增强案主已经获得的成就。在帮助案主巩固其变化的过程中，工作者还要确认案主的社会支持系统和环境方面的因素，帮助案主整理出可利用的资源，让案主在结案后有更多人可以求助，特别是案主的自然支持网络，它是支持案主稳定的最主要的力量。另外，要促进案主的持续成长，还要提高其自我管理、自我监控的能力，把介入过程中学到的处理问题的方法运用到现实生活中去。工作者可以让案主知道，服务中心的大门是永远敞开的，当他们需要帮助时，工作者会毫不犹豫地伸出双手。

第四，讨论案主以后的成长目标以及结案后的跟进计划。工作者可以和案主讨论以后的成长目标，主要包括未来可能发生的有关个人、家庭、工作、社区环境等的变化方向，以及如何来适应并处理生活中可能出现的新变化。

7.实务成效评估

所谓实务成效，是指社会工作实务的效果，或者说工作结果的好坏程度。实务成效的评定是实务程序的最后一个步骤，是下一个实务的基础。长期以来，社会工作被视为是从事慈善性的社会服务工作，而非具有专业性形象之工作。实务成效的评定对于以人为取向的社会工作来说是非常重要的，这也是社会工作专业性的体现。

（1）实务成效评估的原则。实务成效可以进行预估，也可以对事实的结果进行评定，但前者是工作者自我的一种评估方法，一般不具有实践意义。对事实结果的评定是以实践为基础的，相对来说更加客观，也更具有说服力和研究价值。

第一，专业性原则。虽然服务中心的见习员不具有严格的社工资格，但高校社会工作应该是一种专业性的工作，这是服务中心区别于其他学校社团的标志所在。学校社会工作是实施于学校领域的一种社会工作服务，亦即专业社会工作者在学校领域中运用社会工作的理论与方法，协助学生发展健全的社会化人格，以实现学校目的的一种专业服务。之外，所有的社会工作伦理守则都对"专业性"进行了具体的规定。因此，实务成效评定的首要原则就应该是专业性原则，即要按照社会工作实务的一般专业标准来衡量高校社会工作的成效。

第二，双重性原则。高校社会工作是学校社会工作的一种类型，其服务对象是具有独立意识和能力的大学生，服务范围是宽松、自由的大学校园。这个特点决定了高校社会工作实务成效的评定不能只是工作者自己进行的评定，还应该参照具有自我意识的服务对象的评定。大学生在接受服务时，由于其自我意识和独立能力等因素的作用，实务过程不会像对小学生那样主要是一种单向的影响过程，而主要是一种双向的互动过程。所以，服务对象的主动反馈信息应该也是评定成效的一个主要的依据。

（2）实务成效评估的方式。由双重性原则出发，实务成效的评定方式主要应该有社会工作者的自我专业评定和服务对象的评定两种方式。但是，服务对象的评定要以服务对象的主动反馈信息为依据，而服务对象不一定都是从社会工作专业的角度来反馈的，因此，这些反馈信息必须经由专业社会工作人员进行分析整理才能成为评定的标准，所以，具体的评定方式主要以服务中心的主体来划分，即可以分成两种方式：督导审定制与集体判定制。

第一，督导审定制，即由见习员具体的实务归纳总结或由督导归纳总结后，再由督导审定其成效。就目前中国的发展水平和教育领域的认识程度而言，在中国的高校成立服务中心，其主体只能包括充当督导的专业教师和扮演见习员的志愿者。因此，督导从理论上讲是服务中心唯一的权威。此外，担当督导的专业教师也是专门社会工作的主要负责人，如研究个案工作的督导对具体的个案工作实务成效的评定比起其他人来说应该更具有权威性。

第二，集体判定制，即由见习员和督导共同对具体实务进行总结，并集体辩论、投票表决其成效。让见习员参与实务成效评定，是因为在实务过程中见习员既是协助人员也是实践人员,他们与服务对象具有相同的社会身份,也就会有相同的认识和感知。因此,集体判定制是理论与体验相结合的评定方式。

(3)实务成效评估的内容。

第一,实现目标的测量。每一个案主都是不同的,因此很多情况下,工作者和案主会在结案时讨论出自己的目标测量表,用等级测量或者其他形式测量。

第二,对案主影响的测量。可以用问卷的形式或者口头表达的方式让案主自我陈述对自己的影响。这种方法的优点是比较简单、耗用时间少,但评估不够深入。

第三,督导和见习员对工作成果的评估。不同的机构有一套自己的专业评估方法,来评估工作者的工作质量,这些评估过程不免产生很多的专业判断。因此,评估过程中双方的讨论以及工作者的坦诚开放的心态很重要。

(4)实务成效评估的意义。

第一,理论意义。实务成效的评定是使实务材料成为教学科研资料的必要途径,是建立相关理论的前提。理论与实务工作的关系如图1-2所示[①]。就某一个具体的实务过程而言,图示中由"实务工作经验"归纳出"工作处方与指引"的过程,主要就是社工人员从现有的理论系统和自身的一些经验中归纳出来的工作方案;"工作处方与指引"通过"实务工作验证"的过程就是社工人员的实践过程;最后,由"实务工作验证"到"理论"的归纳过程,事实上就是在实务成效评定的基础上,对实务的全过程予以理论升华的过程。

图1-2 实务工作与理论建构的关系

第二,实践意义。实务成效的评定简单地说就是检验实务工作的好坏程度。因此,从实践的角度来看,实务成效的评定是下一次实务的基础,对下一次实

[①] 杨晓龙,张子龙. 高校社会工作[M]. 北京:中国社会出版社,2010.

务工作方案的建构具有指导意义。同时，实务成效的评定及其过程也有助于督导和见习员认识自己及其工作的优缺点，进而提高自身的工作实践能力。

第三，服务的跟进。结案并不意味着完全终止对案主的服务，一般而言，工作者根据需要还会在结案之后的一段时间内，对案主的情况进行跟踪回访。它是完整的助人过程的一个重要部分，因此，工作者可以根据案主的具体情况，与案主一起制订跟踪服务计划。

（三）高校社会工作的实务记录

以教学科研的名义成立的服务中心，实务记录是一个至关重要的工作内容。虽然学生作为服务对象的重要部分，每四年会变动一次，但学校的大环境并不是经常变动的。见习员也是每年都在更换，但服务中心的规章制度、价值伦理等是比较固定的。服务中心应该成为一个具有相对稳定性的、持续性的组织，而要做到这一点，实务记录是保持稳定、传递经验的必要手段。

1. 高校社会工作实务记录的原则

任何一种类型的社会工作都需要实务记录，只是具体的记录方式与方法因对象、理论前提等差异而有所不同。除了坚守必要的社会工作伦理的基本原则之外，因为高校社会工作服务中心是一个立足于教学科研的活动场所，记录能够为研究与教育提供丰富的实际资料和案例，所以，实务记录还应本着科研的准则来进行，即需要坚持以下两个原则：

（1）标准化原则。以服务范围来开展工作有不同的程序，也就有不同的记录方式。如个案工作的一般程序包括接案、调查、诊断、计划、治疗及结案六个步骤，而团体工作的程序分为前期准备、群体形成、沟通协调、达到目标及结束工作五个阶段。实务记录的标准化原则就是要求不管是哪种类型的实务，记录必须规范化。社工成员应该在自己看到和听到的基础上，将原始记录材料进行理论分析与整理，按照相应的记录要求给予规范化的呈现。

（2）完整性原则。在实务过程中，总是存在许多干扰记录的事情，其中案主不愿意被记录或某个事情不想被记录的状况往往会导致整个案情记录的残缺或是空白。诚然，按照一般的社会工作伦理要求，尊重案主的意愿是一个基本准则。然而，没有完整的记录，工作的完成与否和实务成效的评定就没有衡量的基础。若要转案，没有记录新的工作者就无从着手。因此，尊重案主不记录的意愿并不是不记录，而是在采用一定的规避措施之上进行记录，如匿名记录，或采用下面要讲的描述记录方式。

2. 高校社会工作实务记录的方式

每一种类型的实务工作都有多种记录方式，如个案记录方式主要有流水式、对话式及分段式等。每一种方式都有其优缺点。依据上述的两大记录原则，从内容上分，不管是个案工作还是团体工作，一般都可以归为以下两类方式：

（1）实事记录。从操作方式来看，实事记录与个案记录方式中的流水式差不多，是将案主资料及诊断、治疗经过全部记录下来。其优点是非常详尽、具体；但缺点是浪费时间、精力，且没有重点。就团体工作而言，实事记录就是将团体运作的全过程予以实事求是地详尽记录。但如果只是单纯的实事记录，就有可能是比较杂乱或残缺的，这与上面的两个原则相违背。所以，记录员在实事记录的基础上，需要将记录用自己所知道的理论观点进行整理，或者陈述一下自己的观点。作为第一个接触或可能是唯一接触案主的人，记录自己的看法是非常必要的，如此才好与其他的工作者进行交流，也才可能使记录成为一个完整的案例。

（2）描述记录。描述记录指社工成员用述事的方式将实务过程实事求是地记录下来。说得通俗一点，描述记录就是社工成员"说故事"，不过这个"故事"不是虚构的，而是用文学语言来讲述的事实。这种方式事实上就是要求社工成员在了解案情的基础上，对案情进行逻辑的梳理，用自己的语言表达出来。但其缺点就是记录的结果有可能是记录员个人的看法而掩盖事实，所以，描述记录的一个重要前提就是记录员不能在描述事实时带有个人情感的倾向。

这两种记录方式都是实务记录对教学科研的重要性所要求的，因为记录的结果是高校社会工作质化研究的唯一资料来源。由于在具体的实务中不能采取实验的方法，科研就成为推动临床实务改善的主要途径。质化研究与临床社会工作实务是有差异的，而两者的联系纽带就是实务记录。

第四节　高校社会工作的服务体系

一、高校社会工作服务体系的定位阶段

由于高校社会工作尚处在探索阶段，因此服务体系的定位具有阶段性、发展性的特点，主要可分为最终定位、阶段性定位和近期定位三个阶段。

（一）最终定位——政府与社会组织结合的政府购买服务模式

在全国各地推进社会工作及其人才队伍建设的实践中，有三种工作模式最具代表性，具体如下：

第一，政府与社会组织结合的模式，以上海市为代表，主要特点是政府与社会组织"二元"推进：在社区通过培育社会组织、政府购买服务的方式开展社会工作；在福利服务机构，主要通过调整内设机构、开发岗位、配备人员或提升转化现有人员等方式推进社会工作。

第二，以社会组织运作为主的模式，以深圳市为代表，主要特点是突出社会组织的作用，不论是社区社会工作服务，还是福利机构社会工作服务，都一律采取政府购买服务的方式，由社会组织向社区和机构派驻人员，提供服务。

第三，以政府运作为主的模式，以江西万载县为代表，主要特点是以党委政府和有关职能部门为主导，充分挖掘和利用现有资源开展社会工作服务，比较适合农村或经济欠发达地区。

（二）阶段性定位——在高校有正式编制的、独立建制的专业机构

在非政府组织（NGO）机构进入校园条件不足的情况下，学校社会工作要想真正地发挥专业化、职业化的助人作用，则必须获得来自国家政策方面的支持，另外更需获得来自高校党政部门或党政部门授权的业务主管部门的授权。如此一来，将学校社会工作的依托机构定位在各高校内部，便是明确其合法化身份的理性选择。在此需要特别注意的是，设立高校社会工作的依托机构必须寻求教育主管部门的政策支持和学校党政部门的大力支持，只有如此，学校社

工才可能保证其独立性和专业性特点，发挥其应有的作用。因此，高校社会工作服务体系的阶段性定位是，纳入现行高校体制内，属于独立建制部门，由社会工作师组成专业团队，在高校内提供社会工作服务。

但是，由于目前高校对学校社会工作的认可和接纳程度还比较低，加之专业社会工作者自身的能力和水平也没有达到较高的水准，要在短时间内建立独立建制的社会工作部门也有相当大的难度。

（三）近期定位——校内社团

在独立设立部门有一定困难的情况下，可以尝试暂时将学校社工的依托机构定位在各高校学生事务的主管部门（例如校团委和学生工作处），或将其依附于高校社会工作系或专业。此构想下的机构是一个依托高校的科研、师资、学生等力量而成立的社团组织。机构的社工为高校中社会工作专业高年级的学生。督导由获得相关资格认定或有中高级职称的社会工作专业教师组成。同时，机构可以依据自身的实际情况，在有条件的情况下招聘全职的驻站社工，以稳定社工队伍，为提供更好的服务奠定基础。

二、高校社会工作服务体系的主客体要素

（一）高校社会工作服务体系的主体要素——服务的提供者

高校社会工作服务体系的主体要素是指服务的提供者，主要包括社会工作专业教师、专业学生和志愿者。社会工作专业的教师多数理论丰富、技能熟练、实践经验充足、科研能力强，是服务体系的核心。他们在从事教学、科研、实习工作的过程中，一方面引导学生参与专业的社会实践，另一方面容易满足服务机构对智力与人力资源的需求。社会工作专业的学生掌握了一定的专业技能，诵讨与社会工作专业教师的双重作用，可以从理论到专业方法与技能、从专业伦理价值到专业实践环节、从日常管理运作到突发事件处理机制、从服务理念到服务模式，逐步实现学校社会工作的专业化、科学化与制度化。高校中从事学生思政工作的相关人员，包括共青团、辅导员、党组织、政工师、心理辅导等系列，尤其是前二者，经过适当的培训和考核，也可以成为专业社会工作的骨干分子。高校志愿者组织化程度、受教育水平比较高而年龄比较低，有着强

烈的服务热情，通过教育和培训后，他们也能够直接运用专业的方法与技巧对服务对象展开劝导、心理沟通、回归支持等工作。通过他们的行动将学校社会工作服务从机构内扩展到机构外，可以形成良好的社会化路径。

（二）高校社会工作服务体系的客体要素——服务对象

高校社会工作服务体系的客体要素是指服务对象，包括学生和学校。高校大部分学生远离家庭所在地，且自主性较强，家长的影响相对较弱。因此，高校社会工作的对象主要是学生与学校。

高校社会工作的服务对象是全体学生，尤其是学习和社会适应有困难的学生，主要侧重于五类学生：第一，学习困难的学生，即厌学或虽然认真学习但成绩始终不理想者；第二，身心成长，存在适应性问题的学生，如身体不适或有心理障碍等；第三，对学校生活存在适应性问题的学生；第四，在经济上存在较大困难的学生；第五，存在新的发展问题的学生，如在独立的人际交往、恋爱等方面遇到问题的学生。总之，就是被各种社会性问题困扰，特别是对于学习和"社会—情绪—文化"适应有困难的大学生，学校社会工作者面对这些学生，应运用专业的理论和方法，帮助他们分析原因，找出解决问题的办法，使他们走出困境。

教职工是开展学校社会工作的重要资源和支持者。需要注意的是，部分高校教师、行政人员、辅导员和后勤工作人员也可能成为学校社会工作的服务对象。例如，部分教师特别是刚走上工作岗位的年轻教师和辅导员有可能会在与学生交流时出现障碍，社工可以帮助他们尽快进入良好的工作角色。行政人员和辅导员则多由刚毕业的高学历年轻人组成，他们工作繁重，生活压力大。另外，后勤工作人员中有相当数量的外来务工者，如果遇到生活上、精神上和心理上难以克服的困难，也会成为服务的对象。

三、高校社会工作服务体系的主要内容

（一）高校社会工作服务程序体系

总的来看，高校社会工作服务程序体系来自以下两个方面：

（1）高校社会工作的介入模式。高校社会工作应以生态观和系统观作为

介入的策略，促使受助学生在"人在情境中"的状态下主动达到最满足彼此期望的程度。早在20世纪，美国社会工作学者安德逊就提出了传统临床模式、学校变革模式、社区学校模式、社会互动模式等四种学校社会工作的模式。目前，这四种模式已经发展得比较成熟，对于开展高校社会工作具有很重要的启示和借鉴意义，特别是社会互动模式兼容并包，从全面、整合的观点，关心学生个人与环境的交互影响，同时也重视"学生—学校—家庭—社区"的连带关系。这一模式是一种综合性的运作模式，是最值得运用的一种模式。

（2）高校社会工作的介入方法。学校社会工作在本质上是社会工作领域的一种专业，所采用的方法主要是个案工作、小组工作、社区工作等。这三种工作方式各有各的优势，可以结合具体的情况，灵活运用。所谓个案工作，是一种以大学生为对象（案主）的社会工作专业方法，即学校社会工作者通过与案主建立专业关系，运用有关人和社会的专业知识与技术，协调可资利用的各种社会资源，为案主提供面对面、一对一的服务，旨在协助案主充分认识自身拥有的资源和潜能，完善自我，增强其解决困难的能力，从而达到与社会、环境的良好适应。小组工作则强调人在情境中的效用，通过小组过程或小组社会工作者的协助，使小组中的个人在环境中获得教化，达到个人、小组发展的目的。小组工作按其类别可分为治疗小组、发展小组、学习技巧小组及社交小组等，社工可根据不同的目标建立与之相应的小组。社区工作是运用社会工作的理念在社区范围内开展学生工作，通过社会工作者与社区居民的共同努力，促进学生成长环境的改善。

（二）高校社会工作组织服务机构

任何一个机构或组织作用的大小、战斗力的强弱，很大程度上取决于其成员的数量、质量和组织状况。对于高校社会工作而言，合理的组织架构、健全的组织协调机制是开展服务的重要保障。为此，一方面要解决好机构人员的组成问题，这是高校社会工作顺利开展的基础性工作；另一方面要解决好机构整合和功能发挥的问题，即要通过一定的形式和安排将个体化的成员凝聚成一个功能性单位，并有效运行起来。

功能性单位的主要内容包括：第一，机构的核心组织架构。高校的社会工作机构可以聘请学校党政领导兼任名誉主席，但执行主任必须由取得社工职业资格认证证书的教师担任。学校社会工作者是学校社会工作运作机制的灵魂人物，担负着贯彻执行学校的有关决议、领导学校社工事务活动的任务。机构核心社工的状况如何直接关系到机构能否坚持正确的服务方向，能否更好地组织、充分调动机构成员和广大志愿者的积极性、创造性。第二，建立健全人才机制，包括高校社会工作服务机构成员的培养、选拔、使用、科学管理以及优化配置的程序及相关规定，主要工作有机构成员的吸收、安排、举荐等。第三，建立健全机构的日常工作机制，包括机构的岗位设置、职能确定、人员的合理配备、值班人员的管理和服务流程的规范等。

（三）高校社会工作服务保障体系

服务保障体系是高校社会工作服务体系中的重要环节，当前，学校社会工作处于起步阶段，保障体系显得尤为重要。服务保障体系包括以下方面：

（1）转介是个案工作常用的工作方法之一，是指对本机构不能提供服务的个案，经过一连串的专业服务机构，转送到其他服务机构，使服务对象能够获得适宜的社会工作专业服务的一种工作过程。高校社会工作运作过程中，有三种情况使转介成为必要：一是机构不提供服务对象所需要的服务；二是机构无法提供更专业的服务；三是机构只为某一区域的人提供服务，而申请人不是该区域之内的人。转介机制包括转介方案的确定、转介信息的共享、转介网络的畅通、转介服务机构或组织的建立、转介程序的规范等。

（2）评价体系是高校社会工作人才队伍建设的核心。评价是指通过一系列科学的手段和方法，对人的基本素质及其绩效进行测量和评定的活动。科学的评价不仅可以有效地配置人才资源，促进人才的合理流动，还可以最大限度地开发人才资源。事实表明，科学、公正的人才评价体系的建立健全是"知人善任""任人唯贤"的基础和前提。第一，社会工作人才的评价主体主要包括用人组织、专家和案主自身。专家主要是从能力和专业水平等方面进行评价的，而用人组织和案主则主要是从绩效、职业道德等方面进行评价的。第二，建立可操作的评价指标体系，其指标应包括创新能力、学习研究能力、潜在能力、技术水平、学术水平、职业道德等多方面的要素，对每一个评价要素都应该制定相应的、操作性强的评价细则。第三，采取资格考试、考核和同行评议等相结合的评价方法，对社会工作人才进行评价。同时，应积极推行"以聘代评"，实行专业技术职务竞争上岗，建立一套申报权给个人、评审权给社会、聘任权给单位的职称评聘管理模式。

（3）激励体系是激发学校社会工作人才的潜能动力所在。能否对社会工作者产生激励，取决于激励政策是否能满足社会工作者的需要。要做到这一点，首先要了解社会工作者的真正需要。因此，高校社会工作人才的管理者要考虑社会工作人才不同层次的需要，并为每一层次的需要设计相应的激励措施。同时，考虑到每个社会工作者有特殊的需要，激励方式应该因时、因人而异，有针对性才能更具成效。要调动高校社会工作者的积极性，就要注意激励因素的利用，使工作者产生更高的工作热情。激励因素主要是指与工作内容联系在一起的因素，可分为短期激励薪酬和长期激励薪酬，短期激励薪酬包括奖金等，而长期激励薪酬包括社会责任、事业成就、职位晋升以及对其的表彰等。因此，在制定激励政策时，要兼顾短期和长期两方面的需求，才能使社会工作者受到激励而不断成长。

（4）督导体系是社会工作者业务提高与个人成长的重要环节。实际操作中，督导大致可分为行政性督导、教育性督导和支持性督导。行政性督导的主要作用是协助机构提高全方位的领导管理能力，化解矛盾，激励工作士气，增加沟通渠道，增进工作绩效。教育性督导主要是装备社会工作者的技术文化能力，培训初级社会工作者面对问题和处理问题的能力，也就是思维方式的转变。支持性督导则是采用合作关系、伙伴关系，成为社工的支持者，鼓励与安慰被督导者，提供情绪支持与压力管理来避免社工的职业倦怠，使社会工作者以健康积极的心态投入生活、工作中。督导者未必对每一种工作情景都十分了解，也不能掌握所有的介入方法，但是必须具备专业的视角与思路，并能提供给受督导者。此外，接受资深督导的指导，加强同行交流也是很好的方法。没有指导、交流的学习，只能是在黑暗中的摸索。因此，建立督导机制是高校社会工作服务体系不可或缺的部分。

高校社会工作服务是一个繁杂而严密的系统工程，除了上述几个体系外，还有其他一些体系，各体系是相互联系、相互渗透、相互制约、相互促进、不可分割的。

四、高校社会工作服务体系的构建策略

积极争取高校决策层对高校社会工作服务体系构建工作的推动。作为一种制度的社会工作专业，专业化进程易受其生存环境的影响，特别是易受社会体制的影响和制约。依据中国现实国情，专业社会工作制度的建立必须积极争取高校决策层的指导、支持和帮助，这是保障高校社会工作服务体系发展的基本前提。因此，应加大社会工作专业的宣传力度。宣传能增加其他非专业人士对社会工作的认知，同时也能增强社会工作专业人士对自身专业的认同感。开设社会工作专业的高校应把社会工作专业的一些理论和专业方法纳入各级领导、班主任、辅导员和心理咨询中心工作人员学习的必修课程中。另外，高校社会工作服务体系的构建是一项长期、复杂、艰巨的系统工程，需要较多的人力、物力和财力的投入。高校社会工作服务体系在建设中亟需学校给予切实的支持和帮助，例如，办公经费短缺问题、服务机构用房问题、社会工作专业学生的实习安排问题、学校社会工作者的编制问题和职称问题等。如果得不到很好的解决，高校社会工作服务体系的构建势必会陷入困境，难以达到预期的构建目标。

培育和增强专业意识，强化社会工作专业人员的责任感和使命感。由于在高校社会工作专业的师生中存在着专业意识不强的问题，因此，培育和增强专业意识，激发广大专业社会工作者的责任感和使命感，对于高校社会工作服务体系的建构具有重大意义。

从专业建设层面来看，学校社会工作服务体系的构建至少可从两个方面进行努力：第一，在社会工作教育体系中开设学校社会工作课程。首先，将学校社会工作列为专业方向，开设未成年人身心发展、教育行政学、校园文化研究、青少年社会服务等课程，并积极提供学校社会工作实习的机会，为培养高质量的学校社工专业人才创造良好的条件。其次，将社会工作概论、学校社会工作等社工专业课程列为选修课程，以便加大教育体系对社会工作的认可。第二，建立学校社会工作的督导制度。督导制度是公认的最有效且最能广泛提升专业能力的制度。学校社会工作督导制度的建立，既可提高学校社工的服务质量，推动学校社会工作的顺利开展，也可作为一种专业提高和专业训练的活动，以满足专业权威性的需要。

深入思考高校社会工作的规律，大力加强学校社会工作理论的研究，为高校社会工作服务体系的构建提供理论支持。目前，学校社会工作的理论建设明显滞后，客观上弱化了高校社会工作服务体系建设的整体能力。高校社会工作服务体系的构建如果缺乏相应的依据和标准，将会很难开展。对于加强学校社会工作理论建设，第一，在研究力量上要整合多方资源，联合高校的专家学者、政府主管部门、一线学校社工，将组织与个人相结合、专职人员与兼职人员相结合，调动各方面积极性，形成理论建设的合力。第二，要制定理论研究的中长期规划，明确理论研究的方向和重点，积极参与国家级、省部级重大课题和重点课题的招标，要确定一些理论研究基地，以浙江工商大学、浙江理工大学、杭州师范大学等高校为龙头，形成以点带面、点面结合的研究网络。

另外，积极探索高校社会工作服务体系的运作机制，先行动后认可。社会工作的发展历史揭示了一条道理：社会工作必须先积极进行社会参与和社会融合，然后才能获得社会的认可。高校社会工作同样如此。所以，在推动学校社会工作时，社工界同仁们要全力投入社会实践，脚踏实地地为高校提供专业服务。

综上所述，高校社会工作服务体系的构建是一项复杂、专业的系统工程。一方面，在目前我国本土化的高校社会工作理论尚未完善的情况下，构建高校社会工作服务体系的实践主体无疑是社会工作专业的广大教师和学生。如果不能调动专业人员的积极性和主动性，要构建这一服务体系是有难度的。另一方面，要想真正构建这一体系，必然要与一定的社会体制发生联系，我国高校的管理制度决定了构建这一服务体系的关键在于高校的决策层。因此，只有在高校决策层与社会工作专业的良性互动中，才能真正构建起有效的高校社会工作服务体系。

第二章　高校社会工作的多元化探索

随着我国社会的快速发展，在当前的社会人群的诉求呈现多元化的背景下，高校大学生的诉求也多元化和复杂化。本章重点围绕高校个案社会工作、高校小组工作以及高校社区工作展开论述。

第一节　高校个案社会工作

一、高校个案社会工作的原则

高校个案社会工作，或称高校社会个案工作，简称高校个案工作，概括地说就是高校社会工作者通过直接的、面对面的沟通与交流，运用各种科学的助人知识和技术，对在校大学生尤其是学习和社会适应有困难的学生提供支持和服务。通过心理调整与环境改善，协助学生（即案主）解决问题，提高其学习能力，完善其人格与自我，增强其适应社会生活的能力，以使其能应对现在和未来的生活，并推动高校教育功能的实现。

在高校个案工作的过程中必须遵守的基本原则是高校个案工作实践经验的总结，是进行高校个案服务时必须遵守的基本原则，也是高校社会工作者与案主建立良好专业关系时的基本行为准则，非常重要。具体如下：

（一）承认原则

承认就是承认案主作为一个人的价值、其发展的潜能以及改变的能力。学习和社会生活适应不良的大学生常受到轻视、反感或指责并倾向自责，以至怀疑自己的能力。因此，高校社会工作者绝不能像案主周围的某些人一样轻视、反感或指责案主，而应该尊重案主，相信案主有能力或潜能来解决自己的问题，帮助案主从防卫中解脱出来，以更切实的方法来面对自己和处理自己的问题。高校社会工作者在互动中把这样一种承认传达给案主，会增强案主的自信，使其有信心去面对和处理自己的问题。

（二）个别化原则

个别化原则就是将案主看成独特的个人，重视案主问题的独特性。高校个案工作不是机械刻板的工作，而是艺术化地去处理每一个学生的问题。每个学生都是与众不同的，他们的问题的性质和原因也各不相同，所以要遵循个别化的原则，重视每一个案主问题的独特性，运用不同的方法艺术化地加以处理，以帮助案主达成较好的适应。

（三）接纳原则

接纳就是要求案主有自由表达情绪、情感的权利。这些情绪、情感既包括正面的、积极的，也包括消极的、负面的情绪情感。高校社会工作者应该投入地倾听，既不阻止，也不责备。接纳是一种容忍的了解。为此，高校社会工作者必须放弃以自身的喜好标准来评价案主。同时，接纳并不等于赞同，赞同是一种价值判断，而接纳是中性的，既不表示同意，也不表示反对。高校社会工作者的接纳态度有助于案主放下思想包袱，不再掩饰自己，逐渐地解除防卫心理，畅所欲言，这样就有利于高校社会工作者更多、更深入地了解情况，以便更有针对性地进行工作。

（四）理解关怀原则

高校社会工作者和案主之间是一种工作关系、职业关系，而不是私人关系。但这并不是说工作中不需要投入任何感情，实际上，在高校个案工作中，高校社会工作者是需要适度的情感介入的。高校社会工作者如果无感情卷入，只是例行公事，往往会很冷漠，而这种冷冰冰的、置身事外的态度是很难帮到案主的。助人工作是一种爱的事业，没有热情与奉献是很难开展工作的。所以在工作中，高校社会工作者要有足够的热情与热心，真诚地去理解和关心案主，给予其温暖的支持，这是建立良好专业关系所必需的，是高校个案工作的基本原则之一。

（五）保密原则

保密原则就是保守案主在工作过程中所透露的秘密，这是个案工作的基本准则。一方面，高校社会工作者对不必要的事项不要深究；另一方面，对已经获得的资料应注意保密。

保密的方式包括不向他人透露案主的姓名、资料，不向他人提及会谈的过程及内容（教学、培训时可以，但要隐去姓名），不让外人旁观。另外，还要注意，不要让不同的案主在等待约谈的时候相互碰面。坚持保密性原则能使案主产生安全感，从而敞开心扉，这是高校社会工作者的道德底线。

高校社会工作者在坚持保密原则的同时，需要注意一些特殊情况的处理，如当案主有伤害自己、他人和危害社会的倾向时，就不能一味简单地坚持保密原则，而应该本着对案主、对多数人的利益、对社会负责的态度，灵活妥善地加以处理。

（六）情感转移原则

情感转移，简单地说就是案主把他以前对某人产生的情感、态度等主观体验移植到高校社会工作者身上。情感转移会给个案工作带来较大的影响。正向的情感转移会使案主过分迷恋于情感上的依托，从而偏离了工作原有的目标和性质；负向的情感转移则常常会使案主拒绝、排斥高校社会工作者，使工作者无法顺利开展个案服务。

由于情感转移在个案工作过程中经常出现，因此必须加以重视，要正确处理。高校社会工作者在处理案主的情感转移时，要做到以下方面：

（1）及时发现情感转移的苗头，适时采取措施。情感转移在个案工作的任何一个阶段都可能发生，并且情感转移的发生常常可以从案主的话语、眼神、姿态中察觉。这就需要高校社会工作者具有较高的敏感性，在情感转移可能出现或刚刚出现的时候就采取措施，这样才会取得较好的效果。

（2）认识情感转移的性质。情感转移是任何一个人都可能出现的一种心理现象，其本身不意味着好或坏，它是一种正常的人格反应。只有认识到这一点，高校社会工作者才能以一种理性的态度对待和处理情感转移。情感转移往往和案主个人的问题有关联，正确处理好案主的情感转移将有助于发现案主的问题。

（3）在具体措施上，可以通过两个步骤来进行：第一，促使案主表达其感受，以利于作进一步研究、了解；第二，有目的地给案主提供表达、宣泄的机会。允许他对高校社会工作者表达各种感受，使其被压抑的情绪得以疏导或发泄，以消除内心的冲动，而逐渐恢复平衡。

（七）参与原则

所谓参与，就是当案主面临问题时，高校社会工作者不应取代案主而为他解决问题，积极的方式应当是引导案主参与对问题的剖析以至改善的全过程，而高校社会工作者一直处于分担、支持和提示的地位。所谓自决，就是尊重案主自我决定的权利。高校社会工作者可以帮助案主分析问题，也可以告知案主何处可获得帮助，而建议是否被采纳，则应由案主自己来决定。

高校个案工作的本质是助人自助，高校社会工作者不能包办代替地为案主解决问题，而只能起协助作用，应让案主自己学着解决问题，同时促进案主成长。所以在整个工作过程中，都要非常强调让案主积极参与，强调尊重案主的自主、自决权，这是个案工作的又一基本原则。

综上所述，这七个基本原则是密切相连的，违反其中任何一项原则，都将导致个案服务的失败。只有七个原则共同作用，才能使案主产生温暖、安全、自由、和谐的感受，才能顺利地开展个案服务，才能顺利地完成助人目标。

二、高校个案工作的技术

高校个案工作的基本技术是开展高校个案工作所必需的专业方法与基本工具，主要包括会谈、访视与记录等。

（一）高校个案工作的会谈

会谈是高校个案工作最主要、最常用的工作手段与方法。

1. 会谈的特性

"会谈"一词由英文"interview"翻译而来，也称之为"协谈""面谈""约谈""晤谈"以及"商谈"等。在社会工作领域，会谈是高校社会工作者与案主之间一种面对面讨论问题的过程。确切地说，会谈是一种特殊的、有目的的谈话，该目的是被会谈双方共同认定和接纳的。会谈双方为了某一特定目的，关注某一特定内容并剔除那些与主题无关的内容。会谈双方的角色关系是高度明确的，并受会谈目的和性质的影响。

社会工作会谈与一般的谈话既有相似之处，又有很大不同。二者的共同点是，都是运用语言和非语言的方式进行面对面的交谈及相互影响。二者最大的区别在于，会谈是为达成参与者共同接受的目标而进行的。下面从会谈与一般谈话的区别中来说明会谈的特性。

（1）会谈有一个既定的目标，会谈的内容围绕目标展开，与目标无关的内容则加以剔除；一般谈话则不是这样。

（2）会谈是有计划的，会谈的地点、时间都经过正式安排并事先约定；一般谈话则比较随意。

（3）会谈有明确的角色区分，有会谈者与被会谈者两种角色，会谈者负责确立会谈的程序，掌握会谈的进程和内容，使会谈走向目标；一般谈话则不然。

（4）会谈双方是服务提供与服务接受的关系。高校社会工作者必须向案主提供一定的服务，以帮助案主解决问题，案主只接受对方的服务；而一般谈话的双方则是一种互惠关系。

（5）会谈不回避不愉快的事实或感受，事实上，如果这对案主有帮助，高校社会工作者还有义务去引起这种不愉快的事实和感受；而一般谈话是回避这些的。

总之，作为一种专业性的助人技术，社会工作会谈比一般谈话有着更明确的目的、内容和计划，有着明确的角色分配以及规范互动过程的特别规则。

2. 会谈的原则

（1）注重案主的个别化，从案主会谈过程中特有的神情，了解其独特的内心感受与需求。

（2）为了建立案主接受会谈的信心，高校社会工作者应主动、积极地向案主表达观察与了解的信息。

（3）引导案主的不良情绪，并且能促使案主作冷静、理智和创造性的思考与反应。

（4）以非评判的态度去澄清案主面临的问题。

（5）高校社会工作者必须对案主作有控制的感情介入，能有效处理情感转移或反情感转移。

（6）不因案主沟通困难、理解反应慢、自我调适力退步而拒绝与其会谈，应进一步查找其原因。

（7）善于运用专业判断力，帮助案主尽快察觉自己的不良态度和偏差行为倾向。

（8）高校社会工作者尊重案主的自由选择和自决权，但如果案主的自我决策对其本身不利时，高校社会工作者应运用专业职权保护案主。

（9）高校社会工作者与案主会谈的内容，除了专业上的需要之外，均应采取充分的保密措施。

（10）每次会谈结束前预留时间给案主询问，并对会谈作简单总结，同时做好下次会谈的约定和准备。

3. 会谈的准备

会谈的准备包括场所的准备和时间的安排。

（1）会谈场所的准备。高校个案工作的主要工作方式就是会谈。虽然在办公场所之外访视时也可能进行会谈，但个案社会工作的绝大多数会谈是安排在学校社会工作中心的会谈室中进行的，特别是一些深度的、持续性的会谈，更要在会谈室中进行。

会谈室是一个标准的、适于会谈的专业场所。如何选择、布置会谈室呢？最根本的应有利于个案工作会谈的展开，有利于高校社会工作者和案主的沟通。具体说应做到以下方面：

第一，室外环境要清静，要能免受嘈杂噪声的干扰。

第二，室内光线要充足、空气新鲜、温度适宜，要使高校社会工作者与案主能在一种身体舒适的环境下会谈。

第三，室内的家具布置应简朴，避免空间过分空旷或狭小；桌椅摆放以会谈双方呈90°角斜坐为宜。

第四，室内布置要温馨、淡雅、有生机。

第五，会谈室应是能保障个人隐私的单间，防止外人随便进入，并且最好不要和接待室相连，最好能有隔音设备，使受会谈者能放心地说话。但在实际工作中，因条件限制，可能无法安排专门的会谈室，这时也可以将办公室兼作会谈室，但一定要做到没有外人在场，并要防止外界因素如电话等对会谈的干扰。

（2）会谈时间的安排。在会谈时间安排上，应灵活掌握。大部分会谈应安排在工作时间内，不过为了照顾案主的时间，有些会谈也可安排在其他时间进行。在安排会谈时间时应注意以下方面：

第一，每次会谈时间以 45～50 分钟为宜，并且最好安排在工作时间。

第二，不同个案的会谈时间宜相隔 15 分钟，一方面高校社会工作者可以休息片刻，另一方面也可使案主对机构的保密有安全感。

第三，每一次会谈之后，应有一定的时间记录会谈的内容。

4.会谈的技术

会谈的技术包括会谈中的倾听和观察的技术、表达技术、影响技术等。

（1）倾听和观察的技术。在个案会谈中，高校社会工作者要先注意倾听，即案主发出的言语信息；同时还要注意观察案主所传达出来的非言语信息，即要想了解案主的有关情况和感受，必须注意倾听、注意观察。具体如下：

1）注意倾听的技术。个案会谈中的倾听，是指高校社会工作者对案主的谈话不仅仅是听听而已，还要借助各种技巧真正听出对方所讲的事实、所体验的情感、所持有的观念等。这种倾听，有人把它称为"投入的倾听"，它要求高校社会工作者在听的时候不仅仅带耳朵去听，而是全身心地投入，要善于借助言语的引导来启发、鼓励案主自我表达，进而达致对案主问题广泛深入的了解。具体而言，包括以下两种技术：

第一，询问技术。个案会谈中，询问是有一定技巧的，有开放式问题和封闭式问题之分。

开放式问题是指需要经过一番陈述才能回答的问题，是不能直接用"是"或"不是"来回答的，而是要用"什么""怎样"等来提问的问题。高校社会工作者在会谈中，特别是初次会谈中，要用开放式问题来提问，因为它允许案主一开始就有思考的余地，容易找到话题的切入点，容易发现案主问题的特殊性，使高校社会工作者能获得案主问题全面、系统的资料，有助于分析案主的问题所在。如果案主对开放式问题感到无所适从，不知道如何回答，则需要高校社会工作者进一步缩小答案的范围。在开放式问题提问时，要注意让案主充分表达他们的感受和想法，即使有离题现象，也不要责怪或露出不耐烦的神情，可适当提醒、暗示他们朝着主要问题的方向来谈。

封闭式问题是指可以用"是"或者"不是""有"或"没有""对"或"不对"等来回答的提问。封闭式问题的采用要适当，采用次数不宜过多，因为封闭式问题不能给案主提供较大的自由空间，甚至会限制案主的思路和自我表达。这样不仅妨碍高校社会工作者对案主资料的收集和对问题的广泛深入了解，甚至会破坏专业关系。因为案主来寻求帮助，都是希望别人来分担自己的问题、理解自己的心情，没有人愿意总处于被动回答的位置，所以运用封闭式问题要恰当。除此之外，在询问时还要注意以下问题，见表2-1。

表2-1　询问时还要注意的问题

问题	内容
避免诱导性问题	诱导性问题是指问题本身包含了答案或判断，容易诱使案主做出不正确的选择。问题本身已包含了答案和判断，案主容易受到诱导，从而作出错误的回答。在实际工作中要避免使用这类问题
适当提出问题进行核对	高校社会工作者要适时对案主的陈述进行总结，并反馈给案主，征求案主的意见
避免直接问为什么	人们在日常生活中经常会问"为什么"。但在个案会谈中，"为什么"意味着要求案主对他的行为作出解释，暗含着压制与指责，很难让案主接受。可以改用"如何""怎么样"来代替

第二，反应技术。注意倾听时，除了要适时、适当发问，还要适当、会心地进行反应，以引导、鼓励案主进行表达。反应技术主要有四个方面，见表2-2。

表 2-2　反应技术

项目	内容
鼓励	高校社会工作者在倾听时不但要听出对方的感受、观念，还要让案主知道对方在认真地听他讲，所以在听的同时还要不时用点头、微笑或简短的词语如"嗯——嗯""啊""是这样""后来呢"等鼓励案主进一步讲下去，这是最简单的反应技巧，却行之有效，能给案主以很大的信心
复述	重复案主所讲的一些重要的话，也是一种很有效力的反应。它可以表明高校社会工作者对案主所讲内容的重视，也有助于引导谈话向某一方向的纵深进行
对情感的反应	在反应时，仅仅明确一些具体的事实还远远不够，还必须对案主的情绪进行反应。案主在会谈过程中都带有浓郁的感情色彩，高校社会工作者应对案主的情感给予反应，这样既可以帮助案主了解自己的情绪，也有助于高校社会工作者的情感投入，达到同感，当然也有助于与案主良好关系的建立
摘述	摘述即总结，是指在个案会谈中，高校社会工作者把案主所说的事实、信息、情绪情感、行为反应等给予分析综合后以概括的形式表述出来。摘述是会谈中高校社会工作者倾听活动的结晶。摘述很像串珠子，把案主的有关资料清理成串、分门别类，并将其主要问题反映给案主

2）观察的技术。在个案会谈中，要注意观察案主的非言语行为，具体说就是通过观察案主的面部表情、身体动作表情和语音、语调以及案主给人的综合印象来了解案主及其问题。

（2）表达技术。表达技术包括以下两个方面：

1）非语言表达包括：①面部表情要轻松，不皱眉；②眼神与案主接触时不要逼视案主，也不眼神闪动；③保持令双方舒适的距离；④手势要自然、松弛；⑤身体端正，略微前倾，保持关注的态度。

2）语言表达包括：①多用鼓励案主继续倾诉的语句；②尽量使用案主能够明白的用语与其沟通；③使自己的语言与身体的表达尽可能一致。

（3）影响案主的技术。会谈中，除了良好的倾听、观察和表达技巧之外，还需要高校社会工作者更为积极主动地运用自己的专业理论知识和技术、个人的生活经验及对案主问题特有的理解来影响对方，促进对方在认知、行为上的改变，进而获得对社会生活的适应和进一步的成长。常用的影响对方的技术包括以下方面：

1）解释。解释是最重要的影响技巧，是指高校社会工作者依据个案工作的理论观点或个人经验，从一个全新的角度对案主的问题做出有力的剖析和说明。解释能给案主提供一种新的认识自身的方式，还可能使案主的世界观产生认知性的改变。在会谈中，很多时候，比如同感时，要求高校社会工作者从案主的参考体系出发。而当运用解释这一技巧时，则是从高校社会工作者自己的参照体系出发，从另一个角度去看待案主自己及其周围的事物。这对案主来说可能是从未想过的，可以给他提供一个全新的视角，使他看到一个全新的世界，而这可能非常有助于案主解决自己的问题。这就是解释的作用。

2）提供忠告与信息。为案主提供一定的信息与忠告在会谈中很多时候是必要的，这些忠告和信息往往会对案主有一定的指导性，对其思维和行动有潜在的影响。但忠告、信息不宜过多，在提出忠告、信息的措辞方面也应该注意，要委婉，忌生硬，以免引起抵触心理。

3）自我暴露。高校社会工作者在必要的情况下适度地暴露自己，将自己类似的感觉、经验和行为与案主分享，不仅可以拉近与案主的距离，使案主产生亲近感，更重要的是可以起到以身作则的示范作用。

4）影响性总结。这是对每次会谈中高校社会工作者给案主所做处理、治疗的总结，一般在会谈即将结束时进行。影响性总结有助于会谈双方对此次会谈的情况有更为清楚的了解，更重要的是有利于案主抓住会谈要点，加深其对在会谈中学到的内容印象。

（二）高校个案工作的访视

访视是高校个案工作常用的技术。

1.访视的意义

在高校个案工作的实施过程中，为了更好地了解案主的有关情况、促进案主的转变，高校社会工作者常常需要到案主所在的院系、班级、宿舍，有条件或有必要时还要到其家中拜访有关人员，这种专业性的访问称作访视。访视可以在个案工作的全过程中进行，对个案工作的顺利实施有重大意义。

在资料收集阶段，访视的目的就是高校社会工作者亲自进行实地观察，以了解情况。与案主会谈所获得的资料，有时会因案主的片面表达而失去真实性，而通过实地访视，高校社会工作者用专业眼光亲自观察、分析和判断，可以获得更客观、更全面的资料，可以补充、修正案主提供资料的不足与偏差，从而发现案主问题的真正原因，使正确的服务和治疗成为可能。

在服务提供与治疗阶段，访视也大有用途。具体而言，访视可以得知案主情况改善的程度，从而了解治疗的效果；和有关人员进行沟通，取得他们的配合，共同促进案主的转变与成长。在结案与评估阶段，访视则多是为鉴定工作成效提供资料，并为案主将来的发展寻求周围环境的帮助。

2. 访视需注意的事项

为了使一次访视能够有效地执行，必须注意下列事项：

（1）访视应先征得案主的同意。访视应先征得案主的同意，如果案主不同意，则只能延迟或取消访视，否则将严重影响个案工作的专业关系。

（2）明确访视的目标。在访视前先要确定具体的访视目标，要如何观察？了解哪些内容？如何改进？这样才不至于使访视盲目而无的放矢，浪费时间和精力。而且访视的目的不同，所用的时间、技巧往往也不同。所以应先确定目标，以便有正确的方向。

（3）做好访视的准备。高校社会工作者应先了解受访者有关的资料，做好预约工作，为访视做好充分的准备，对可能出现的问题也要做好应对准备。

（4）访视者的态度。访视者应以友好、关心、诚恳的态度出现在受访者面前，对受访问人的会谈应该采取较间接、缓和的方式，因为受访者不是案主本人，与高校社会工作者的专业关系也不同，高校社会工作者对受访者的约束力较弱。

（5）对访视过程和结果进行记录和评价。访视在高校个案工作中是不可缺少的。和会谈相比，由于工作场所、地点和人员发生了变化，高校社会工作者和受访对象的关系相应也比会谈复杂，常常要同时处理与几个人的关系。因此，高校社会工作者采取访视方法时一定要做好充分准备，以获得最佳成效。

（三）高校个案工作的记录

记录是高校个案工作的又一重要技术，也是个案工作的一个基本环节。

1. 记录的作用

记录是指高校社会工作者在个案工作过程中，采用不同的方法或手段，以专业知识判断为基础，把案主情况及其处理过程详细记录下来，包括一般的基本资料、案主的问题、案主对自身问题的看法以及高校社会工作者对案主问题的分析、处理经过等。

记录在个案工作中起着非常重要的作用，有助于提高个案工作的服务质量。一个好的个案高校社会工作者应该养成在会谈结束之后立即做记录的习惯，以避免产生遗忘或资料混淆。有些资深的个案高校社会工作者常用许多时间在撰写与阅读记录上，是其工作时间的 10% ~ 30%。具体而言，记录在个案工作中的作用主要表现在以下方面：

（1）促进高校社会工作者思考、提高工作成效。通过撰写记录，高校社会工作者有机会对会谈的情况作全面的反思，有助于高校社会工作者理性地作出判断，高校社会工作者还可能会发现一些被遗漏的重要因素、被忽视的侧面。这种事后的反思对个案工作的顺利开展是极重要的。

（2）利于服务的持续。个案工作中，对于案主的问题常常并非一次就能解决、结案，往往要分几次甚至几十、上百次来进行，而且高校社会工作者常常要在同一时间向多个案主提供服务。因此，为了服务能顺利进行，高校社会工作者必须将每次与案主接触的要点记录下来，以便能够接续下次的服务，不致遗忘或混淆。这时记录就成了帮助高校社会工作者恢复记忆的有效工具。另外，当高校社会工作者因特殊原因如生病、休假而不能提供服务，需要转介或转案时，记录也成为其他高校社会工作者了解案主情况的主要资料来源。

（3）助于检视工作过程。在个案工作过程中，经常需要根据具体情况作出新的决定、采用新的处理方法，这就需要对历史情况详细了解。特别是当某个个案持续的时间较久时，这种回顾与检视必须借助于原始的记录资料，从中才可以检视高校社会工作者资料收集的方向、问题诊断的正确性以及处理方法的妥当性等。这种检视有助于高校社会工作者及时改进不当的服务内容和方式，使个案服务朝着正确的方向发展。

（4）利于督导。督导即对高校社会工作者的工作方法、内容进行指导。通过查阅受督导者的记录，可以对其实施有效的督导。查阅记录的目的分为两类：一是属于行政上的，是对高校社会工作者的工作评估；二是属于教育性的，是要了解受督导者对专业知识与技巧的运用情况,以便有针对性地给予培训和指导。无论哪一种情况,都要借助于查阅记录来实现。

(5)利于检验服务计划和目标。记录过程本身要求高校社会工作者随时对服务计划的完成情况进行分析和思考,对高校社会工作者服务计划和目标的完成起督促作用。当工作进行到某一阶段,需要进行阶段总结和评估时,记录将成为检验服务计划和目标完成状况的主要依据之一。

(6)为个案工作的理论研究和教学提供丰富的一手资料。

2. 记录的方式

个案工作的记录有文字记录、录音记录和录像记录三种方式,其中以文字记录为主要方式和手段。录音、录像记录虽然具有完整、易于操作、方便对高校社会工作者进行评估尤其自我评估等优点,但其缺点也比较明显,最突出的是不能反映高校社会工作者内心的想法和感受,也不便于经常性地浏览、检视。而文字记录虽然细节性、完整性不如录像、录音,但它能够记录高校社会工作者内心的想法和感受,可以引导高校社会工作者全面、深入地分析案主的情况,而且它也是最经济、最便于经常浏览和检视的记录方法。因此,在实际工作中,录音和录像只是个案工作的辅助记录手段,文字记录才是个案工作最主要、最实用的记录手段。

3. 记录原则

记录原则是在记录过程中必须遵守的基本准则,主要有以下方面:

(1)记录案主完整的基本资料。案主完整的基本资料常常以固定表格的方式进行填写。基本资料主要包括:①申请日期;②个案号码;③案主个人基本情况:姓名、性别、年龄、籍贯、受教育程度、职业及详细地址等;④案主家庭成员的情况:姓名、性别、年龄、籍贯、受教育程度、职业、住址、基本健康状况及其与案主的关系等;⑤其他重要关系人如朋友、教师和有关机构的基本资料情况;⑥个案来源(案主申请或其他机构转案)等。

(2)记录基本要件。每次记录中都应有记录的基本要件,包括时间、地点、人名、机构名称等资料。记录结尾应签上高校社会工作者的姓名。

(3)服务内容的记录。服务内容的记录必须符合机构和案主的需要,不宜采用固定的格式，以免使记录流于形式。高校社会工作者具体记录的内容与形式都应该自由地、个别化地适应个案的情况。

（4）会谈后及时记录。在每次会谈后，应立即将会谈内容记录下来，以免发生遗忘或混淆。

（5）有选择地记录。记录不是将案主的有关情况、讲述内容全部记录下来，而应作出取舍，高校社会工作者应选择那些重要的、有价值的、有助于诊断和服务的内容进行记录。

（6）记录要简明扼要。记录应简明扼要，注重对具体的客观性事件的记录，避免空洞、无实际意义的文字与内容。为做到简明扼要，记录时可以采取分段记录的方法，每段都于醒目位置设立一个小标题。

（7）撰写会谈评价和服务计划。在每项记录的最后，都应由高校社会工作者撰写对这次会谈的评价，工作中的主要感受，未来采取的措施与努力方向，以及下一项工作的内容简介。

（8）进行摘要记录。长期性的个案服务有定期做摘要记录的必要，因为长期性的个案服务工作必然会积累许多资料，有必要定期或定次做摘要记录，以方便今后的查阅与资料分析。

（9）妥善保管记录。有关案主的一切资料都应妥善归类、存放。

（10）注意资料保密。记录过程中及记录结束后均应注意对案主个人资料的保密，除有关工作人员外，其他任何人不得查阅相关资料。

三、高校个案社会工作的方法模式

个案工作依据的理论不同，其出发点、对问题的解释以及解决问题的侧重点也不同，从而形成了许多理论派别及方法模式。高校社会工作在运用个案工作方法时，应该根据具体情况决定采用怎样的方法模式。具体如下：

（一）心理社会治疗模式

心理社会治疗模式是个案工作中占主导地位的模式，是社会工作专业最常采用的传统治疗方法。最初受精神分析理论的影响很大，后来一些学者不断加以修正，逐步吸收了其他学科的一些理论知识，如社会学的角色理论、人类学理论、沟通理论、学习理论、家庭理论、系统理论、危机理论等。因此，该模式是涵盖面最广、理论内容最丰富的一种治疗模式。

心理社会治疗模式把案主的问题看成是由生理、心理和社会各方面因素共同作用的结果，要求工作者全面分析案主的困难，既要认识案主的现在，又要分析案主的过去；既要分析案主意识层面的心理冲突，又要探求案主无意识层面上的各种矛盾；既要理解案主的内心感受，又要把握案主对周围环境的认识。总之，从各个方面、各个层面分析案主的问题，来帮助案主改变不良的行为。

1. 心理社会治疗模式的基本假设

心理社会治疗模式的基本假设包括以下方面：

（1）"人在情境中理论"。"人在情境中理论"模式借用了系统理论"人在情境中"的概念，认为只有把案主放到一定的社会环境中去认识，即考察"人在情境中的状态"，才能真正理解人的行为。"人在情境中理论"模式的基本假设就是，认为个人的成长受生理、心理及社会三方面因素的影响，三个因素彼此也相互影响。案主所面临的困难是案主本人同时受内在的生理、心理因素和外在的社会因素影响的结果，所以应该从多方面加以考察，既重视内在的心理因素，又重视环境因素以及二者交互作用的影响。

（2）对案主问题的认识。认为案主之所以会出现社会适应问题，主要可能有以下三个原因：

1）个人早年未被满足的愿望或没有解决的冲突仍然藏在个人的内心，藏在潜意识里，以至于干扰当前的生活。

2）当前的压力过大，以至于使早年的情绪问题被掀起，而产生不适应的行为。所以，心理社会学派特别重视早年经验和成长经历对人的影响，这个观点显然是受精神分析的影响。认为个人早年未被满足的欲望或冲突，仍藏在个人的无意识中。当社会环境压力过大时，就会干扰当前的生活，降低个人适应能力，而案主本人却不知道。因此，了解案主早年的经历对了解他的现在和将来、了解他的症结所在是大有帮助的。

3）认为案主适应不良，显示其运用了不良的自我功能和不良的超我功能，使个人本身的情绪力量削弱或恶化，从而出现各种问题。

（3）重视人际沟通。个人与他人的互动中，沟通是不可缺少的媒介物，了解案主沟通的能力与技术有助于理解案主的问题以及作出正确的诊断。

（4）重视个人的价值与潜力。认为每个人，包括每个案主都是有价值的，都有发展自己的潜能，只是未被开发而已。开展心理与社会治疗的目的就是要协助案主挖掘自身的潜能，使其健康发展。可见，心理社会治疗模式的人性观是比较乐观积极的。

2. 心理社会治疗方法与技术

霍利斯按照沟通方式及参与人员的不同，将治疗分为直接治疗和间接治疗两种类型。直接治疗是指高校社会工作者和案主直接进行沟通、诊断及治疗的过程。除直接治疗以外的沟通和治疗方式均称为间接治疗，间接治疗实际上是针对案主周围的环境而展开的治疗。类型不同，治疗的方法与技术也不一样。其中，直接治疗主要有非反映沟通动力与反映沟通动力两种技术，间接治疗以环境改善技术为主。

（1）直接治疗的技术。

1）非反映沟通动力技术。非反映沟通动力技术包括以下三种技术：

第一，支持。支持在开始接触阶段尤显重要。支持的第一步是减轻案主的不安和焦虑情绪，主要方法是通过专注的聆听、温情的语调、友善的笑容等技术向案主表明工作者的了解、接受、同情、信任和乐意帮助的态度。支持的第二步是保证，即肯定案主的某些行为，作出必要的治疗效果的承诺等。但在工作者作出保证前，一定要对案主完成目标的能力作恰当的估计，如果轻易作出承诺和保证，反而会使案主觉得工作者言不及义，从而对工作者失去信任。另外，支持也可以是一些实物的帮助，即为案主做一些实际的事，如为经济困难的案主申请紧急援助等。这种实物支持是案主需要的，同时也将增加案主对工作者的信任，让他们实际体会到工作者对他们的关怀和真正想帮助他们的诚意。

第二，直接影响。直接影响是指工作者运用直接或间接的方法表明自己的态度和立场，以推动或劝阻案主的某些行为。工作者在运用直接影响的方法时，一定要先认清案主的真实情况，坚持案主自决的原则。以工作者对案主的指导性强弱为标准，从弱到强共有五个直接影响的技术，即强调、提议、忠告、坚持、实际干预。强调指工作者用点头同意或表示重视的姿态去鼓励案主实践一些他本来已有的想法或已经准备采取的行动。提议指工作者提出某些建议，由案主自己作出决定。忠告指工作者向案主提出指导或一些他认为案主必须采取的行动。坚持指对于一些严重的事态，工作者在时间紧迫的情况下要当机立断地向案主指出事情的严重性并提出他应该采取的行动。实际干预指工作者采取各种强烈的措施直接干涉案主的行动。采取实际干预要有两个条件：一是工作者有充分的理由说明干预行动的合理性、合法性、必要性；二是干预要能够获得充分的社区资源的支持。

第三，探讨—描述—宣泄。探讨—描述—宣泄在整个心理社会治疗模式过程中要经常使用。探讨与描述是指工作者用点头、微笑、沉默、不了解的神情或语气来表达他对案主描述的倾听，同时鼓励案主表达内心的感受。显然，这是收集资料的过程，同时这也是诊断的过程。宣泄指工作者协助案主毫无阻碍地表达其负面情绪。常见的负面情绪包括愤怒、憎恨、悲伤、内疚及焦虑等。情绪的疏导有助于案主认清自己的问题，使其更积极地面对自我，这对案主具有良好的治疗作用。但在此过程中，工作者应留意到某些案主会滥用宣泄的机会去满足自己自怜甚至自虐的需要，工作者必须尽量避免受案主的支配。

2) 反映沟通动力技术。反映沟通动力技术又称反映讨论，是运用评语、提问和解释等技术来探讨案主的处境和心态的过程。这种鼓励案主运用自己的思考去解决问题的方法，是心理社会治疗模式与其他治疗模式的主要差异点。反映讨论的目的是发展或增进案主的洞察力。反映讨论包括"人在情境中"反映讨论、心理模式动力反映讨论、人格发展反映讨论三种类型。

第一，"人在情境中"反映讨论。"人在情境中"方法主要是用来协助案主了解其现状或近况，了解案主对其现、近况的反映。具体涉及六方面的内容：①他人、健康及情境。又称为"外在反映"，指不少案主因知觉扭曲或缺乏知识而产生错误的观念。②决定、后果及变通。这是一种介于外在及内在之间的反映。工作者运用引导技术使案主认识到其行为及决定是如何影响别人和他自己的。③内省。这是一种内在反映，工作者协助案主对自己的思想、感受和行为进行更深入的了解。工作者应该运用支持技术来引导案主较自如地谈及一些隐藏的感受。④对环境刺激的反应。有些问题产生于外来的刺激与个人观念的矛盾，对外来刺激的反应是因人而异的。工作者可以引导案主了解外在刺激和自己的观念之间的关系，认识其反应的原因。⑤自我评估。这是和超我及自我形象有关的自我反映。工作者可以引用外在现实来纠正案主错误的自我形象。⑥对工作者与治疗的反应。不少案主因对治疗过程不大了解而对工作者产生怀疑或误解，所以工作者必须向他们解释清楚治疗和专业关系的性质，以便协助他们积极地参与治疗的过程。运用该反映讨论时，工作者应尽量鼓励案主。

第二，心理模式动力反映讨论。个人早年经历往往为其营造了一些对人对事的反应模式和倾向，对此自己往往是无意识的，并不自觉。心理模式动力反映主要用来协助案主进一步去发掘他的感受、想法与行为的内在心理根源，重点在于使案主察觉他的那些不适当或有害的无意识的心理和反映模式，以减少它们对案主的影响力。

第三，人格发展反映讨论。鉴于早年经验对个人的影响如此深远，在治疗中协助案主认识和修正自己对早年经验的反应是相当有用的。人格发展反映讨论就是用来协助案主发现他的某些性格特征或行为是受早年经验的影响，重新评估这些早年经验，促使案主对这些影响加以适当的控制，以解决案主的困难，提高案主的社会适应能力。

（2）间接治疗技术。间接治疗以环境改善技术为主。环境改善技术的主要目的是通过改变案主的环境而减少案主在精神或生活上的压力。案主环境中最重要的就是关系人，包括重要他人与并行者。重要他人与并行者的态度、愿意伸出援手的程度、对问题的了解等，都会对整个治疗过程产生重大的影响。

关于改善环境的技术，直接治疗中的四种沟通技术最为有用，其中有些是反映的，有的是非反映的。包括：①支持。接纳并行者、重要他人的意见和承认他们所付出的努力是十分重要的。②宣泄。并行者、重要他人对案主的感受是需要处理的。要得到并行者或重要他人的合作，适当的宣泄是不可或缺的。③直接影响。工作者可以运用不同强度的直接影响技术去推动重要他人或并行者为案主取得一些资源或付出较多的努力。④反映讨论。使并行者了解自己对案主的反应和感受是很重要的。"心理模式动态反映"和"人格发展反映"技术在这方面很有用。

以霍利斯为代表的心理社会治疗模式在个案工作中占据了主导地位，被工作者广泛接纳和采用。其理论基础的完善，治疗方法和技术的细腻、丰富，应用范围广泛，是当代最具影响力的治疗模式。其不足在于，该模式对案主的要求比较高，需要案主有良好的沟通能力，因此无法运用于特殊案主，如处于危机事件中的案主。另外，和其他模式相比，该模式往往需要耗用更长时间和更多精力。

（二）人本治疗模式

人本治疗模式的理论奠基人是美国心理学家卡尔·罗杰斯，1940年他开始致力于这一模式的基本概念和治疗方法的创建工作。人本治疗模式重视人自身的价值和意义，强调从人本身出发开展个案工作。

罗杰斯的人性观是绝对积极和乐观的。并且认为人的本质是好的，是善良的、理智的，能够自立、对自己负责，有着正面的人生目标，因而可以获得进步，迈向自我实现。同时又是建设性的和社会性的，值得信任，也可以合作。既然人的本质是好的，若在良好的环境下让潜质自由发挥，将会是健康而具有建设性的。基于此信念，治疗不是在于操纵一个消极被动的人格，相反的，是要协助案主自省自悟，让他的内在能力与潜质得以发展。

1. 人本治疗模式的基本假设

（1）自我实现。自我实现是指对天赋、能力、潜力等的充分开发和利用。这样的人能够实现自己的愿望，对他们力所能及的事总是尽力去完成。罗杰斯认为，人有自我成长、自我实现的内在动力，虽然大多数人都不属于自我实现的人，但大多数人不是静态的，他们正走向成熟。

（2）自我概念。自我概念是人本治疗模式的一个核心概念，是人在内心深处关于自己的形象，是人对自己的看法和评价。人的行为、情绪与心理是由自我概念而不是真实的经验性的自我决定的。而不恰当的自我概念往往是案主产生问题的非常重要的原因，它往往会导致当事人无法接纳自我，从而否定自我、厌恶自我甚至痛恨自我。为了减少这种使人无法忍受的折磨，当事人往往采用更多自我防卫机制。经过长时间的积累，防御机制可能会崩溃，处理不当就可能导致问题的发生。

（3）基本观点。人的问题产生于人不能接受自我，不愿接纳自己的情绪、行为和需要，为此整个治疗的方向应该是让案主接纳自我，必须解除案主的自我防卫机制。治疗过程的主要工作是通过高校社会工作者真诚、无条件的接纳与同感，使案主处于一种不同于日常经验的真诚关系中。在这种不设防的状态下，案主更可能袒露与发泄平时掩饰的情绪与需要，从而增加自我了解与自我表达，最终产生自我接纳的效果。

（4）治疗目标。人本治疗模式的治疗目标和其他治疗模式有所不同，其治疗的重点在于人而不是人所面临的问题。具体来讲，它认为治疗的目标不是解决案主面临的问题，而是协助案主成长，提高案主克服当前及将来所要面对问题的能力。

2. 人本治疗模式的方法与技术

由于罗杰斯相信人有自我实现的动力，只不过是由于后天环境的影响才使当事人无法适当地运用他的能力和才能，所以他认为治疗就是协助个人将他原来所具有的内在潜能发掘出来。因此，他提倡非指导的治疗方法，强调以案主为中心。另外，罗杰斯非常重视良好专业关系的建立，认为这是帮助案主改变的关键。他指出，高校社会工作者只要在专业关系中表现出真诚、无条件的关怀和同感，便能协助当事人成长，使他能面对自己的问题，成为一个接受自己、能够和谐地适应环境的人。

（1）真诚或表里一致。真诚或表里一致是指高校社会工作者在治疗中应向案主开放地表达与案主关系中所体验到的感觉和态度。这种感觉和态度既有积极的，也有消极的，如关心、烦恼等；这种表达应该是一种自然的流露。这种真挚的关系，一方面可以解除案主的防卫，使其能与高校社会工作者很好地沟通；另一方面，高校社会工作者的行为也为案主提供了一个表里如一的榜样。

（2）无条件的积极关怀。在日常生活中，人之所以使用防卫和自我掩饰机制，是因为怕失去他人的爱与尊敬。如果高校社会工作者能对案主表现出无条件的积极关怀，即无论当事人的问题及行为如何，高校社会工作者都尊重他、关心他并愿意帮助他，这样他就可以放下面具，袒露自我，将自己的行为、感受、意见毫无保留地表露出来。这无疑有助于案主的成长。[1]

（3）同感。真正的理解必须达到同感。同感就是能体验他人的精神世界，就是高校社会工作者能站在案主的立场，体会案主对某人、某事、某物的感受和看法。同感可以分成基本的同感与深度的同感。基本同感是通过反映案主的明显的情绪来表达如同身受的领会；而深度同感是通过反映案主自己未能意识到但潜伏着的情绪和意念来表达如同身受的领会，深度同感比基本同感更能深入地扩大案主的自我了解。人本治疗正是借助于对案主的同感及同感的表达，一步步引导案主不断进行自我探索，从而获得成长。而且由于高校社会工作者对案主的深刻理解，案主会更加信任高校社会工作者，从而使治疗的开展更加顺利。同时，高校社会工作者要切记自己"参与的观察者"的身份，要把握个人的独特之处，不能过分认同案主而失去客观性，这样会使案主无法很好地洞悉自己的问题之所在，会使治疗陷入困境。

人本治疗正是通过高校社会工作者提供的真诚、无条件的关怀和同感，解除案主的防卫，使案主能重新触及自己的内心深处，发现真正的自我，从而获得成长，这正是人本治疗的目标之所在。

人本治疗模式是当代最具影响力的个案工作模式之一，对其后的个案工作模式有着深远的影响。其明显优势在于：把"成长模式"的观念引入个案工作；其积极的人生观尤其适合成长中的青少年；易于学习和掌握；安全性高；易于被不同文化所接纳，等等。正因为如此，它已被包括我国在内的广大理论和实践高校社会工作者所接纳、采用。

（三）行为治疗模式

行为治疗模式是个案工作中极具特色的治疗模式，它和心理社会治疗模式、人本治疗模式构成三大主流治疗模式。其突出特征是以治疗为导向，注重人的可见的问题行为，重视学习作用，主张直接针对问题行为进行治疗。

极端的行为学者如沃森、斯金纳的人性观是比较机械的，他们认为人完全是环境的产物，没有什么自主和自由。环境改变则行为也随之改变，行为的可

---

[1] 翟进，张曙.个案社会工作[M].北京：社会科学文献出版社，2001.

变性是很高的。但行为学派中近年来颇有影响的认知学派则认为,人类有能力控制和改变自己的思想和行为,所以人类有相当的自由与自主性,例如可以通过自我反驳、自我管理和社交技巧训练等方式成为环境的主人。

1. 行为治疗模式的基本假设

(1)如同适应性行为一样,非适应性行为也是习得的,即个体是通过学习获得了不适应的行为。但要注意,并非所有的行为变化都是学习引起的。个体可以通过学习消除那些习得的不良或不适应的行为,也可以通过学习获得所缺少的适应性行为。

(2)行为可分为操作性行为与反应性行为两种:操作性行为可由个人意识所控制,又称为随意行为,它是否出现以及出现频率的多寡主要是受行为结果的影响。反应性行为又称为不随意行为,它无法由个人意识来控制,是由刺激引发的,最常见的有焦虑、不安和性冲动等行为反应。

(3)重视与问题有关的当前行为,直接以偏差行为或症状作为治疗的对象,认为个案工作的任务正是消除案主的不适应行为或症状,建立适应性行为,使案主能更好地适应社会生活。

2. 行为治疗模式的方法与技术

常见的治疗方法与技术主要有以下方面:

(1)操作性技术。操作性技术是针对操作性行为的技术。操作性行为即随意行为,其以对行为结果的理性预测为基础,趋利避害是行动的原则,所以只要改变行为的结果,即奖惩分明,就可以改变操作性行为,从而控制(即消除或塑造)某种操作性行为。这是操作性技术的基本思路。其技术主要有以下方面:

1)正增强法。在某种行为发生之后给予奖励性刺激,以增强或维持理想的行为,其功能是促进该行为的增加。

2)负增强法。其目的和功能与正增强法相同,区别在于不是给予正面的奖励,而是在理想行为发生之后马上给予案主减少原有的痛苦或拿走嫌恶性刺激,以增强或维持理想的行为。

3)差别增强法。在理想行为出现时,给予奖励刺激;在不理想的行为出现时,扣除原先的奖励刺激。这样也可以增强或维持理想的行为，同时可以减弱或消除不理想的行为。

4）消除法。当某种行为出现后便扣除原有的奖励刺激，以减弱或除去不理想的行为。

5）反应塑形法。反应塑形法又称为相继渐近法，即在出现近似目标行为的时候给予奖励，以建立新的目标行为。

6）惩罚法。在出现不理想的行为之后给予嫌恶刺激，以减弱或消除此行为的发生。

7）分解法。以按部就班的方法，把所需要完成的目标行为分成一连串的程序和步骤，使案主能循序渐进地达到目标。

（2）反应性技术。反应性技术大部分都是受古典性条件制约的启发。其主要技术如下：

1）反制约。反制约就是用一种新的制约反应取代原有的不理想的制约反应，而新的制约反应正好与原有的不理想的制约反应相反。

2）系统减敏法。系统减敏法是由古典制约原理发展出来的，是应用最广和实证研究最多的行为治疗方法，主要是用来处理焦虑及退缩行为等。系统减敏法利用了"相互抑制作用"，即一个人在放松时无法感到紧张。它通过使肌肉放松与焦虑、恐惧情境建立关系，从而克服焦虑与恐惧。具体步骤包括：第一，学习肌肉放松；第二，建立由轻至重的恐惧或焦虑等级；第三，想象减敏；让案主在放松的情况下想象程度最轻的恐惧或焦虑情境，使放松状态和想象的情境结合起来，可以重复几次或更多，直至案主对该情境完全没有恐惧或焦虑感觉为止；接着进入下一个较严重的情境，然后重复上述步骤进行减敏，依次进行下去，直至消除最重的恐惧或焦虑为止。除了想象之外，也可以采取实地或实物减敏。

3）嫌恶疗法。嫌恶疗法就是将欲消除的行为与某种不愉快或惩罚性的刺激结合起来，以达到消除或减少目标行为的目的。此疗法可能会对案主造成一定的伤害，要慎用。

4）泛暴疗法。泛暴疗法是指让案主想象或真实地大量面对引起他恐惧或焦虑的刺激，直至他最后习惯这些刺激为止。泛暴疗法包括想象的和真实的两种情况，前者称为内爆疗法，后者叫真实接触。因为泛暴疗法要把案主放入令他恐惧或焦虑的情景中，可能会对案主造成伤害，所以使用泛暴疗法的风险很大，一般应由专业人士使用。

（3）综合性技术。在行为治疗模式中常用的综合性技术有以下方面：

1）自我管理与引导。自我管理与引导的基本观念是：教导案主学会面对困境时的处理技术与方法。如果案主能够认真执行自我管理与引导的策略，则治疗的成效会提高。自我管理与引导的策略包括自我订约、自我监控、自我酬赏等。

2）示范法。示范法是以某人或某团体的行为作为一种刺激，使案主接受近似的想法和态度，并采取相类似的行为。

3）果敢训练。果敢训练是一个社交技能训练，通过指导、回馈、模仿、角色扮演、家庭练习等方法，使案主勇于表达自己真正的感受和想法。果敢训练并不是要案主去攻击别人，而是使案主能够畅快地表达感受和想法，从而提高自信心和自我形象。

4）放松训练。放松训练是教导案主如何放松自己的肌肉与心境，该方法常常和其他方法，如系统减敏法结合起来一起使用。放松训练法可分为三种：一是深度肌肉放松法，是通过收紧与放松身体不同部分的肌肉以使人更好地体会其肌肉的紧张与放松状态，并学习放松全身的肌肉；二是直接放松法，即直接让每组肌肉顺其自然地慢慢放松，练习时省去收紧肌肉的部分；三是意象放松法，即通过想象处于一种舒适与安静的状态中，以此放松自己。

行为治疗模式经过多年的发展，已成为个案工作的主要模式之一。科学的程序、多样化的治疗手段及确实的治疗效果是该模式的显著优点。其不足在于：治疗的长期效果不是很稳定；治疗程序需要高校社会工作者经过长期的培训才能熟练掌握，并且有可能限制高校社会工作者的思维等。但总体而言，该模式是比较成功的。尤其是近些年，该模式对高校社会工作者与案主的关系比以前更为重视，案主在治疗过程中的参与和自主性相应得到提高，这使得其应用范围进一步扩大。

（四）理性情绪治疗法

理性情绪治疗法是美国心理学家艾利斯于 1955 年创立的，又称 ABC 性格理论。理性情绪治疗法的基本观点是，认为情绪问题是由于人的非理性信念造成的；其最大特点是以观念、思想为突破口，通过改变人的非理性信念，达到改变沮丧情绪的目的，使人产生更积极与负责任的行为。

1. 理性情绪治疗法的人性观

（1）人类天生同时有理性和非理性两种信念。理性思想使人有创造力，能从错误中学习，能自我实现及成长；而非理性的思想则使人逃避、迷信，产生情绪困扰。

（2）人的思想、情绪和行为是同时存在并相互影响的。人不可能只有情绪而没有思想，而人的思想往往又影响他的情绪和行为，人的行为也会影响人的思想与情绪。因此，上述三个方面的任何一方发生变化，都会导致其他两个方面的相应变化。艾利斯相信，人有选择改变自己的思想、情绪及行为的能力。

（3）情绪问题起源于人的非理性的信念，所以是人自己而不是周围的事件或过去的经历引起了情绪问题。人要对自己的情绪负责。

（4）人常常以他人对自己的期望作为生活准则。当一个人过分介意别人对自己的评价却不能赢得别人的接纳和认同的时候，人的情绪就会产生问题。

（5）人有谴责自己、他人及周围事物的强烈倾向，尤其是他们自己不能取得心中所需要的内容时更是如此。

（6）人的非理性信念往往是在社会化过程中受家人以及与他有密切联系的人及文化的影响而形成的。

（7）人有自由意志，有能力去改变自己的非理性信念。

（8）人的价值感不是由他们的能力、表现、知识和技术所决定的，而是由他们自身的存在而决定的。因此，人不需要依赖别人对自己的评价来肯定自我价值，更无需因为缺憾、能力不足、际遇欠佳或失败而产生心理困扰。

2. 理性情绪治疗法的基本假设

人的情绪困扰通常不是由客观存在的事物本身产生的，而是由人们对该事物的观感而产生的。换言之，人们无时无刻不在有意识或者无意识地对各种事物作出评价和解释，而个人的情绪问题主要是由这种评价和解释（也就是艾利斯所说的非理性的信念）而产生的。所以他不同意行为学派刺激—反应的理论，他认为在刺激和反应之间还有一个有机体，人类的行为受有机体对刺激的解释的影响。

在 ABC 性格理论中，A 是刺激，指存在的一个事实、一件事，也可能是某个人的一个行动或态度；C 是反应，即个人的情绪反应；B 是有机体，即个人的看法和信念。一个人的情绪困扰 C 并非被刺激 A 所决定，而决定于一个人的信念 B，即个人的情绪问题基本上是由他自己非理性的信念而产生的。可以使用一些方法（介入辩论法，即 D），帮助案主挑战自己的非理性信念，这样就能排除这些非理性信念，情绪问题就能解决（即 E）。

理性情绪治疗法认为，人大多都是追求事业有成、家庭美满、经济富足、感情上被他人爱和接纳的。如果生活中能拥有这一切固然是好的，但一旦不能拥有，而又坚持认为自己应该享有，就会产生痛苦或不如意的感觉。理性情绪治疗法就是要求根据案主的实际情况，协助案主勇敢面对现实，即使达不到自己理想的生活目标，也应笑对人生。

3. 理性情绪治疗法的方法与技术

理性情绪治疗法的目的在于使案主改变思想，放弃非理性信念，建立更理性的人生哲学，使他们将来不再陷入情绪困扰中。每个案主的需要和问题不同，所以高校社会工作者应用各种不同的方法、技术去改变案主的思想、情绪和行为。

（1）理性治疗方式。如果案主是一个完美主义者，应帮助他区分理性与非理性的信念，直至他能采取一个对己、对人及对事更宽容的人生哲学。其中的技巧有两个方面：第一，与非理性信念辩论。让案主知道，他们的情绪困扰来自自己对事物的看法。通过与案主讨论，让案主了解他不应该再坚持"应该"及"一定"的看法。第二，理性功课。比如可以建议案主每天至少用十分钟的时间有系统地否定自己的那些非理性信念，训练他们将那些负面的想法转变成正面的积极的想法，使非理性信念变弱或消失。

（2）情绪治疗方式。第一，理性情绪想象法。高校社会工作者让案主想象一些使他困扰的情况，感受那极端恶劣的情绪，然后让他留意他脑海中当时正想象的场景使他如此受困扰，再用理性情绪治疗法中的自我辩论法辩论那些非理性的信念，从中建立起新的理性信念。第二，自我表露。高校社会工作者也可以和案主谈自己的经历和感受，目的在于表现自己对案主的理解，并更好地让案主积极反映自己的感受，以便高校社会工作者能准确把握案主的非理性信念。第三，示范。高校社会工作者可以通过示范，教导案主如何采纳不同的价值观。第四，让案主尝试冒险。高校社会工作者鼓励案主尝试做各种他原以为很危险、很没有把握的事情，从而放弃非理性观念，享受尝试所带来的好处。第五，鼓励案主向别人询问对自己的看法。目的在于让案主知道其实别人并不一定对他的所作所为那么感兴趣，别人对他的错误是可以接受并容忍的，并不会耻笑他。把这种非理性信念转变为理性信念后，案主就不会因为别人的看法而左右自己的行为。

（3）行为治疗方式。理性情绪治疗法常常运用行为治疗学派的技术来帮助案主获得有效的行为方式，其目的仍然是更好地帮助案主通过行为改善来改变他的非理性信念。由于在治疗过程中要揭示案主的非理性信念，并使其形成一套新的人生态度和价值信念，这就容易使理性情绪治疗法带有教导式的特点。但总体说来，该模式还是比较成功的，只要使用得当就能协助案主拥有一个积极和宽容的人生。行为治疗方式是高校个案工作的主要治疗模式。目前，个案工作的具体治疗模式众多，除了上述最主要的几个外，还有任务中心模式、危机调试模式、个案管理模式、现实治疗模式、结构家庭治疗模式、联合家庭治疗模式等。在高校个案工作的实践中往往需要配合使用，以取得更好的效果。

四、高校个案社会工作的工作领域

高校个案社会工作的目的在于协助大学生解决问题，同时增强其适应学习和社会生活的能力，使其能应对现在和未来的生活，并推动高校教育功能的实现。

（一）高校个案社会工作的学习问题

学习是大学生的主要任务，是大学生活的主体。在学习过程中，学生常常会遇到各种各样的问题，如动机缺乏或过强、过度焦虑、方法不当、考试焦虑等,这些问题如果不能很好地解决,不仅会阻碍学生知识的获得和智能的发展,还会造成心理困扰,影响大学甚至以后生活的各个方面。所以,对大学生进行学习方面的指导,协助大学生很好地解决学习问题,促进大学生学有所成、全面发展已经成为高校个案工作的最重要任务之一。

1. 学生学习的心理问题

(1)学习动力不足。觉得懒于学习,厌倦学习,尽量逃避学习,上课容易分心。这些现象的出现往往是由于学生对所学专业缺少兴趣、缺乏自信心。

(2)动机过强。与动力不足相反,有些大学生学习动机很强,自我期望值过高,学习目标设置过高,对自己要求过严。有些学习动机过强的学生往往把学习看成是至高无上的,把时间全部用在学习上,从不或很少将时间用在文体等其他活动上,认为时间不用在学习上就是一种浪费。有的大学生有强烈的争强好胜心理,常把分数和名次放在很重要的位置上,给自己很大的压力。不管怎样的原因,过强的学习动机不但常常对学习无益,反而可能会降低学习的效率,导致精神过度紧张。

(3)方法不恰当。有些大学生学习成绩不理想的主要原因是方法不恰当,不会很好地自学,不会安排时间,学习没有计划,听课抓不住重点,不能很好地把握课程的整体框架,使知识处于游离状态,从而导致成绩不理想,有力不从心的感觉,甚至开始怀疑自己的能力。

(4)考试焦虑。考试前过于紧张,过分担心考试的结果,心神不宁,无法专心复习,思维迟钝,记忆力下降,甚至出现头晕、头痛、失眠等症状;考试时过于紧张,思路受阻;考试之后念念不忘,对考试成绩格外关注,忧心忡忡。

(5)学习疲劳。学习疲劳指学习效率降低,并有渴望停止学习活动的生理和心理现象。具体表现为学习效率下降、学习错误增多等。学习疲劳分为生理疲劳和心理疲劳。生理疲劳主要表现为肌肉受力过久或持续重复伸缩造成的肌肉痉挛、麻木、眼球发疼、腰酸背痛等;心理疲劳是长时间从事心智活动使大脑得不到休息引起的,如注意力涣散、思维迟钝、情绪躁动、忧郁、厌烦、易怒、学习效率下降等。长期处于疲劳状态,勉强让大脑某个部分持续保持兴奋,会导致大脑兴奋与抑制过程的失调,从而引起神经衰弱。产生学习疲劳的主要原因是对学习缺乏兴趣，学习时间过长，学习难度过大，不注意劳逸结合等。

2. 使用社会工作理论模式进行辅导

（1）心理与社会治疗模式。心理与社会治疗模式在分析案主问题时要求既要理解案主的内心感受，又要把握案主对周围环境的认识。从各个方面、各个层面分析案主的问题来帮助案主改变不良行为，这对于分析、理解案主的学习问题是非常有帮助的。在帮助案主解决学习方面的问题时要充分考虑到周围环境对案主的影响，也要考虑问题是否是案主以往遗留下来的、长期的、习惯式的问题。在解决问题时，首先要给案主足够的支持，让案主与工作者充分沟通，给其恰当的描述与宣泄的机会。同时要善于运用反映讨论技术，纠正案主关于自身、环境等方面的错误认识，形成对自身、对学习的正确态度。

（2）人本治疗模式方法的应用。学习上有困扰的大学生，除了烦恼、焦虑、郁闷之外，还有可能会影响案主的自我概念。毕竟学习始终是大学生最重要的任务，学习上出现问题会导致对自己没有信心、否定自己，所以可以应用人本治疗模式的同感、关怀和真诚的技术，创造出一种宽松的、有利于问题解决的氛围，在这样的气氛下再针对具体问题对其进行帮助才可能是有效的。

（3）行为治疗模式方法的运用。首先，可以应用行为模式的正增强法、反应塑形法、分解法来强化案主积极的学习动机和行为，克服消极的学习行为和习惯；其次，系统减敏法和放松训练非常适合解决学习焦虑、考试焦虑。对于注意力容易分散的案主，可采用嫌恶疗法中最简便易行的"橡皮筋疗法"来加以克制；最后，自我管理与引导技术非常适合解决不良的学习习惯问题。

（4）理性情绪治疗模式方法的应用。其实，所有常见的学习困扰都有可能是错误的认知在作怪，比如，学习动机不足可能是因为觉得"学习没有用处，学了也白学"，而学习疲劳可能是因为认为"学习就必须全力以赴，来不得半点马虎，更不能有一点时间被浪费"等。如果发现案主有这样关于学习的错误想法，一定要想办法使其改变，形成正确的认知，所以要善于应用理性情绪治疗理论的辩论技术来达到这样的目的。

（二）高校个案社会工作的情绪问题

大学生往往有着丰富的情绪体验，情绪波动很大，爱憎分明，但也容易陷入情绪困扰。大学生的这一情绪特点明显地影响着其学习、生活的各个方面，长期陷于情绪困扰会严重危害大学生的身心健康。因此，协助大学生管理好自己的情绪也是高校个案工作的重要任务。

1.常见情绪、情感的困扰

大学生在发展过程中，由于理想与现实的落差、就业压力的增加、竞争的日益激烈、人际关系的摩擦、爱情的纷扰、学习的困扰、关于自我的困惑以及日常的琐事等，常会遇到情绪情感困扰，常见的情绪情感困扰有焦虑、抑郁、易怒、自卑、恐惧、孤独和冷漠。

（1）焦虑。焦虑是一种复合性负情绪，常包含有紧张、担忧、恐惧、烦躁、愤怒、压抑等情绪体验。它常常是在个体没有达到预定目的，或预感到即将发生某种不幸，或者在感到孤独以及存在矛盾冲突的情况下产生的。焦虑可分为特质性焦虑和情境性焦虑。特质性焦虑是一种神经官能症，是非器质性的心理障碍，表现为精神持续紧张或者发作性惊恐状态，常伴有头晕、胸闷、心悸、呼吸困难、口干、出汗、震颤和运动不安等，具有持久性。情境性焦虑是人在具体环境中产生紧张和不安甚至害怕的反应，因环境而异，也因人而异，情境消失后焦虑也就消失，具有暂时性。

大学生中患特质性焦虑的人非常少，大部分人的焦虑反应都是情境性焦虑，学习、生活中遇到的各种困难、问题都可能引发焦虑，主要有适应焦虑、考试焦虑、人际焦虑、就业焦虑等。

（2）抑郁。抑郁是一种心境低落的情绪状态，是一种复合的负面情绪体验，包含有沮丧、厌恶、痛苦、羞愧、自卑、失望、无助等多种情绪体验形式。常表现为情绪低落，对任何事情都不感兴趣，觉得前途渺茫，不愿与人交往，反应变慢，甚至悲观厌世。抑郁常伴有躯体上的表现，如失眠、食欲减退、心跳减缓、血压降低、疲劳、头昏、头痛等。

抑郁是大学生中一种普遍的情绪困扰，对于大多数大学生而言，抑郁只是偶尔的、暂时的，且以轻度表现为主，常常是连续一些天或一两个月都感到无精打采，总是很郁闷，然而事过境迁或者过段时间这种情绪就会消失，这种体验是人人都曾经有过的。当然，除了这种普通的抑郁情绪，也有个别大学生存在抑郁症，抑郁症是一种以持久的心境极度低落、悲观失望、疲惫不堪为特征的神经官能症。

生理、心理、社会层面的许多因素都可能引发抑郁情绪，身体健康出现问题以及生活中出现一些困扰、麻烦、神经质性人格、追求完美的倾向等都是引发抑郁的重要因素。

（3）易怒。易怒是指情绪情感容易进入愤怒状态或具有愤怒倾向。大学生年轻气盛，容易在外界事物的刺激下愤怒，有时似乎是无法控制自己的愤怒。人在愤怒状态下会很冲动，不理智，而事后可能又会后悔，因为由于愤怒造成的损失有些是可以弥补的，而有些错误则是无法修正的。愤怒还常导致心率失常、心悸、失眠、高血压、胃溃疡等疾病，所以易怒是一种不良的情绪特征，需要加以控制。

（4）恐惧。恐惧是对真实存在的危险所产生的一种自然的、适应性的反应，这是一种正常的心理反应。但是，危险过后恐惧心理仍难以消除，或对并不可怕的事物产生过分的恐惧心理，或自知恐惧不必要、不正常却难以自控，感到不安、害怕；即是恐惧情绪障碍。例如，对社交、考试、新环境的恐惧，对争吵、异性交往的恐惧等，严重的即为恐惧症。大学生中常见的恐惧症主要是社交恐惧。患有社交恐惧症的学生往往表现出明显的回避行为，其面部表情紧张、手足无措、语无伦次、内心紧张不安、心慌、胸闷等。

（5）孤独。孤独是大学生中常见的负面情绪之一，是一种因为没有知心朋友而产生的孤单寂寞、压抑的心理感受。有很多大学生虽然交往的人不少，似乎也不缺乏朋友，可又感觉知己难觅，觉得真正了解自己、关心自己的人太少，由此而产生孤独、寂寞的矛盾心理。也有一些大学生因为种种原因，人际关系状况不甚良好，身边缺乏朋友，独来独往，但内心又是很渴望别人的关心与了解的，所以常常会感觉很孤单，甚至有的学生会有"被世界抛弃了"的感觉。人人都有过孤独的感觉，短暂的孤独情绪对个体影响不大，但长时间的、过度的孤独感就会给个体的身心健康带来危害。

2. 使用工作模式进行个案辅导

（1）心理社会治疗模式。心理社会治疗模式所提供的充分表达与宣泄的机会及工作者对案主的支持，对于解决案主的情绪问题无疑是非常必要的。而且，心理社会治疗模式所提供的认识案主情绪问题的框架是非常合理的，其中对于潜意识和心理防卫机制的关注，对于工作者分析、解决案主的情绪困扰是非常重要的理论依据。

（2）人本治疗模式。出现情绪困扰的案主常常心情低落、焦虑，常常会觉得别人不理解自己、不关心自己，这个时候更需要别人的理解、安慰和支持。所以，作为朋辈心理咨询员，在面对有情绪问题的同学时，首先要做的就是给他以足够的同感和关心，肯定他的价值。这方面以罗杰斯为首的人本治疗模式给人们提供了很好的理论指导。人本治疗模式提倡的对个人价值和尊严的尊重，对案主的同感、无条件的积极关怀和真诚在处理案主情绪方面的问题上都是非常有价值的。

（3）行为治疗模式。行为治疗模式以其技术细腻而著称，在解决情绪问题方面，行为主义的很多方法是非常有效的。正如前面提到的，行为治疗常用的咨询方法有：系统减敏法、暴露疗法、厌恶疗法、放松法等，这几种方法都比较适合解决情绪问题。系统减敏法主要可以用来处理焦虑、恐惧等情绪，暴露疗法适合处理恐惧等情绪，厌恶疗法适合处理焦虑等情绪，而放松训练可以缓解任何一种紧张的情绪。

（4）理性情绪治疗模式。很多情绪问题其实是由于不正确的认识所导致的，如果能改变案主不正确的认知，其情绪问题也就很可能解决或缓解，这是人们日常生活中比较能接受的想法。人的情绪困扰通常不是由客观存在的事物本身产生的，而是由人们对该事物的观感而产生的。换言之，人们无时无刻不在有意识或者无意识地对各种事物作出评价和解释，而个人的情绪问题主要是由这种评价和解释（也就是艾利斯所说的非理性信念）而产生的。咨询员的任务就是采用积极的、说教的、指导性的语言，指出案主认知系统中的非理性成分，促使案主放弃原有的不合理信念和认知，重建恰当的观念，从而达到改善消极情绪的目的。

运用理性情绪治疗模式进行情绪障碍调适：第一，将引发不良情绪的事件（诱发事件）一一列出。第二，找出引发不良情绪的非理性观念。一般有四种：

①绝对化。即对哪些事物都持有必定或不该发生的信念，对事物的信念常常带有"应该""必须""一定""绝对"等词语。具有绝对化非理性观念者，为人处事刻板僵化，苛求完美，很容易陷入不良情绪的困扰之中。②过分概括化。即以偏概全的思维方式，认为任何事情只有两种结果，要么正确，要么错误。例如，有的大学生会因朋友的一次不忠便认为对方从来就不是真心。第三，通过认识和纠正非理性观念，找出合理的观念。第四，建立合理的信念，化解不良情绪，引发积极的情绪。

理性情绪理论是解决情绪问题的好办法，适用于解决焦虑、抑郁、孤独、恐惧等各种情绪。

（三）高校个案社会工作的个性问题

大学阶段是人的个性逐渐完善的阶段，大学生们都在好奇地探究着自己的个性，调节、完善着自己的个性。在这个过程中，必然会有迷惘、偏差，此时需要一个很好的向导，而高校个案工作者就可以部分地承担起这个任务来。

1. 大学生常见的个性问题

（1）自卑。自卑心理是指由于不适当的自我评价和自我认识所引起的自我否定、自我拒绝的心理状态。部分大学生对自己没有足够的、客观的认识，夸大了自身的缺点和不足，因此不能接受自己，导致在很多时候都表现得比较退缩，缺乏勇气。

（2）自我中心。有些大学生在处理和考虑问题时往往只想到自己，自己的利益高于一切，心目中没有他人，不懂得去关心别人、帮助别人，自私自利。

（3）完美主义。一些大学生过分强调在大学阶段应当使自己的各个方面达到理想水平，甚至对自己提出种种苛求，当这些苛求无法实现时，又会非常苦恼。

2. 使用工作模式进行个案辅导

（1）心理社会治疗模式。心理社会治疗模式把案主的问题看成是生理、心理和社会各方面因素共同作用的结果，要求工作者全面分析案主的困难，既要认识案主的现在，又要分析案主的过去；既要分析案主意识层面的心理冲突，又要探求案主无意识层面上的各种矛盾；既要理解案主的内心感受，又要把握案主对周围环境的认识,这对于理解案主的人格问题无疑是非常必要的,只有这样才能更好地理解案主当前的人格问题是如何形成的。

(2)人本治疗模式。一旦发现自己人格发展需要加以改进,这时案主往往是不自信的、苦恼焦虑的,一方面不知道自己的缺点是否能被很好地弥补;另一方面又会担心别人对自己的看法,所以,同感、无条件的积极关怀、真诚等人本主义所提倡的咨询要素就显得非常重要。首先要创造一个宽松、真诚、温馨的咨询氛围,让案主敢于面对自己、剖析自己。当案主信心不足时,高校社会工作者真诚的理解、关心与支持对案主而言无疑是一剂良药。

(3)行为治疗模式。除了运用相对传统的行为主义技术,如奖励、惩罚以及放松等方法来进行咨询外,对于人格发展缺陷领域的咨询,行为主义中新兴的自我管理与引导技术格外有效。因为性格优化最重要的还是要靠案主自己的力量,而自我管理与引导就是强调案主主观能动性的技术。在自我管理与引导这一咨询技术里,案主在行为改变的各个环节中扮演积极、主动的角色,他自己对改变负责任。这是一种案主参与工作的模式。在行为修正过程中,工作者只是帮助案主制订行为改变的目标和计划,指导和监督求助者行为修正计划的执行情况,并对案主行为改变的状况做出评估。

(四)高校个案社会工作的人际关系问题

人作为社会关系的总和,不管愿意与否,都要与他人发生千丝万缕的联系。能否与他人建立良好的人际关系是衡量一个人心理是否健康的重要标准。人际关系是大学生活的三大主旋律之一,良好的人际关系会使大学生精神饱满,从而很好地学习、生活;而不良的人际关系会使人心情压抑,无法安心学习和参加各种活动,严重影响大学生活质量,甚至产生抑郁、恐怖、焦虑、神经衰弱等神经症状,而无法顺利完成大学学业。所以,人际关系方面的服务、指导、协调和治疗也是高校个案工作中非常重要的一部分。

1. 大学生人际关系不良表现

大学生人际关系不良可以分为以下六类情况:

(1)缺少知心朋友。这类大学生通常可以与大多数同学进行正常交往,但缺乏能够互吐衷肠、肝胆相照、配合默契、同甘共苦的良朋知己。因为找不到可以交心的知己，所以他们有时不免感到孤独和无奈。

（2）与个别人难以交往。这类大学生与多数人交往良好、关系融洽，但与个别人交往不良，感到困难，他们可能是室友、同乡或者与自己关系比较亲近的人。由于与这些人相处不好，常常会影响自己的情绪。

（3）与他人交往平淡。这类大学生能够与其他人进行交往，但是关系非常一般，与人相处的质量不高。

（4）感到交往有困难。这类大学生渴望与人交往，但由于交往能力有限、方法欠妥，或者自身的个性问题、交往心理障碍等原因，因此经常感到苦恼，很希望能够尽快改变社交状况。

（5）社交恐惧症。这类大学生虽有与人交往的愿望，但是每因与人交往时心跳加快、面红耳赤而失败，转而害怕与人接触，自我封闭。

以上五类大学生均有交往的愿望，而第六类大学生则比较特殊，他们缺乏交往的兴趣与愿望。

2. 使用工作模式进行个案辅导

（1）心理社会治疗模式。案主人际关系出现问题，一方面可能是案主自身存在一些性格弱点和一些错误的观念；另一方面可能说明案主和周围环境的互动出现问题。心理社会治疗模式所提供的直接治疗技术和间接治疗技术刚好能从两个方面来帮助案主，所以当案主的人际关系不良时，运用心理社会治疗模式中这两类技术来帮助案主常常是非常有效的。

（2）人本治疗模式。人际关系出现问题的当事人会感觉很困扰、焦虑、不知所措，感觉没有人理解、支持自己。因此，作为高校社会工作者，在面对人际关系出现困扰的同学时，首先要做的就是给他以足够的同感、支持和安慰。人本治疗模式所提倡的对个人价值和尊严的尊重，对案主的同感、无条件的积极关怀和真诚在处理案主人际关系方面的问题上同样是非常有价值的。

（3）行为治疗模式。对于比较严重的社交恐惧症，行为主义理论的系统减敏技术是比较适合的；放松训练对于缓解人际关系紧张也是比较有效的；自我管理与引导技术中的示范法对于缺乏社交技巧的案主是比较合适的。此外，行为主义果敢训练技术本身就是一种社交技能训练。

(4)理性情绪治疗模式。很多人际关系问题是由于不正确的认识所导致的，如果能改变案主对自己或对他人的不正确的认知，其人际问题也就很可能得到解决或缓解。高校社会工作者的任务就是采用积极的、说教的、指导性的语言，指出案主认知系统中的非理性成分，促使案主放弃原有的不合理信念和认知，重建恰当的观念，从而达到改善人际关系的目标。理性情绪理论中的辩论技术是非常实用的一项技术。

第二节　高校小组工作

群体是人的基本生存与发展方式。人们不仅在生存上互依，而且在情绪上互相依赖。学校更是学生通过群体内部的影响力进行社会化的主要场所。在高校，全新的"自由"生活、学习方式，使习惯了教师和家长管束的新生无所适从；紧张的学习加上年轻人的乐群天性，使大学生们渴望获得人际关系的和谐互动；各种社会问题以及社会竞争压力在校园里的渗透，更导致大学生急于学会自助的方法，同时寻求来自他人的支持与帮助。高校社会工作的基本方法之一——小组工作，可以将具有相同困难的同学组成小组，通过小组来分享经验、协力共事，灵活有效地帮助、促进大学生们积极发展。由于社会工作坚持助人自助的基本原则，因而它并不违背高等教育注重培养学生独立性、自主意识的宗旨。高校社会工作者应该掌握并适时运用此基本方法。

一、高校小组工作的认知

小组是两个以上个体组成的集体，其成员间具有共同的目标、动机、规范以及对彼此成员身份的理解，大家相互认同、相互依赖、相互影响。在有效的小组中，成员投注其心力，学会必要的社会技巧，同舟共济完成任务，最终极大化地满足个人利益、实现小组目标。小组工作就是以小组为桥梁，让小组成为有效的小组，来实现目标的社会工作方法。小组工作"是一种教育的过程，通常由各种志愿结合的小组，在小组工作员的协助下，于闲暇时间内实施。其目的是在小组中通过个人人格的互动，促进个人成长；以及为了达成共同目的，而促成小组成员间互助合作的集体行动,以创造小组的情境。"此定义清楚地说明了小组工作的实质,且与高校小组工作的目标相契合。

高校小组工作属于小组工作的一种,具体指社会工作者依据专业的理论和方法,在学校教师和管理人员的密切配合下,利用群体的环境、条件开展社会工作的专业活动。它主要以学校为工作范围,通过社会工作者在小组中的工作,促进小组成员的身心健康,提高他们适应学习、生活的能力,使小组能够正常发挥其功能,进而推动学校以至整个国家教育体制的完善、进步。

(一)高校小组工作的注意事项

正确认识高校小组工作必须注意以下方面:

(1)高校小组工作的基本对象是由在校学生组成的小组,此小组应面向所有学生。只要是为学生、家长、教师及相应的学校环节提供服务,就都应包含进来。

(2)社会工作者需在教师、学校有关管理人员、家长、社区相应机构工作人员的配合下开展具体服务。上述人员有时不仅是学校社会工作者的合作者,也是学校社会工作者的工作对象。例如,社会工作者要从教师那里了解学生的情况及他们对学生的态度,要向他们介绍工作过程及结果,解释学生存在的问题及解决的办法,提出学校在帮助困难学生工作方面的建议,甚至积极促使教师及管理者改善学校的教育、学习环境,为学生创造良好的学习条件和环境。

(3)小组工作方法实施的基本方式、途径是通过社会工作者的帮助或影响,促使小组成员积极参与小组活动,在小组活动过程中学会正确认识学习生活的环境,适应环境,善于与其他同学、教师沟通、合作。

(4)高校小组工作的工作焦点在于"个人与环境的交流"。也即不仅关注学生内在行为的改变,而且力图实现个人社会功能的表现以及周围生活、学习环境对学生需求的满足。

(5)在高校小组工作具体开展的过程中,社会工作者应该扮演好几个基本角色,如:①指导者,协助及鼓励学生使用正确的方法去满足自身的需要,有效地运用可获得的资源解决其在成长过程中及适应学校中所遇到的危机,为学生、家长、校方等寻找如技能训练、社区设施、教育资源、专业服务等资料;

②教育者，协助学生及家长接受正确的社会价值观念及学校行为规范，推广和谐共处之道及社会责任感；③资料收集及咨询者，社会工作者广泛收集学生个人及群体的信息，从社会工作和社会学的角度向学校有关人员提供有需要的咨询服务；④调解者，社会工作者加强学生、家庭、学校及社会之间的联系，深化相互之间的了解，促进其融洽相处；遇有误解或摩擦时，协助调解。

（二）高校小组工作的功能分析

学校社会工作是通过运用社会工作的理论与方法以实现学校的主要目的。学校的主要目的就是为学生提供一种有利于学习的环境与条件，使其获得适当的知识与行为发展，以应对现在及未来的生活。概括而言，高校小组工作主要发挥三种一般性功能：第一，预防功能，即高校小组工作通过小组互动，借助集体的力量，在必要的时候为面临困扰的个人提供支持与帮助，可以在一定程度上预见可能要出现的问题，从而尽快采取措施，将初露端倪的危机消于无形。第二，矫治功能，即当小组或个人已经出现功能失调的情况时，高校小组工作可以及时协助困难者解决问题。第三，社会整合功能，即高校小组工作能够促进小组及学生个人与学校甚至与社会的协调一致。高校小组工作应唤起学生参与集体、学校活动的积极性，教导他们参与的方法，使他们自觉担负一定的责任，将个人、小集体以及学校大小组，甚至社会的目标、价值统合在一起，最终实现三方的正常发展。

高校社会工作是应社会发展需要而产生的。当代及现代学校教育中，教师除传授专业知识外，已不可能给予学生心理上、生活上和社会关系上的专业指导，符合经济原则的班级教学制忽视了教育中重要的个别需要与生活指导，而学生在这方面的需求又日益强烈，这就需要社会工作者的配合。高校小组工作在这方面恰好能够发挥自身的优势，协助学生在大量班级教学制度中得到一些个别化与生活化的教育，提高学生的综合生存能力。由此可见，高校小组工作在实践中至少可以发挥以下五项具体功能：

（1）沟通协调功能。很多问题的发生，其实是由于沟通渠道不畅、协调不到位。因而高校小组工作可以充分利用小组讨论、角色扮演、参与活动等专业技术，将相关各方巧妙联合起来，处理学生与学生、学生与学校、学校与教师、学校与社区、学校与政府等多重复杂的人际关系与社会关系。

（2）支持功能。在小组中，当人们发现原来彼此都有类似的困扰时，便觉得自己不再孤单。而且高校小组工作中小组组成的前提就是，成员之间应该真诚互动。因此，大家很自然地互相理解、互相帮助，并在不断的互动中又给彼此带来改变现状的新希望。

（3）解决问题功能。由于小组工作的独特方法，它为成员的互动提供了广阔而安全的平台。小组使成员之间能够有机会交流心得、经验，互相出主意、想办法。大家通过在平台上的亲身体会，学习适应危机情境的方法，提高了面对问题与解决问题的能力。高校小组工作最主要的功能也是最切实的目标就是把学生、教师、家长、学校、社会联系起来，将学生个体放到整个生态系统中去考察，协助他们运用小组力量完成任务、作出决策、解决问题。

（4）复原功能。学生在成长过程中遇到困扰而不得解，往往会导致情绪、心理、行为多个方面的障碍，抑郁不振、自卑感强、丧失继续努力的勇气，甚至态度、思维方式、价值取向上出现偏差，自身原有能力被隐藏等。当问题已经造成了消极后果时，高校小组工作者应尽快通过小组技术，在可能的范围内帮助学生恢复问题中受损的诸多功能。

（5）社会化功能。协助学生遵守学校、社会的规范、制度，发展适于环境的社会价值体系，帮助他们学习与周围同学、教师的相处之道，并以此为基础扩及更广泛的互动范围。对某些学生而言，这其实也是一种再社会化的过程。

总之，高校小组工作的功能具有多样化特征，等待人们不断发掘。只要主动，一方面懂得与学生沟通的技巧，真正去交流，并让学生接受工作；另一方面，积极与各方面资源主体接触，让他们意识到社会工作的重要性，认同这项工作，并愿意合作，工作就能做得更好。

（三）高校小组工作的实施模型

由于各小组工作希望达到的目标不同、实施的领域不同以及建立的理论背景和价值体系不同，其具体实施的原则与方法已发生较大的分化，由此形成了小组工作不同的实施模型。

1. 交互模型

交互模型又称居间模型，是基于系统理论、社会科学理论与沟通理论提出的。小组是这个模型的中心，它本身就是一个问题解决的必备情境。[①]

在交互模型中，小组的目标在于小组成员的交互影响、共同活动、分享情感。因而工作的焦点便是学生之间以及学生与学校间的互动，找出互动过程中的问题，发展彼此互助的系统，去除阻碍彼此互动的障碍。这一模型强调人与人之间的交互反应关系，强调个人必须从群体生活中学习。社会工作的目标是各个互动场，即同学之间及教师与学生间接触互动的各种情境，如课堂上的教学接触、下课后的人际接触、各种学生问题处理的情境等。交互模式认为，问题的来源是学生与解决问题的各个系统间的互动发生困难，而无法得到信赖与帮助。因此，学校社会工作者的任务与活动主要是找出并强调双方的共同性，建立彼此的目标，改善与协助双方的沟通，建立互助系统。小组的发展是小组成员互动的结果，小组成员在小组中分享责任与小组经验。

高校小组工作者是中介，是困难学生与小组或学生小组与机构间的协调人。他不设计方案，不是控制小组的先知，而是既被影响又影响他人的互动主体。他的作用在于促进小组成员的互动及为小组寻求外部资源。

2. 治疗模型

治疗模型也称为临床模型或处理模型，是根据心理分析理论、心理社会理论、自我心理学、个案工作与方法论提出的。小组在这里是治疗环境，也是治疗工具。

在治疗模式中，工作者的工作焦点是社会关系、社会能力失调或情绪失调、情绪困扰的学生。工作目标是帮助那些学生拥有较佳的社会功能与有效的情绪管理。工作的对象是学生案主本身及他们的父母。治疗模式认为，学生情绪与心理问题的来源是人际互动问题。工作的基本方式就是针对成员与坏境关系的失调，按照一定的方法、步骤开展小组活动，运用小组生活的经验治疗成员在心理、社会与文化方面的适应困难问题，改变小组结构与小组过程，最后改变

[①] 宣兆凯. 学校社会工作学 [M]. 北京：北京师范大学出版社，2000.

个人，使成员调试环境的能力得到提高，使他们在社会中能正常生活，并充分发挥自己的潜能。

小组工作过程中，对小组成员的治疗依靠两方面的力量：一是工作者的直接影响，包括充任小组中心人物，成为成员学习的榜样；启发、激励、引导成员运用小组力量解决自己的问题；作为专家、权威，控制活动的方向和过程，决定成员行为的选择。二是小组结构和小组活动程序的间接影响，包括小组活动的安排、小组行动规范、小组解决问题的方式、小组关系的结合与调整的方式等在治疗模型中，小组工作者以专家的身份出现，其任务是研究、诊断与治疗。小组工作者必须有足够的能力去诊断个人的需要，安排治疗计划，并指导他们按照计划实施治疗。学校社会工作者为增强者、支持者、合作协同者与咨询者，主要发挥联结作用，串联沟通学生、家长、教师与其他相关主体。

3. 发展模型

发展模型又称过程模型，由波士顿大学的伯恩斯坦最先提出。他把小组理解为有其内在演化逻辑的生命有机体，小组的发展是小组生长、成熟、衰落的过程；在其中，成员既对小组发展提供力量，又随小组发展而成长。

小组工作的目标是提高成员的自我认识、自我评价、自我活动的能力，提高成员对他人的正确认识、正确评价及与他人正常互动的能力。同时，促进他们对小组情况的正确认识，进而在小组活动中能够采取适当的、必要的行动。

小组工作者的职责是根据小组发展阶段的特点指导小组工作，特别要注意使成员的自尊心得到充分满足，不断发掘他们的潜能，促使他们在为小组事业发展做出贡献的同时实现自我价值。在活动过程中，高校社会工作者要引导成员察觉其他同学在同样的生活境遇中是如何把握自己、处理问题的，引导他们从他人的反应中认清自我。小组工作者还要不断地根据新的情况修正小组的目标，理解小组成员与小组的关系，并及时提出各种意见和建议。总之，通过小组活动挖掘学生潜能，提高他们的社会责任感和生活适应能力是该模式方法的基本目标和要求。

4. 折中模型

折中模型反对教条式地应用各种实施模型，认为任何小组工作的实施不可能只用单一的方法。它强调小组发展的动力在于小组本身，社会工作者只是安排者与引导者，不能以权威的角色出现来替代成员做决定、直接管理小组。

高校小组工作的理论模型除了上述几种，还有社会目标模型、学校变迁模型、个人成长模型、任务中心模型、成熟阶段模型、行为模型等，都可以借鉴。各种模型的差别主要表现在对小组工作的目标、过程与小组形态的不同看法上，而这一切又归结为对小组社会工作者作用的不同定位。社会工作者角色不同，方法与技巧也就不同，基本活动形式、成员在活动中的地位和作用、解决问题依据的基本理论和方法等也都会不同。高校小组工作者可以根据问题的具体情况，选用或者综合使用适当的模式。

二、高校小组工作的方法技术及实践原则

（一）高校小组工作的方法

小组工作方法依其发展阶段的不同而各有相应的要求。在小组成立之前，工作者需要明确小组工作流程、制订小组工作计划书，然后招募适当的成员。在小组进行过程中，工作者需要推动小组成长，并促进自己与小组成员，以及小组成员间的沟通。高校小组工作较常用的方法有以下方面：

1. 小组讨论

小组讨论是高校社会工作者普遍运用的一种方法，通常由社会工作者引导，小组成员围绕与目标相关的问题发表自己的见解，彼此相互学习和借鉴，获得成长和改变。高校社会工作者的服务对象是在校大学生，他们思想单纯，接纳新事物、新观点的能力与意愿特别强，愿意表达自己的观点，彰显自己的特点。大学生较之中小学生，认知能力、自我意识都有了更高的发展并趋于成熟。因此，他们能够通过讨论集思广益，找到解决问题的途径，而且能够从中吸取经验并为己所用。另外，困扰大学生的基本都是个人发展问题，他们在很多问题上都有共性（比如学习、择业、恋爱交友等），有的问题甚至就是因为彼此缺乏沟通、相互不理解而产生的。因此，讨论还可以使他们重新认识自己和他人，修订原有的不合理信念，使自己的思想和行为真正获得改变和成长。

高校社会工作者可以运用轮换发言或分组讨论等多种方式，推动讨论进行。当然，无论采用何种方式组织小组讨论都需注意：一方面要创造真诚、理解、

平等、和谐、温暖和具有支持性的小组讨论气氛，使小组成员可以在这种气氛中畅所欲言，勇于自我表露，剖析自我，相互信任与尊重；另一方面，要注意讨论的主题不管是事先拟定还是小组活动引发或成员自行决定的，小组工作者都要把握住中心主题和小组目标的一致性，引导成员围绕中心主题展开讨论并及时深化主题。

2. 专题讲座

从个体发展的角度来看，大学生正处于青春中期，生理发展已基本成熟，但心理的发展尚不完善，在需要结构和价值观上，既实际又过于理想；在自我认识上，与实际自我或别人的评价存在一定的差距。这种心理发展的特点使大学生在学习、恋爱、人际关系、社会适应等方面存在许多共同关心或感到困惑的问题。为此，高校社会工作者可以采取专题讲座的工作方法来完成。

专题讲座主要是社会工作者邀请对大学生的学习、恋爱、价值观、择业、健康等方面有研究的专家或教授就某一主题进行讲解，同时回答同学们提出的问题。这样不仅可以帮助一些大学生解决普遍存在的问题和澄清混乱的观念，而且可以促使有较严重问题的同学尽快了解自己的问题的性质，并促使他们尽早、尽快地接受有关的治疗和帮助。

3. 行为训练

行为训练法通过磨炼身体来锻造意志与品格，让学生从看似简单的实际任务中收获人生感悟，转换思维习惯。该方法特别适于发展学生的能力，使其形成新的技能和行为习惯，帮助学生产生新的社会适应行为，是有效促进其成长的重要途径。行为训练的内容包括果断训练、肯定训练、沟通训练、情绪情感表达训练等。

高校社会工作者运用行为训练的工作方法时应把握五个方面：第一，提供一个安全的、具有支持性的练习场所，使成员安心进行新行为的探索；第二，社会工作者对于所要进行的行为训练要事先计划，保证训练的目的性、针对性和系统性；第三，行为训练的程序要根据小组成员的体力、能力，由易到难、循序渐进地进行；第四，社会工作者要给予示范；第五，社会工作者要对每个成员的行为训练效果进行及时反馈，不断给予强化。

4.角色扮演

角色扮演是指用表演的方式将小组成员的人格结构、心理矛盾、人际冲突、情绪问题、适应问题等表现出来，启发成员重新认识自我、他人和周围环境，发展其应对能力。将某种人、某类角色表现出来，这在形式上具有娱乐性特点，追求新鲜时尚的大学生一般都很乐于尝试。而角色扮演法恰恰是在轻松外表的基础上让人体会深刻的人生道理，尤其适用于人际关系适应不良相关问题的疏解。

角色扮演包括角色互换、心理剧、再演剧、社会剧等。高校社会工作者不论选择何种角色扮演，其目的：一是帮助压抑的情绪得到疏泄，减轻压力；二是通过角色扮演认识和体验自己与他人的感受；三是激发每个小组成员解决问题的创造性，增强其适应环境的能力。

高校社会工作者要有效地运用角色扮演的方法帮助小组成员学习良好的行为，充分发挥角色扮演的作用。作为工作者要做好六个方面：第一，角色扮演的目的要和小组将要达到的目标相一致；第二，做好计划并与成员进行沟通，使通过角色扮演显现的冲突情境与成员的需要相一致；第三，创造安全、支持的环境；第四，了解成员对其所要扮演的角色的熟悉度，以及时做出合理的调整，成员的表演应是其自我的真实表露；第五，社会工作者应根据表演情况适时叫停，如工作者认为目的已经达到、表演明显不能形成决定等；第六，社会工作者应注意角色扮演仅仅是小组活动的插曲，更主要的是要引导观众和表演者对角色扮演表现出来的矛盾或冲突进行充分而深入的讨论，并表达感受、发表意见和建议。

（二）高校小组工作的技术

高校社会工作者能否有效地实施小组计划，达到小组目标，并且满足成员的需求，不仅要求工作者要具有真诚、同理、敏感与交往的经验、和小组一起工作的经验、关于主题的知识和对社会工作相关理论的良好理解、良好的心理健康水平等，而且还要具有小组工作的基本技术和过程技术，这样才能真正发挥小组工作在高校社会工作中的重要作用。

高校社会工作的基本技术是社会工作者运用小组的方法解决问题，实现个人、小组、学校发展目标的过程中一般采用的具体技巧或方法。一个成功的高校社会工作者引导小组的基本技术包括三个方面：反应技术、互动技术和行动技术。

1. 反应技术

反应技术的主要目的是促进小组工作者和成员之间建立关系，让成员感受到工作者对他们的接纳和理解，从而能够坦诚、真实地进行积极的自我探索。其主要技巧有以下方面：

（1）积极倾听。积极倾听是带领小组最基本、最重要的技巧之一。其内容包括两个方面：一方面包括工作者倾听发言者的语言和非语言行为，如发言者口语表达的内容，其隐含的意义是怎样的，说话者的动作、面部表情又表达了其怎样的心态等；另一方面包括工作者的语言和非语言行为，如工作者用简洁的口语，用眼睛注视、手势、点头等来向发言者表示真正地在倾听对方说话。小组工作的积极倾听较之个案工作复杂得多，它要求工作者不仅关注发言者，还要关注非发言者的想法和感受。为此，工作者应用的主要技巧是用眼睛扫视全体成员，观察他们语言和非语言的姿态，特别是面部表情和身体移动。

（2）反映。反映是同感的传递过程，是工作者重述小组成员的话，让成员了解他所说的内容和其后隐藏的情感。工作者运用反映技巧时，要用清晰、明确、恰当、准确的语言和适当的非语言行为来重述成员的话，让成员明白自己在说什么，同时表达出对成员的理解和感受。

（3）总结。总结是小组过程中经常采用的一种技巧。社会工作者需要及时将散乱在交谈过程中的信息归类，以精辟和简洁的语言对那些重要的观点和内容予以陈述。总结有助于强化小组关注的焦点，深化主题；有助于转换话题或活动；有助于帮助成员注意细节信息或提示信息。一般而言，在一个成员连续发言几分钟未被打断，或讨论主题弥散，或工作者需要开始新的活动、完成未竟任务的情况下，都可以运用总结的技巧。

（4）声音。声音的运用是经常被社会工作者忽视的一种技巧。工作者的音调、音高、音量和节律影响着小组的基调、气氛、步调和内容，如热情洋溢的声音会对大多数成员产生积极的影响；说话非常缓慢的工作者有可能影响小组的步调。成熟的工作者通常对自己的声音有很深的认识,且在不同性质的小组中会运用不同的声音模式。

2. 互动技术

互动技术是小组工作强调和侧重的技术,目的是使小组成员更有效地沟通,激发成员的参与性,增强小组的凝聚力。

(1)解说。解说是对于成员的行为、感受、想法提供可能的解释。解说包括过去行为对现在行为的影响;目前情绪行为产生的可能原因;防卫心理产生的原因;情绪情感背后的实质,等等。通过解说使成员拓展思维,重新审视问题。不过,工作者在运用解说时要适时,不宜过早、过快。否则,工作者对成员的信息和资讯了解还不甚明晰,易导致主观臆断。

(2)澄清。澄清是当成员表达不具体、不清楚、信息混乱时,社会工作者为进一步加强成员陈述的清晰性和条理性而经常采用的技巧。该技巧有助于成员了解更多信息,促进相互沟通。为促使每个小组成员的参与,社会工作者可以采用开放式提问了解更多的信息,也可以让其他成员帮助澄清。

(3)支持和鼓励。支持和鼓励在小组工作中特别重要。成员在小组中往往担心自己给他人留下不好印象,或担心自己说错话,或担心原有痛苦经验的探索是否会令自己将来后悔,或尝试做出冒险的新行为。此时,工作者及时的语言和非语言信息(如愉快的表情、温暖的声音、开放的姿态、真诚的态度),对于缓解焦虑、帮助放松具有重要作用。

(4)联结。联结指工作者将小组成员在想法、感受、建议、经历等方面存在的共同之处提炼出来,以增强成员之间的认同感,促进他们的沟通。当成员的问题有明显的共性时,社会工作者要有意识地强调成员之间的相似性而非差异性,以使成员尽可能联结起来,从而加强成员之间的沟通。当成员之间存在分歧时,工作者应尽可能利用次小组的形式指出几个成员之间的共性,使次小组之间展开沟通。

(5)设限。设限是在小组过程中工作者划定范围,以给予小组一种结构和方向及不可逾越或偏离目标。设限是小组成员的活动和行为被控制在一定范围内,从而不仅在互动过程中避免了有害或过度行为的产生,而且为团体发展指明了正确的方向。

（6）基调的设定。基调的设定指工作者为小组设置适当的情景气氛，以利于小组工作与发展。小组的基调有多种：严肃的，对抗性的，支持性的，正式的，非正式的，等等。作为工作者，在设定小组基调时，应明了所带小组的性质，注意自己的行动和言词，精心设计与安排小组所处环境的灯光、座位、墙壁装饰等。成功小组的基调特征往往是温暖的，严肃而关怀的，有趣的，鼓舞人心的。

3. 行动技术

社会工作者也有必要依据自身专业训练背景，以适当的敏感度和自己对问题的认识，主动介入成员互动过程，做出有意义、有效率的处理。其主要目的是激发成员对问题或行为的考虑，采取积极的行动。

（1）阻止。阻止是一种干预技术，即小组工作者介入小组，防止小组或某些成员做出不好的、不合乎伦理的或不适当的、不利于小组发展或其他成员的行为。

（2）提问。提问需特意加以控制，才能发挥积极的作用。一般而言，工作者要多问开放性的问题，这可以激发成员进行深层的自我探索和对问题的深入考虑，并引发彼此间的交流与反馈。

（3）自我流露。自我流露指小组工作者在适当的时候进行适当的自我开放，和成员平等分享个人的经验、感受、行为的技巧。自我表露可以使小组气氛更加真诚，更能刺激成员的思考，为成员了解自己及小组的行动计划提供参照体系。但小组工作者的自我流露不宜太过频繁和过分强烈，也不宜太早（如在小组初期）。

（4）面质。面质即当面质询，是一种强有力的介入行为。具体指小组工作者出于助人的目的，引导小组对成员认知和知觉、情感、行为上的矛盾进行挑战。面质对成员或小组具有相当的压迫性，所以要特别谨慎地使用。一般而言，小组工作者面质时要遵循的主要原则：①小组气氛要安全、温暖、信任；②小组的关系要稳定而牢固；③当成员有危险性行为或违法行为时，不论工作关系如何，都需使用面质；④对小组的面质，要放在小组沟通形式、决策、成员关系等方面；⑤成员要有足够的资源和力量。

（5）建议。建议是为了协助成员发展另一种思考或行动计划，包括提供信息、提出忠告、鼓励尝试新的行为等。不过作为工作者，应避免过多使用建议，以免成员产生依赖意识和行为。反应技术是工作者置身小组之外，观察、推动小组进展的专业方法；互动技术是社会工作者既能自我投入小组之中，又能置身事外的混合行动策略；行动技术是小组工作者主动投入小组中所做出的直接应对措施。以上三种基本技术在小组工作过程中相互融合、相互联系，共同推动小组历程。

（三）高校小组工作的实践原则

小组工作必须在一定原则的指导下开展。社会工作者需要秉持适当的价值观念来处理工作者与成员的关系，设计活动，选择工作方法。高校小组工作者在实践中需坚持以下原则：

（1）承认每个个体的独特性和小组的多样性。社会工作者只有充分认识到每个大学生都有自己的特点，小组内部的互动模式也各有差异，才能选用不同的方法来满足他们的需要、解决他们的问题。

（2）真诚接受每个具有独特长处和弱点的人。虽然人都有自己的人际偏好，但作为社会工作者，还是应该尽量践行接纳原则。尤其是面对有不同程度的心理困扰而变得极其敏感的大学生时，社会工作者的微小关注都可能是其成长的动力，而工作者不经意的疏离都可能使其退回自我封闭的圈子。

（3）鼓励每个成员按照自己的能力投入到小组任务的解决过程中。社会工作者应该帮助每个成员按照自己的实际能力参与小组活动。全体成员，无论能力大小，都可以为小组做贡献、与小组共成长。

（4）为小组成员提供新的、不同的成就和人际经验的机会。获得成就对增强自信心和保持良好的心理健康具有明显的促进作用，也是个人不断成长和发展的重要动力。新的成功经历更是发掘个人能力、培养人际关系技巧的重要途径。因此，为成员体验成长、成功和满足需求提供机会就成为小组工作者的重要职责。

（5）承认社会限制因素的存在。成员需要认识到自己身上的问题，并接受自身所处的环境中存在很多限制的现实。社会工作者的任务是帮助他们面对这些限制，学习在限制中生存。

（6）根据成员特点和小组目标设计活动。

（7）对成员个人和小组的进步不断进行评估。社会工作者应该定期评估并及时肯定小组的进步。评估必须有所有成员的共同参与，这样才能使小组保持活力和吸引力。

（8）社会工作者应热诚、以人为本、严于律己。社会工作者对待小组成员需要真诚、热情、平等对待表现不同的个人，应发自内心地接纳他们、帮助他们，坚决避免将个人的偏见、价值观强加于成员甚至小组之上。

三、高校小组工作方法的应用

高校社会工作的主要对象是大学生，他们都是具有独立主体意识的个体，他们最需要培养一种小组观念，知道如何在群体中展现自我，适应群体性生活。因此，相比而言，高校小组工作应该是高校社会工作的主要类型，也是最有效的类型。小组工作方法可以广泛地运用于大学生生活和学习的各个领域。本节主要围绕当代大学生较常遇到的几种困惑，如贫困大学生问题、人际交往障碍、学习适应问题、大学生择业问题等，具体讨论小组工作介入的方法与原则。

（一）高校小组工作在贫困大学生中的应用

1. 贫困生问题的特点及援助方法的局限性

随着高校规模的扩大和学费的增加，各高校都把解决贫困大学生问题作为一项重要工作来抓。目前，有关教育部门采取的措施主要有以下方面：

（1）政策扶持。高校现已形成一套由奖学金、贫困补助等构成的资助体系，并且提高、扩大了发放量与发放面。同时，有关部门增加各项奖学金的比例，鼓励贫困生勤奋学习，使奖学金的发放对他们而言有了政策上的倾斜。国家助学贷款更是既解决了贫困学生的燃眉之急，又有助于培养他们的自立意识和责任意识。

（2）改革学生管理制度。部分学校开辟了助研、助教等很多勤工俭学的岗位，帮助推荐家教等有偿服务方式，并出台有关政策，相对缓解了贫困生的经济紧张问题。有些学校更是在按照市场规律运作的勤工助学中介机构方面进行了初步尝试。他们开展信息咨询与服务，努力开辟、增加新的勤工助学岗位，使贫困学生在勤工助学的过程中少走弯路，并依法保护学生的利益。

（3）进行必要的培养和教育。学校要开展免疫性教育，有意识地关注贫困学生的适应问题，培养全体学生的正确消费观念与行为，教导他们理性处理金钱用度。另外，大多数学校也都建有心理咨询机构，有针对性地开展心理咨询活动，为贫困生提供必要的咨询、指导和调节，指导他们正视自己、学会运用积极有效的心理防卫机制，同时注意强化大学生们的责任感和公德意识教育。

大学生贫困问题关系到大学生的成长与发展，进而也关系着高等教育的成效，理应受到高度重视。现有的这些措施虽然已取得了相当大的成效，但却不能彻底解决贫困学生的根本问题。这主要体现在三个方面：一是金钱为主的资助方式容易造成受资助人的依赖心理，不利于大学生的成长。大学教育不是义务教育，大学生应该具有独立生存的能力。贫困大学生要顺利完成学业，离不开国家和社会的关心与支持，但如果一味地依靠家庭、依靠社会、依靠国家，将对贫困大学生的成长带来负面影响。二是真正困扰贫困大学生的心理压力没有得到缓解。虽然很多学校都设有心理咨询中心，但目前并未被学生广泛接受。很多潜伏的心理暗流在大学校园里四处涌动却无宣泄之处。三是即使学生们接受这种援助形式，现有的资源也远远不足以满足他们的需求。由于我国贫困大学生数量太多，有限的资助与贫困大学生完成学业需要的数量相比，毕竟只是杯水车薪。

上述工作方法的局限使人们认识到，现在迫切需要一种既能更有效地帮助贫困大学生应对经济困难，又能为他们提供包括心理辅导在内的、全面的支持体系。高校社会工作正是大学校园中满足此要求的助人服务。

2.高校小组工作介入的方法

高校小组工作作为高校社会工作的基本活动方法，尤其适合介入援助贫困大学生的工作。指导此工作方法的理念相信人及环境可以持续性地不断变迁，而且可以被有计划性地改变。他们相信，只要贫困大学生在行动当中培养自信、发现自我，用乐观向上的心态看待人生和自己，社会各界和学校从精神和思想上加以正确的引导，就能在很大程度上消除心理困扰，更好地面对挫折。高校小组工作者正是认识到贫困大学生所面对的困难具有现实性强、波及面广、程度轻的特点，有针对性地引导他们参加小组活动，根据当事人及其问题的特殊性设计活动，使其在性质各异的小组里获得成长。具体而言，可组建以下三种取向的小组：

第一，发展小组。以促进小组和成员成长为目的的发展性小组，通过建立成员之间的相互共识，鼓励每一位成员参与小组、投入小组。通过这方面的团队活动，成员应该增强学习能力，使自己更有创造力，在生活中遇到挫折、障碍时也有更大的承受力。成员在活动中挖掘的潜能，也可尽早变为现实的、可发挥的能力，从而丰富、提高在寻找勤工俭学机会过程中的竞争力，掌握人际关系技巧，同时更增强贫困大学生面对未来双向择业的信心。

发展类型的小组应由一些希望对自身有更多了解、有更多小组经验的贫困大学生组成。同质或异质小组没有严格限制，但基本上应分高、低年级，吸收性别不同却都面临同样经济问题的学生参加，因为建立在相互理解基础上的相互支持是发展小组成功的基本条件。

领导发展小组的社会工作者主要扮演引导者、参与者的角色，应秉持着"个人具有完全发挥其潜能的能力"的信念，为小组和成员提供帮助，使个人健康成长并自我实现。角色扮演是非常有利于这种小组的活动之一。此类小组的规模可以稍大，12人左右。时间也可以稍长，主要是为成员提供一个相互交流经验的场所，主旨为促进沟通、增强自我意识的活动方案都可以运用其中。

第二，任务性自助小组。自助小组亦称支持小组，通过社会工作者的发动而自行组成，靠小组内的力量维持。由于成员具有共同的问题，因而能相互理解与支持。而典型的任务小组是应特定任务要求而组成的。一般一次或几次聚会，达到目的即告解散。在用这两种方法介入对贫困大学生的援助时，可综合起来运用。小组的最初组成本着自助小组的原则，即自发组成、内在维持。这种形式的小组非常适于内聚意识较强的贫困大学生。而当小组形成且过渡到正常发挥作用阶段后，就应以任务小组的工作方法管理，即为具体的目标而通力合作。这时成员将一起寻找问题的原因，共同探讨解决方案，甚至互相提携，为彼此渡过难关而努力。

任务性自助小组的具体目标经常变化，成员应是异质性的，即年龄、性别等方面都不限制。工作者主要作为一个参与者服从整个小组的行动宗旨。在实际操作过程中，开放性的小组应该更能发挥其优点。

第三，治疗小组。治疗小组可以通过小组的程序以及小组工作者的协助，使已经存在情绪、情感以及行为问题的个人重新适应社会生活。跟前两种小组相比，小组规范在治疗小组中更为重要，起码应包括：开放（每个人都敞开心扉，吸纳多方观点）、平等参与（每个人都应最大限度地参与每项活动）、尽情表达（鼓励用自己的观点来阐述自己的价值观和喜好）、团结合作（成员与工作人员平等地营造一个舒适和自由发表意见的环境）、保密（在小组内讨论的私人问题只保留在本小组之内）。

治疗小组工作方法主要是针对那些已经由于心理压力而影响正常学习与生活的贫困大学生。这些学生的反应虽然各不相同，但其背后却有共同的根源。外部环境原因可以分为三个方面：一是新情况下未能给自己及时重新定位，而导致群体地位的失落；二是客观存在的实际生活条件的反差使之容易陷入错误的思维循环中不能自拔；三是与家庭背景和社会身份不同的同学相处，贫困大学生很难融入各种非正式群体。从内部原因看，目前的教育体制忽视对学生良好心理素质的培养。这使学生在赢得"高分"的同时也造就了各种"低能"，有的甚至连一些基本的生活技能还没有养成，更不要说自食其力、自重、自尊等良好品德的培养。心理素质教育的忽视造成了大学生心理极其脆弱，缺乏调节心理障碍的能力。学习上，缺乏独立思考；生活中，不会独立处理各种人际关系；思想上，不会对纷至沓来的社会思潮进行过滤；心理上，不会在逆境中磨炼、变消极为积极、变压力为动力。这种"低能"使他们在面对困难和挫折时不堪一击，常出现心理障碍。另外，长期生活中感染的贫困文化，如思维方式的封闭性、对社会不公平现象的敏感和绝望、缺乏自尊以及抵触社会主流文化导向的集体无意识等也造成相当不良的影响。

治疗性小组应以建立自信为目标，针对他们当中普遍存在的人际交往障碍，帮助成员从熟悉、信任的小组伙伴开始，学习、掌握与人正常交往的技巧。对部分情绪、意志尤其脆弱的个体实行挫折训练。

治疗性小组宜小，4人以上，不超过8人。参加治疗小组的成员还要经过小组工作者的仔细审查和了解。主要是审查申请参加的学生的行为问题产生的根源及其所具有的潜在能力，了解他们是否有信心改变自己的现状及其所在的环境状况，以及他们参与小组的计划等。这样才能确定申请者是否适合加入治疗小组，并保证每个人的改进需求都能得到满足。

在此，工作者应该以专家的身份出现，用权威性的相关知识指导成员克服障碍反应；以身作则，使成员在与他人的交往中学到做人、处世的道理和方法，是这种工作方法的基本要求。当然，除此之外，社会工作者还要通过组织专门的小组活动、确立小组规范，运用小组内的相互作用，影响个体。小组外的支持帮助也有很强的辅助作用。

总之，贫困大学生应对生活困难的最主要动力是他人的理解与支持。社会工作者应尽可能为他们提供被理解、被接受、被尊重的机会。完全可以通过各种高校小组工作的途径，让他们与更多的"圈子之外"的同学进行互动与交流。高校小组工作在援助贫困大学生这个领域的发展空间是非常巨大的。

（二）大学生人际交往障碍的援助

人际交往障碍是指在交往过程中，交往双方受社会文化因素和心理因素的影响而导致的交往困难或交往不顺利。人际关系是大学生面对的最苦恼、最难适应的问题之一。他们中有的是自我封闭、不想交往；有的是渴望交往，但交往过程中却存在很多困难，或是与同学关系僵硬，或是关系平淡、缺少知己，或是恐惧交往。

大学生能与他人建立良好的人际关系、顺利沟通互动，不仅会促进其心理健康，而且有利于他们的自我修养并能提高学习能力。因此，要让大学生更好地适应社会，目前交往障碍的状况就迫切需要高校社会工作的协助加以缓解和解决。

1.高校小组工作帮助交往障碍的优势

高校小组工作针对有共同生活、学习困扰的学生，运用小组情境，通过小组成员间的相互分享、支持、互动，认识并解决自己的问题或困难。将高校小组工作方法应用于大学生人际关系问题的处理，具有其他方法不具备的优势。

（1）高校小组工作可以提供解决人际关系问题所必需的群体氛围和现实情境。小组的成员由真实的同学组成，所设计的活动以及集中讨论的问题也源于大学生的日常生活，因此更加贴近他们的原有认识、观念。在小组中，成员围绕普遍关注的问题集中讨论。这种方式让每位同学在分析和处理发生在自己身边的人际交往问题的过程中，理解和掌握交往的原则，学习交往的方法和技巧。而且成员以真诚、理解、接纳为基本原则，尊重成员、为成员保密以及成员自决是其主要的工作价值观。因此，成员可以获得相当大程度的安全感与自由，这为其大胆观察、体验、分析小组中的现象资料，体会自己平常在社会环境中与人相处容易出现的问题，提供了心理保障与环境支持。小组中良好的互动氛围还有利于成员反省自己身上存在的各种不良个性品质，以期积极改变。

（2）小组工作有利于成员了解自我。整个工作是成员在相互交往过程中，不断增进自我了解、自我抉择、自我发展，进而自我实现的一个学习过程，具有强大的教育功能。许多社交问题都与自我认知偏差有关。通过小组活动中的分享、交流，小组成员可以整理自己的活动感受，形成一些新的自我概念和自我了解。各种主题活动，一方面帮助他们了解自己的优点，体会被他人关注的感觉，提高自信心；另一方面为他们提供一个从不同角度看自己的机会，促使其反思自己的人际关系，发现自己的不足之处。当然，小组工作期待并力求达到的目标是成员能够尝试将新形成的概念、原则应用到小组以外的日常生活情境中。

（3）成员在小组中可以更彻底、长效地改变行为。任何行为都要经过"知、情、意、行"的递进转化过程。情感对人行为的影响尤其大，大学生对恰当人际交往的"知"环节已经基本满足，出现问题就是因为还欠缺"情"和"意"的环节。高校小组工作的主要任务就是为成员创造一个充满情感体验的互动平台，而且重视各种活动后的内在体验分享与总结深化，因为后者是某一个具体的活动以及整个小组是否成功的关键，它直接关系到大学生是否能真正学习到有效的行为方式，甚至也决定了小组工作的作用时效。

2.高校小组工作帮助交往障碍的方法

下面按照小组发展的四个阶段分析具体的工作方法。

（1）小组开始。因为是初次聚会，参加小组的一般还都是人际关系处理不当的成员，所以难免充满着焦虑、恐惧、伪装、不友善、封闭、犹豫不决。因此，此时的主要任务是成员之间相互认识、融洽气氛、增强小组凝聚力。前面介绍的破冰活动在此大有用武之地。此外，社会工作者还应该开始训练成员的倾听方法，为小组关系的稳固和以后工作的进行打好基础。社会工作者可以通过问成员是否了解他人所说的意思、要求成员复述他人讲话的内容、反问如果别人不注意他的讲话会有怎样的感受等方法，加强成员间的倾听和反馈。

（2）小组形成。这时候小组的规范与结构日益形成，角色也开始分化。工作的主要任务是增进认识与归属感，建立相互信任与接纳的小组氛围，让每位成员体会被人关注的感觉，增强其自信心。这时需要加进一些有利于小组凝聚力增强，使成员之间更加熟悉、彼此接纳的活动。工作者应支持成员投入到沟通与交流过程中，不断鼓励他们参与彼此的相互作用，让他们在此期间学会运用倾听技巧。另外，许多同学遇到交往障碍是因为他们具有不良的心理习惯，欠缺交往中必要的心理基础（如谦虚、尊重他人等）。由于互动频率的增加，冲突也容易在这个阶段出现。社会工作者一定要把握住这个机会，引导成员培养自身的真诚、宽容、理解等人际交往的必要品质。

（3）小组维持与发挥作用。这个时期的任务较多，具体有以下方面：

第一，成员要进行自我探索与小组分享。在工作者的引导下，成员敞开自我，在分享中了解自己与他人。一个人自卑或人际关系没有处理好往往与对自己没有形成正确的认识和评价有十分密切的联系。善于发现自己的长处和不足，才能对自己有一个客观公正的认识。

第二，问题解决。因为每个人在共同的人际交往问题下还有各自不同的困扰、问题起因与表现形式，所以正常发挥作用的小组中，成员们就应该集思广益、互助解难。在经过上一阶段训练能清楚认识自己的基础上，成员们也要学会更好地理解他人。通过小组内部成员的互助活动和讨论，帮助大家认清问题的实质，改变个体对人际交往的一些错误认识，增加解决问题的经验。活动结束的总结非常重要，工作者要对成员做出积极中肯的评价，以调动大家继续努力的热情，最终实现自我改变。

第三，在小组中实际尝试新行为。人际交往的一些基本技巧也都是在这个时期通过切身体会应用而融入个人行为方式的。基本的技巧有：善于聆听，营造良好的相互尊重的交往氛围；谦虚，尽量用最平实的态度来表达自己的观点；斟酌用词，选择对方较能接受的表达方式；自信，冷静稳重地表达自己的立场；关怀，能体贴对方的实际情况并给以支持与帮助。高校小组工作的最终目的是要成员把从小组中学到的观念、行为运用到日常生活中，所以这最后一步非常重要。要走出去接近他人，主动大胆地参加社交活动。最开始肯定只局限于小组范围内，逐渐会扩展到小组之外。因此，建议工作者在做后续工作时不妨鼓励并适时促成成员参加一些集体活动，比如一些学生社团。这样可以增加交往成功的机会，通过合作拓宽社交圈，促进成员与他人的沟通，增强小组协作精神。而且，交往成功体验的获得有利于树立交往信心，克服自卑心理，起到积极的自我暗示和自我强化作用，使以后的交往活动顺畅自如。

第四，小组结束。通过一系列的训练，同学们的交往能力都将有不同程度的提高，彼此之间的情感会加深，在日常生活中也能建立联系。但毕竟小组就要结束。在最后一次聚会中，可以组织成员谈一下对小组每一个人的看法，并用书面的形式给小组每一位同学留下评价、鼓励或祝福的话，以利于小组成效的保持。

（三）高校小组工作对学习适应的优点与方法

大学生的主要任务是学习。然而近年来，在大学生身上发现多种学习困难现象，而且越来越普遍。大学生群体中这些与学习有关的问题，严重影响了大学生的学习进程和学习结果，进而影响其学习积极性以及对学习能力的自我认可。在了解、分析其形成原因的基础上，由高校小组工作施用专门调适方法，对于培养积极的学习心理十分重要。

1. 高校小组工作对学习适应的优点

大学生学习适应不良的严重程度不同，基本可分为三种类型：第一，程度较轻的学习障碍，即偶尔的厌烦情绪，微弱焦虑的心理，一般以潜在形式存在，对学习行为影响不明显；第二，程度稍重的学习问题，即已经明显阻碍正常学习，成为不能不解决的问题；第三，程度很重的学习问题，即严重影响其学习行为，干扰学生生活。高校社会工作介入不同程度学习问题的方式也有差别。

上述第一类问题比较简单，只需要提供咨询服务，由教师、辅导员配合就可以处理；第二类问题稍微复杂，需要学校社会工作人员与教师相配合，将学校教育、社会教育与家庭教育结合起来的效果比较好；第三类问题不仅复杂而且难度大，需要由个案工作者运用专门的方法、技术来进行特殊处理。可见，高校小组工作的优势主要体现在前两种问题的解决上。

大学生学习适应不良往往是受周围环境的影响，因此小组工作也是解决他们问题的最有效方法。高校小组工作者可以帮助学生建立一个良好的群体环境，并通过引导小组开展积极、健康的活动，帮助有此困扰的学生矫正其不良态度与行为。还可运用小组方法将教师甚至家长组织起来，共同研讨、体验、发掘促进学生学习动机、学习态度良性发展的途径。两类程度较轻的学习适应不良具有共同的原因和类似的行为特征，因此可以运用小组工作方法，将具有这些共同特征的学生组成一个小组，运用相关技术，使学生在一种理想的小组环境中交流经验体会，共同商讨、相互激励，以克服学习障碍。同样的身份与年龄更会有利于这种沟通的进行。因此，高校小组工作责无旁贷地要认真探索、总结介入问题的方式，确定工作的方向与方法。应在把握问题原因的基础上，有针对性地运用小组技术。具体工作可从以下方面开展：

对于缺乏使命感和紧迫感、对学习的意义认识不足、价值观有偏差的学生，适宜运用互动小组。互动小组包含了预防、储备与复原三项功能，参加这类小组的学生成员一般容易对直接以改正学习态度、增强学习动机为小组目标的活动有消极抵触情绪，因此在工作前期需要对这些方面作适当处理。动机可以分为内部动机和外部动机。外部动机是由外部诱因引起的，会促进学习活动的进行。培养对学习的兴趣和好奇心就是激发外部动机的过程。

内部动机则来源于一个人的责任感、使命感及其理想、信念，它使学习活动具有一定的方向性和意义，作用长期而稳固，推动力非常巨大，并很少随偶然发生的情况而改变。这就增加了小组工作的难度。此时运用互动型小组就是要发挥此模式高参与性、互动性和情景性的优势，让成员在相互作用的过程中不断增进自我了解、自我抉择、自我发展。由于高校小组工作生动的引导教育方式能吸引学生的注意，所以相比其他教育方式，更能使学生在小组过程中获得潜在的认知和行为改变，并保持长久。

2. 高校小组工作对学习适应的方法

对于因心理原因（如缺乏抗挫折能力，归因习惯不良）而出现学习障碍的学生，适宜运用治疗模式或发展模式或是二者的综合。因为要消除这种心理问题主要靠大学生的自我调适，若他们缺乏学习所需的个性品质和能力（如兴趣、自信心、克服困难的勇气、毅力、自控力等），那么就得自己培养。他们要学会客观评价自己的能力，确立适当的学习目标，不对自己过分苛求；要学会克服虚荣心理；要学会调整心态，承认人各有长短，不盲目攀比。而小组只起一种引导与辅助的作用。当然，进行必要的归因训练是小组常用的工作方法，主要有以下方法：

（1）小组发展法。通过3~5人在一起分析、讨论学习成败的原因，让每个人填写归因量表，要求从一些常见的原因中选出与自己的学习成绩关系最大的因素，并对几种主要因素（能力、努力、任务难度、同伴帮助等）所起的作用做出评定。由一名教师对他们的自我评定和归因结果进行分析和反馈，指出归因误差，鼓励比较符合实际的积极归因。

（2）强化矫正法。让学生在规定的时间内完成不同难度的任务，然后让学生对完成任务的情况做出归因。对积极的归因给予鼓励和奖励，对那些很少做出积极归因的学生给予暗示和引导，促使他们形成正确的归因倾向。

（3）观察学习法。让学生观看归因训练的录像，引导他们把成功和失败的原因归之于自身努力。由于归因是一种比较稳定的人格变量，会对后继学习产生深刻的影响，因此，通过归因训练矫正不良的归因倾向将有助于学习动机的端正和学习成绩的提高。

对于未适应大学生活的新同学，这是他们人生的必经阶段。刚刚进入一个新环境肯定会在很多方面感觉到不适应。因为最初的不良反应可能仅仅是由于在考上大学之前学习极其紧张，一旦考上大学，便错误地认为可以放松学习，甚至产生了对紧张的中学生活寻求补偿的一种"报复性"的放松，学习懒散、被动应付；或者是由于不适应自觉学习的教学模式，当必须靠自己充分、合理地利用自行支配的时间时，就感到手足无措，整日漫无头绪。如果听任这种现象发展下去，一部分适应能力较差的学生就会因凭借自身的能力无法度过此人生门槛，而陷入学习欲减退、丧失学习动力的旋涡不能自拔，甚至引发诸多心身症状。因此，对于刚踏进大学校门的新生，可以遵循发展模式的原则开展活动，帮助他们尽快了解、融入大学校园生活。

新生的问题主要分四个方面：考入大学之前努力学习，压抑一切兴趣、愿望，未确定长远目标；以前一直是好学生，突遇挫折，产生自卑感；受到家长过度保护、过度支配，独立生活能力差，遇到困难后挫折感很深；未被录取到自己希望进入的大学，对所学专业不感兴趣。可见，他们需要的是个人的成长，是对将来的发展、事业、理想、生活的大致计划，是良好的人际关系、抗挫折能力的增强以及乐观人生态度、良好兴趣和特长的培养。发展型小组正是要通过鼓励每位成员参与、投入小组，促进小组整体和成员个人的成长。由于小组工作者相信每位成员都有潜力待挖掘，只是必须借助外力的支持，所以他的职责就在于给小组提供有效的帮助，使个人健康成长并自我实现。小组首先会通过接纳、爱护、认同态度的表现，使个别成员将自己深藏的感受在其他成员面前充分表达出来，以消除他们在感情方面存在的问题和障碍，并使他们对小组产生归属感，感受来自小组的支持和协助。接着小组通过组织各种活动，使成员观察到其他成员在相同情境下如何反应，使其了解其他成员对自己的看法和评价，从而对自我的认识更加清晰和具体。另外，发展型小组还能使每位成员有机会了解他人、学习他人、获得经验、提高能力。经过这一系列的体验，相信成员会形成更客观、更全面的自我认识，更加懂得接纳自己，树立适合自身的奋斗目标，把握与人相处的基本心态与技巧，建立起磨炼自己意志的信心。专门为新生组建的小组有很多，这方面的经验在小组工作中是比较丰富的。由于新生的学习问题基本上都起源于环境适应不良，所以新生适应的活动方案都很有借鉴意义。各学校的社会工作者也完全可以在实践中不断探索新的、更行之有效的带领模式。

校园文化也是影响大学生学习态度、动机的重要因素，它反映了组成大学生群体的个人在整体上的价值取向、群体意识、群体心态、行为规范等特色，反过来又作用于每个个体的行为、态度与价值观。由于这种文化现象发生在互动频繁、人生观尚未完全定型、情绪易受感染且波动较大的大学生中间，所以特别具有极化作用。换言之，它能促使一种价值观、一种认知、一种想法、一种行为朝更深入的方向发展。因此，十分有必要为学生营造一个健康的校园文化氛围，构建能够孕育思维模式良性循环的环境，同时建设良好的校风、教风、学风（比如实事求是、从严治教等）。如果说实事求是的作用是潜移默化的，从严治教则是借助一定的规章制度、行为规范来调整和约束个体的行为，并通过相应的情感体验促进其提高认识。

文化氛围的营造是一个逐渐展开的过程，组织与环境模式可发挥其优越性。该模式的工作目标就是要向成员提供一些改变他们个人及环境状况的方法和机会。先使参加小组的学生成员在学习目标、学习动机等问题的认识上有所改进，再通过他们把这种理念带给周围的其他同学，扩大影响范围。这就是人们最终目的。当然，要想达到此目标，小组以及小组中的个人必须是经受得住考验的，在小组成立之初，工作者要将主要精力放在加强小组的内部凝聚力上。小组正常发挥作用后则必须注意针对成员的需要开展活动，切实解决成员的具体问题。这样他们才会获得更大收益，更加认同这个群体。在小组结束时，工作者要对整体工作进行全面评估，通过成员对个人小组经验的表达，使每一位成员得到进一步强化。不可能期望每一位成员都在小组后主动去宣传小组中的体验、价值观，但哪怕是他们实际的行为改变也都会对其他学生产生或多或少的影响。只要将这种性质的小组办好，它就会发挥巨大的感染作用。

第三节　高校社区工作

高校社区工作是高校社会工作的一个重要组成部分。高校个案工作、小组工作的主要对象是学生，但是高校社区工作的对象还包括高校的教师、行政人员、后勤服务人员以及高校周围的居民，其主要的实务更多地体现为协调学生与这些人及相关部门之间的关系。

一、高校社区工作的认知

（一）高校社区工作的界定

社区工作是社会工作的重要形式之一。高校社区工作则是把高等学校看成是以学生为行为主体的社区，将社区社会工作的方法运用于其中的工作方法与工作过程。要想深入了解高校社区工作的丰富内涵，必须明确一些基本概念。

1. 社区与高校社区

（1）"社区"（community）一词是由滕尼斯最先提出的，主要译为公社、团体、共同体、公众等意。作为社会学基本概念的社区是指居住在一定地域中的人们从事各种社会活动的生活共同体。这些人具有相对稳定的社会关系、生活方式、生活环境和生活设施，具有本地特征的文化氛围，他们对所居住的地域有情感上的沟通和心理上的认同。换言之，人群（社区人口的自然构成和社会构成）、自然物质（地域和生产生活设施）、社会文化（行为规范和管理机构、精神文化和社区意识等）是社区的主要构成因素。①

社区与社会、群体、组织等概念既相互联系又相互区别。社区包括了社会有机体的最基本内容，是社会的缩影。虽然它还不能反映社会的全部内涵和全部性质，但其内涵却比社会群体、社会组织更加丰富。而社会群体和社会组织既不脱离社区存在，又有超越具体社区的特征。总之，社区是人们参与社会生活的基本场所，作为宏观社会的组成部分，它具有经济、政治、文化等多重功能。

（2）参照社区的概念，高校社区可以定义为，居住在大学校园中的人们为一个共同的目标而从事各项社会活动的生活共同体。这个共同的目标就是知识的传播和创造。一般而言，教师和学生以及周围的居民在共同分享高校社区。那么针对高校的特殊环境，高校社区的类型可以分为高校教师社区、高校学生社区、周围的居民社区等，而后面要谈到的高校社区工作则主要在高校学生社区进行。按照通常的地域型、功能型社区分类方法，高校社区分别属于城市社区与文化社区。其主要特征体现在以下五个方面：

1）地域特征。高等学校一般位于经济、政治、文化均比较发达的大城市。

---

① 唐忠新. 中国城市社区建设概论 [M]. 天津：天津人民出版社，2000.

这是因为高等学校的主要任务是传播文化知识，它需要强大的经济实力支持与良好的文化氛围，同时对信息交流的便捷性要求也比较高。只有经济实力雄厚且各方面生活资源供应比较充足、及时的大城市才能满足其发展需求。当今社会，地理位置更加成为高校发展的重要影响因素。首先，有条件的学生在报考学校的时候往往会考虑到自己是否愿意留在学校所在城市谋求发展，学校的自然地理及人文地理环境自己是否喜欢与适应等。其次，教师选择工作单位的同时也是选择自己长期生活的地点，因而会更加注重学校所在城市各方面的发展潜力。许多原本很知名的学校近年来由于所处城市的发展前景不好，导致大量优秀教师外流，就是这个原因。最后，在我国，高校社区的地域范围一般是指校园围墙以内的区域，但其实校园外蓬勃发展起来的生活服务圈也都对学生具有重要影响。所以本章所说的高校社区是指比较宽泛的概念。

2）经济特征。高校社区的主要成员是尚未参与社会生产的学生，他们是纯粹的消费者，而且他们的日常消费时间与趣味比较容易集中，规模大，在此地域或者周边范围内进行相关经营特别容易获利。

3）人口特征。这里的人群聚居规模大，人口密度极高，平均15平方米的宿舍内要住4~8人，几十平方米的教室可容纳近百名学生听课。每当上课、下课、吃饭、就寝时，此密集性就体现得尤为明显。高校社区成员的同质性较高，他们具有相似的理想、价值观、兴趣、爱好，整个社区的年龄、教育程度的结构单一，性别比例一般也在正常范围内。但现代大学生的先赋身份差异却越来越大，不同的原有生活条件与生活习惯深刻影响着其日常行为。高校社区人口的整体质量（既指文化水平，也包括品德修养）较高。其人员流动具有周期性，即每个学年都会招收一定数量的新生开始大学生涯，又会有一批学生毕业，离开生活了四年的高校社区。在这两个期间外，社区内的人口一般不发生大的变动。

4）组织结构特征。虽然与上大学之前的同学、朋友相比，大家近距离互动的机会较少，学生们往往感觉到与他人的一种无形的隔膜，但从总体上而言，大学生在高校社区内还是很容易形成人际关系密切的亲密团体，尤其是与同班、同寝室的成员。他们主要以兴趣爱好等为纽带，使整个社区凝聚力得到增强，使成员归属感得以强化。高校社区内的组织具有比较严格的层级划分，先是整个学校分成若干二级学院或者系，每个系里又分成若干专业与专业班级，每一个分支组织都有相对固定的负责人，组织结构严密、功能专业化，遵行典型的科层制管理。各种形式的学生社团正在各高校发展壮大，也算是高校社区的一种组织形式。他们由具有共同兴趣爱好的一群同学组成，娱乐自己、锻炼自己。

5）生活方式特征。高校社区是整个社会先进文化的集中地，现代性极为突出。这里的思想意识经常代表着文明发展的最新成果。社区成员愿意接受新鲜事物，改革、创新走在整个社会的前列，其思想总是异常活跃。正常情况下，学生在学校内的生活具有很强的规律性，社区成员都从事相同的日常活动——上课、读书、学习，同班、同寝室的成员甚至连基本作息时间都一样。但随着多元化、自由化思潮影响的加深，他们行为的内部也呈现出日益复杂的结构，表现在学生们消费水平和日常作息时间上的巨大差异。此外，高校社区成员间的人际互动基本上是基于一种情感联系，也即由于相互的人际吸引而彼此交往。

2. 高校社区工作的理解

社区社会工作是运用专业性的理论知识和技术，以社区和社区居民为案主对象，以预防和解决社区问题为目标，以社区发展和社会进步为宗旨，以培养和发扬社区居民互助精神为追求，调动和利用社区资源，积极参与社区建设和社区管理，提高社区福利水平，促进社区发展的过程。

与宏观的社区工作相比，高校社区工作是在高校社区内开展的社区工作形式。对于社区工作中的一个分支，高校社区工作可以定位为是社会工作者运用专业的理论和知识，在高校社区中开展的，以高校学生为主要对象，以预防和解决高校内与学生密切相关的问题为目标的社会工作服务活动。也正是高校社区工作对象与目标的独特性，决定了其工作原则与方法有别于一般社区工作。因此，在把握高校社区工作这一概念时必须注意从以下方面加深理解：

（1）高校社区工作的最终目的是促进整个学校甚至整个国家高等教育的成熟与发展。这可以看成是具体工作的宏观指导性理念，即一切行为都应是有利于、至少不妨碍此目标的实现。也只有这样，才能保证以后开展的一系列活动都具有积极性。

（2）由于高校社区工作的主要功能是预防和解决高校内的各种社会问题。所以它不仅能调节人际冲突，有利于大学生良好人格素养、积极价值观以及健康行为习惯的形成；而且能增强学生的集体观念与母校意识，优化整个学校的育人环境。通过社区工作者的努力，力争在为同学做好基础服务的基础上，有效推动整个学校的快速发展。

（3）高校社区工作是一项专业性的工作。正规且理想的高校社区工作模式，应该是由专门的人员在专门的机构中，运用一定的专业理论知识和特定技术来实行的。

（4）高校社区工作可以成为高校管理工作的重要组成部分，组织协调各方力量，维护整个校园教育运行体系。在多元化的社会中，传统的、单一的思想教育管理模式并不能解决根本上的问题，高校管理工作需要高校社区工作的参与以使之成为多元化的协调机制。

高校社区工作与高校个案工作、高校小组工作并列为高校社会工作的一种重要方法，它更是高校社会工作的深入和具体化。最初，教育工作者将学生身上出现的种种不良行为与不端思想一味地归因于个人因素，那时个案工作占主导地位。渐渐地，工作者们发现个人问题的形成和解决都受到周围人群的影响，于是小组工作开始分占个案工作的服务领域。随着社会工作实践的发展，人们意识到这一群人生活在更广大的社区内，其行为又受社区内各种资源的影响时，社区工作方法才为大家所接纳。因此，随着社会工作理论与实践的发展完善，高校社区工作必将受到人们更多的重视。

（二）高校社区工作的对象与目标

1. 高校社区工作的对象

社区理论中的经典社区类型有地域社区和功能社区两种划分方法。高等学校处于城市中，属于城市社区；它的主要任务是培养高级专门人才，因此属于文化社区。高校社区工作的对象，显而易见是以如此社区形象出现的高等学校及生活于其中的学生。它要使高等学校更健康、蓬勃地发展，使高校学生更充实、更有意义地度过大学生涯。

2. 高校社区工作的主要目标

社区工作有两方面的目标：分配资源和提升居民的素质。分配资源指就居民日常的切身事情争取合理而平均的资源调配，从而使得他们的权益得到保障。提升居民的素质指通过社会工作培养基层居民的"政治责任感"，增强其"政治能力"，促进公民权发展。"居民素质的提高，必然会增进社区凝聚力，促进居民间的交往，提升社区归属感，促进社会发展。"周沛在《社区社会工作》一书中指出，结合我国国情，社区社会工作的总体目标应包括：着重解决影响居民日常生活与就业的各种社会问题；关心社会弱势群体，帮助他们尽快摆脱困境；抓好社区精神文明建设，为居民提供良好的文化氛围，引导居民树立健康文明的生活方式；推动社区现代化发展等。

高校社区工作是在宏观社区工作的指导下，应高等学校管理与教育体制现实的需求应运而生的社会工作形式。因此，其总体目标不应偏离社区工作的主旨，即它以全体在校学生为主要工作对象，着重解决影响学生日常学习生活的各种问题；帮助在大学学习过程中有各种困难的同学顺利完成学业；同时创建良好的校园环境，增强学生对学校的认同感和归属感，积极参与学校建设，促进学校发展。高校社区工作的具体目标有以下方面：

（1）挖掘学生自身的潜能，鼓励他们运用自己的力量参与解决自己的问题，在实践中锻炼其灵活应用、操作能力。

（2）通过亲力亲为，增强班级、院系、学校的整体凝聚力，营造团结向上、拼搏奋进的学校文化氛围。用优秀的校园文化陶冶、鼓舞、培养、教育人。

（3）在实际工作中提高学生的人格修养，培养他们相互关怀、互相帮助的美德。让大家在共同完成任务的过程中体会集体力量的强大，也发现同伴身上的闪光点。

（4）促进学生需求与学校资源的整合，把资源用到最需要他们的同学身上，促进学校的全面发展与学生的整体进步。

总之，高校社区工作以在校大学生为对象，以社会工作助人自助的理念为指导，在解决案主自身问题的同时，让同学们认同校园的文化，适应校园的生活，协调好各方面的关系，进而促进其校园人际关系的发展，也为营造良好的校园文化环境提供一个和谐的空间。

(三) 高校社区工作的功能意义

与传统的思想政治教育相比，高校社区工作更能满足目前社会发展对人的多元化发展的要求，是一种更人性化的协调机制，而不是带有强烈意识形态的管理机制。当然，思想政治教育对于整个社会的稳定来说是必要的，但它在具体的实施过程中存在着许多漏洞，而高校社区工作是弥补这种漏洞的最佳社会机制。总体而言，高校社区工作的功能与现实意义主要体现在以下方面：

(1) 提高高校社区服务水平。高校社区服务功能指一种专业性的社区服务，是通晓相关领域知识人士用其专业理论、方法和技巧，向学生介绍经验、提供咨询的专业性助人工作。现在许多高校中已经设置或者正在准备设置的各种学生服务机构，如心理咨询中心、就业指导中心、贫困学生之家等，都属于此性质。只是目前这些设置或多或少带有一定的行政色彩，并不能完全体现社会工作的基本特征，而且这些设置中的工作人员往往缺乏社会工作的专业知识和实践能力。这种现象在中国普遍存在，改变这种状况还需要一定的时间。

(2) 有利于高校学生社会化。社会化是自然人成长为社会人的过程。社会通过各种教育方式，使自然人逐渐学习社会知识、技能与规范，从而形成自觉遵守与维护社会秩序的价值观念与行为方式，取得社会人的资格，这一教化过程即为社会化。人的社会化是一个长期的过程，伴随着人的一生。学校作为有组织、有计划、有目的地向人们（尤其是儿童和青年）系统传授社会规范、价值观念、知识与技能的机构，是社会化的重要场所。社会学家们一般把人一生的社会化分为早期社会化、继续社会化和再社会化几个阶段与类型。从理论而言，大学生已经成年，早期社会化已经完成。但是，中国的实际教育模式导致的结果是目前的大学生在心理和行为上并没有达到早期社会化的理想目标。因此，大学生的社会化是已经具有初步的自我意识的主体的社会化，但依靠早期社会化那种外在的影响机制似乎并不能达到预想的效果，目前高校中思想政治工作遇到的困境就是一个很好的证明。而以平等、自助等为原则的高校社会工作容易得到大学生的认可，在大学生的社会化过程中起的作用会更大。

(3) 协调高校社区的发展与稳定。随着扩招和社会的发展，高校社区的扩张是必然的。从人口的增长到地域的扩张，高校社区的发展带来的负面影响对社区中的人来说是巨大的，而以前的管理体制中并没有应对这种负面影响的机制。比如目前高校社区中普遍存在的租房等现象，对学校的管理体制提出了极大的挑战，而事实证明，传统的管理模式无法应对这种挑战。高校社区工作以学生为工作对象，通过实现学生内部的认同而不是传统的外在压制来与学校的管理部门达成统一的认识，从而保证高校社区的发展是以稳定为基础的。

（4）促进大学生参与学校的建设与发展。大学生在四年的时间里大多数时间是放在学习上的，学校的建设和发展对某一个大学生来说是没有影响的。高校社区工作通过将单个的学生日常生活活动纳入社区中，使之认识到参与社区建设是自己的责任，这种参与不仅仅是为了某种荣誉，也是维护自己利益的正常活动，是产生认同感的有效途径。

（四）高校社区工作的过程与原则

1. 高校社区工作的过程

社会工作本身就是一个"助人自助"的专业性活动。在促进学校、学生发展的宏观目标指引下的高校社区工作，就更是一个通过有计划地操作实施，以帮助团体与个人提升社会功能，解决或预防社区内各类问题产生的连续性工作过程。具体工作的展开一般都遵循以下程序：

（1）社区分析。要想解决高校社区内的问题、促进高校发展，就必须准确把握其中既有的和潜在的问题及其来源。社区分析就是指通过各种调查、总结方法，详细了解高校社区内的主客观状况。这些状况大致包括：社区的类型与功能；社区内各要素（地域、人口、组织、文化）的特点及其相互关系；社区现存主要问题。社区分析是高校社区工作的基础环节，其明确度与正确度决定着后期工作的效果。

（2）建立关系。社区工作的建立关系环节是指进入社区与有关的人士和机构建立专业助人关系。高校社区工作也必须在其活动开展初期尽量快速地与学生和高校内的各种团体、组织"打成一片"。在这个过程中，可以采取各种方法吸引学生和高校教职员工接纳社区工作。只有让他们了解高校社区工作机构与社区工作者的能力和职责，明确其服务范围、服务计划和服务契约，才能进一步谋求他们支持社会工作者。对社区内各类主体现阶段的主要困扰及核心态度、价值观的深入了解，也是在此阶段完成的。

（3）资料收集。要收集的社区信息内容包括社区主要问题、社区资源、社区需求、社区评估等方面的相关资料，客观量化形式和主观描述形式的内容都算作此范畴之内。具体的收集方法也很宽泛，社会研究所用的文献法、问卷调查法、访谈法、观察法等都可为之一用。这项工作是一个长期积累的过程，高校社区工作开展的时间越久，所负责过的工作越多，所积累的经验与资料也就越多。

（4）协助制订社区发展计划。与普通社区不同的是，高等院校有一个统一负责的最高行政部门，因此学校的发展战略、发展目标与实施计划一般都是比较系统、明确的。作为高校社区工作者，其主要任务就是参与、监督计划的制订和实施。由于高校社区工作具有广泛联系广大学生、善于倾听基层民众意见的优势，所以有利于高校目标制定的合理化。

（5）社区行动。社区行动是社区工作者激发社区成员实施计划的环节，之前的准备都有赖于此时的最后贯彻执行。高校社区工作者在此期间扮演着教育者、资源提供者和鼓动者的多重角色。他要帮助人们正确分析问题，找到解决问题的方法，要为目标的达成动员一切可用资源，要不时地鼓舞人们坚持行动的决心。行动的方法有很多，经常用到的有召开会议、组织成员集体参加一些活动（如各种形式的晚会、参观、访问）、开办讲座等。

（6）工作成效评估。在某方面专题的一个工作阶段末尾，社会工作者还要对前期的工作进行总结。评估参加者应该包括高校社区工作者、学校行政人员、本校学生，最好也有相关专家。大家运用科学的方法，通过完整的评估体系，衡量学校的发展和变化。这是整个社区工作过程中必不可少的一个环节。

2. 高校社区工作的原则

自助、自决、以人为本、社区发展是社区工作的基本原则。

社区成员自助参与是社区发展的重要推动力，让人们自己决定自己的事情则是培养他们自助能力的重要手段。造就社会专业人才的高等学校，更应该注重学生这方面精神的培养。社区工作者应时刻注意尊重社区成员，多让他们发表自己的观点、意见和看法,多让他们实践,不以自身的喜好和价值观左右社区成员的行动,尽量多运用社区发展模式,锻炼社区成员自主行动的能力。

以人为本与社区发展则是社会工作永远的行动方针。社区工作必须以社区的支持与配合为开展的空间和依托。社区工作者不仅要深入了解高校内存在的问题症结,还要动员学生、学校组织主动改变自身的不利条件。只有在高校总体发展目标的指导下,坚持把学生的利益和要求放在首位,不断培养他们社会实践的能力,并及时将他们的需求与学校的总体目标相结合,才能最终推动学校的进步。

(五)高校社区工作的模式与方法

1. 高校社区工作的模式

社区工作的三个模式(社区发展模式、社区计划模式、社区行动模式)是西方社区工作实践中较为典型的代表。这些实践经验和各自的优缺点都对我国的高校社区工作有很大的借鉴意义。

(1)社区发展模式。社区发展模式鼓励社区成员广泛参与社区事务,解决社区问题,推动社区发展。当社区居民同构性较高,或意见比较容易取得一致时,可以运用该模式。高校社区主要是由青年大学生按照高等教育体系编班分专业组成的,显然符合同构性高的特征。在高校内采用发展模式的社区工作,就是尽量动员更多的学生、学生团体、学校管理部门真正关心学校的进步,采取切实行动以谋求学校的发展。更现实一点儿说,它是吸引人、激励人的过程,是了解社区需求并集思广益、听取解决问题方案的过程。这时的工作者主要以促进者、协调者和导师的身份出现。高校社区成员的主体是有知识、有理想、激情燃烧的热血青年,他们的积极性比较容易激发。只要社会工作者引导他们明确学校以及自身发展的目标和现存的问题,就能带动大家共同为解决问题而努力。社区工作中心协助学生团体、学校组织制订发展规划,举办各种丰富多彩的活动,都属于社区发展工作模式。

(2)社区计划模式。社区计划模式要求工作者在一个较为复杂的环境下,亲自收集和分析社区的有关资料,设计一种有效、可行的计划,并实行之。当社区问题较为复杂,非一般社区民众所能自行应付时,适宜采用此模式。虽然高校社区内主体的积极性很高，但并不是所有的问题都能由他们自己解决，这时就需要社区工作者运用专业知识为整个社区"出谋划策"。此时的社区工作者应以专家身份出现，让社区成员信服自己的所说、所做。例如，高校管理体制的优化与改革是有关学者一直努力探讨、解决的问题，社区工作者从社会工作理论与实践的角度，善于平衡处理各利益群体的关系，应该能为此提出一些较有建设性的意见。

（3）社区行动模式。社区行动模式推崇"做"，是真正采取行动帮助那些需要帮助的社区成员。该模式在各社区团体之间矛盾突出、不容易协调各方利益时，最能显现其优越性。社区工作者需要做的是倡导人们寻求社区权利与资源的再分配，协助社区内的弱势成员争取其应有的权益。高校社区内固然不太可能存在原则性的对立，但群体之间的利益冲突与力量差异还是存在的，或者至少还确实存在着一些群体或个人由于各种原因很难平等分享社区发展的机会与利益的情况，比如贫困大学生的学习、发展权利，学生向学校食堂要求良好就餐服务的权利等。只要学生遇到一些不利于他们日常生活、未来发展的事情，社区工作者就有责任协助他们排除障碍。

2. 高校社区工作的方法

高校社区工作是在正确理论的指导下，运用科学方法实行的活动。在社会学、社会工作领域内，经常用到的有以下三种方法：

（1）社区调查。广义的社区调查是指有目的、有计划地考察了解、分析研究社区状况和存在的问题，以认识社区生活的本质特征，寻求社区发展规律的一种自觉的社会活动。如前所述，社区调查是社区工作的基础环节和前提条件。高校社区工作尤其如此。这里的人群聚居密集，青年学生们的思想观点极容易相互影响，形成潜在的暗流，而且他们自身的情绪情感以及对社会的理解与认识也在不断变化。因此，要想使工作更有成效，社区工作者必须及时了解掌握学生们身上新出现的问题，以及思想行为方面的最新发展动态，以更有针对性地开展工作。

（2）社区组织。社区组织是社区社会工作的基本方法之一。高校社区组织由高校社区成员（主要是高校学生）自愿组成，通过提供服务、做出倡导等具体工作方法，影响社会团体和高校行政管理部门的政策，以达到促进学校、学生发展的最终目的。它是设立组织、开展组织活动的过程。在此，可充分发挥学生社团的作用，调动广大学生的积极性，以达到提供服务、鼓励参与、心理支持的多重效果。事先研究制订好组织活动的方案是社区组织的前提；有效协调高校各团体间、个人间的关系是社区组织的保证，也是社区工作者的主要任务。只有在互帮、互助、互谅的氛围中，人们才容易化解和消除彼此之间的矛盾与隔阂。

（3）社区发展。社区发展是调动和利用社区资源，改善社区环境，解决社区问题，缓解社区矛盾，促进社区进步的过程。高校社区发展作为社会工作的一种方法，是指组织、教育学生积极参与改善校园环境的活动。该方法的实施必须在全面了解高校社区内资源与成员需要，并依此制订了较为详尽的规划的基础上进行。应使参加者本着自愿、自发的原则，发扬自动、自助、互助的精神，为学校的全面发展而努力。

二、高校社区工作的内容与实施

（一）高校社区工作的内容

高校社区工作是高校社会工作实务的重要组成部分，与高校个案工作和小组工作的不同之处在于，社区工作的着重点是客体，即工作实务的目的指向的不是学生，而是学生所依附或组成的社团、班级、宿舍等，其中一个突出的特点就是高校社区文化，尤其是宿舍文化，这是与其他类型的社区相区别的一个重要特征。高校推广学分制改革，流动教室已是高校教学的普遍形式。这一变化，一方面充分利用学校资源，避免了浪费，同时也使大学生有了更多的自由发展空间；另一个方面，没有了固定的教室，学生的管理和日常生活方面就出现了许许多多新的问题。目前，学生宿舍和非正式群体成为影响学生的两个重要因素。

大学生除了上课之外，宿舍已成为其学习和生活的"主战场"，同学间的相互联系、相互影响、相互教育也主要发生在宿舍。另外，加强高校社区建设，为学生成长、成才提供一个安全、整洁、文明、和谐的外部环境，对于学生思想觉悟、道德品质、身心健康、素质能力的提高将会起到潜移默化的作用。与传统的通过行政命令和规章制度来外在地强制学生搞社区建设不一样，高校社区工作是让学生自己成为社区建设的主体，通过协调学生需求与学校管理体制之间的冲突，来实现高校社区建设的目的。具体来讲，高校社区工作的内容包括以下三个方面：

（1）高校社区组织建设。社区组织是社区的细胞。在目前的高校社区中，学生组织主要以学校传统的班级、年级为主体，教师组织以院系为基本单位。其余的社团组织基本是以一定的兴趣爱好为基础建立起来的，一般归属于学生处、团委。此类的社区组织带有很强的行政性，其功能是完善学校的管理体制，或者是为了意识形态所要达到的某个目的。而学生自由组建的组织如果没有得到学生处或团委的认可，一般都是以非正式组织存在，在许多方面会受到限制。尤其是该组织如果与学校的某项管理或工作方向不符，就非常有可能被强制取消。所以，高校社区工作中的组织建设实质就是通过协调学生意愿、教师意愿与学校管理之间的冲突关系，使学生或教师组织能够以主体的角色进行自我建设，从而使学生、教师、学校三方面在组织活动中达成一致。

（2）高校社区服务建设。所谓高校社区服务，是指在学校的统一规划和指导下，运用社区社会工作的基本理论知识与技术，以社区为单位，以一定层次的社区组织为依托，以学生、教师的自我互助服务为基础，突出重点对象，面向全体社区居民的，以提高社区居民生活质量的专业性社会服务活动。理论上，高校社区服务是以学校后勤各处、学生团体、工会等社区组织为基础和依托而展开的，是学生和教师的自主性和自助性活动，在经济上有无偿服务和有偿服务两种形式。但是，事实上，目前高校社区服务基本上社会化了后勤提供的各种有偿服务，而且这种服务带有一定程度的强制性，如学生食堂的菜价等都是垄断性的，而不是交易双方平等协商的结果，这种状况很容易导致学生与后勤之间的冲突。很明显的事实就是，所有高校社区附近的饭店、小贩的生意都非常好，而且屡禁不绝。高校社区服务建设就是通过社区社会工作的知识和方法，使各类社区组织能够在平等、互助的原则下共同协商，为全体居民提供合理的、高质量的服务。

（3）高校社区文化建设。高校社区与其他类型的社区相比，最大的特点就是社区文化的独特性。一般而言，社区文化包括历史传统、风俗习惯、村规民约、生活方式、交际语言、精神状态、社区归属与社区认同感等。不同的社区文化是不同社区的地理环境、人口状况以及居民共同生活的历史与现实的反映。而且，社区文化总是有形或无形地为社区居民提供着比较系统的行为规范，不同程度地约束着社区居民的行为方式与道德实践，客观上对居民担负着社会化（社教化）的功能以及对居民生活的某种心理支持。由于受不同历史传统、地理环境和人口构成的影响和作用，社区文化呈现出一定的地域性与特殊性。

（二）高校社区工作的实施

1. 高校社区工作与相关学生社团

大学生社团在国外大学的发展中具有相当长的历史。我国高校社团则是在改革开放以后才开始兴盛，并逐步走向繁荣的。

（1）学生社团的性质与主要特点。高校学生社团是由志趣或爱好相同的学生自愿组织并经有关部门批准成立的群众性业余团体，大致可分为学术型、文体型、服务型、实践型四类。其主要特点与非正式组织非常类似，具体如下：

1）自发形成。学生社团以共同的观念、兴趣、爱好、理想、追求为基础，经由学校管理部门（一般是团委）的审查许可，自发组成。所有在校学生都可自愿参加。

2）共同的组织目标。社团成员具有共同的兴趣爱好，彼此能从交往和共处中受益，所以社团凝聚力强，大家都能为共同的社团目标努力。

3）灵活的活动形式。根据社团类型的不同，其活动规模、时间、内容、形式也都灵活多样。

4）松散的结构。由于学校总有一批批的学生要毕业、入学，社团的成员也必然随之不断更换新鲜血液。这就要求各社团具备简单地加入手续，且退出自由。在此情况下，社团的主要管理人员只能保证相对的稳定。这同时导致了社团的组织形式，甚至活动主题等都很容易变动。

5）广泛的成员群体。不同年级、不同专业、不同性别、不同民族的学生都可以参加到社团活动中。

（2）学生社团的发展困境。随着对高校社团研究的进一步深入以及实践工作的不断摸索，高校学生社团必将展现出更为强大的生命力。但现阶段我国高校社团的发展尚面临不少问题，主要有以下方面：

1）社团类型杂，指导思想不明确，尤其表现在学生参加社团的目的不明确。不少学生一入学便参加了两个或多个协会，但正式活动以后才发现根本没有精力兼顾所有社团的工作。

2）社团管理体制不健全、不规范。社团人员流动性大，稳定性差，活动随意性大。其成立一般由学生自愿申请组建，学生自愿加入。学校对社团的管理一般归属于团委，虽然制定有管理条例和规章制度，但一般缺乏有效的约束。大多数社团自身也疏于管理。

3）社团组织缺乏秩序，很难保证持续发展。很多社团换届后往往无法持续以前成立时的发展。部分社团则打着开展活动的旗号乱收费，又缺乏公开的财务管理，令很多学生大呼上当。有些社团活动虽多，但由于缺乏整体策划，没有加强活动的计划性、有序性、规范性，活动的质量不高。这都是组织混乱的结果。

4）学校支持不够。社团成立以后，来自学校的经费支持不够，社团开展活动缺乏有力的物质保障，这也严重制约了社团的进一步发展。

（3）学生社团在高校社区工作中的地位与作用。高校社团能以潜在的方式提高学生的思想道德水平，使成员在参与社团活动、社团管理的过程中对社团产生归属感，因此有利于大学生集体主义观念的培养，促进其正确的人生观、价值观的形成。此外，社团还为大学生社会实践、展示自我提供了广泛的空间，有利于提高其知识水平和专业技能；有利于大学生身心健康地发展；有利于繁荣校园文化，促进校风建设。

一般而言，越是平等的人际关系，对人社会能力发展的促进作用越大。在社团这种"绝对"平等的人际交往中，社员通过社团活动目标的商议、形式内容的策划、角色的分配、冲突的调解、结果的评价等使个体享有模仿、质疑、沟通、竞争、调解与合作的充分机会，从而实现社员价值观的认同、传播、整合、归属、识别和更新，最终逐步形成与发展社员展现自我、相互沟通、消融矛盾、谋求合作等的能力。这从根本上促进了社员个体社会化和个体个性化。就促进个体社会化功用而言，学生社团的社会性相互作用环境培养发展了社员现代社会共同需要、必不可少的基础的社会性、社会交往能力等，即主要价值是促进社员个体的一般社会化。

因此，对比现今高校社团的现状，高校社区工作应遵循以下的理念支持社团发展：提供一个自我发展、自我创造的平台；充分发挥社团的自我管理功能；满足大学生主体性要求。其途径就是通过与学校管理层的协商来为学生社团争取更多的自主权，同时协调好学生社团与学校管理机构、社团与社团之间的各种冲突。

2. 高校社区工作与大学学生宿舍

宿舍是大学生课余学习、生活的主要场所。由于以系、班为单位的传统教育功能正随着高等教育的弹性化逐渐减弱，学生大部分的课余时间在宿舍度过，因此宿舍在教育活动中的地位无疑将愈加明朗化，而宿舍也必将成为开展高校社区工作十分重要的一块场地。

（1）宿舍在高校社区中的地位。学生宿舍是大学生进行人际交往的重要场所，学生们在此进行人际交往和情感交流，学习相互尊重、相互理解，体会团结友爱、互助互学而又相互竞争的乐趣。宿舍也是对大学生进行教育管理的最基本单位，因为这是他们日常生活、学习的主要活动领域，很多态度、行为习惯都是在此形成、发展的。因此，可以通过一定的物质环境、规章制度、文化活动和精神氛围，使生活于此的每个大学生都有意无意地在思想观念、心理因素、行为准则、价值取向等方面产生认同，从而实现对人的精神、心灵、性格的塑造。

（2）高校社区工作在宿舍内应该如何开展。高校社区工作的三大内容之一便是社区文化，即校园文化建设。宿舍文化是校园文化的亚文化体系，因此，高校社区工作在宿舍内的主要工作任务是引导大学生形成一种激励性、支持性的宿舍文化。宿舍文化是大学生居室内以价值体系为核心并以承载这一价值体系的活动形式和物质形态表现出来的一种精神氛围，是长期形成的有特色的宿舍精神、文化活动与文化环境的总和。

目前高校学生宿舍内比较突出的问题：一是同寝室几位同学的人际关系；

二是在寝室内课余生活的内容与性质。同宿舍的同学来自不同的地区，生活水平、个性特点、行为习惯等难免有差异，生活在一起的时间长了就很容易产生矛盾。要处理这些矛盾，最理想的方法是引导学生自己协调彼此之间的差异，从而预防深层次人际关系障碍的发生。这一直是学生工作比较关注、也比较头痛的问题，高校社区工作正好可以协助校学工部门，为学生提供改良人际关系的服务。对潜在的和已经存在的冲突予以有效疏导，对关系尚好的寝室则予以表扬，鼓励其继续保持、升华。

目前，大学生不再有固定的教室和全天的上课安排，宿舍便成为他们的重要活动场所，有很多同学上课之外的大部分时间都是在宿舍里度过。如何利用好这段时间，也日渐成为学校教育管理工作的重点。高校社区工作可以遵照社区发展模式，以系、班为单位组织学生开展丰富多样的宿舍活动，以丰富学生的课余生活。把大学生的思想修养、知识学习、身心健康、审美娱乐、生活卫生等宿舍文化行为与宿舍文化物质形态的完善、宿舍氛围的形成有机融合在一起，用积极健康的文化陶冶学生情操。宿舍是学校管理的最基层单位，只有把宿舍管理好，才能把学生管理好，把校园管理提高到一个新的水平。

3. 高校社区工作与学生班级

在我国高校组织结构中，学生班级与教研室并列成为最基本的教学单位。它们是在系机构内部根据学科和专业不同而设立的，是保证全校职能体系正常运转的细胞。

班级是学校管理体系中的基本单位，也是学校教育工作的基层组织。学校教学工作以班级授课为基本组织形式，同时，学生的思想政治教育工作也是以班为基本单位进行的。所谓班级管理，就是为实现教育目标，保证整个班集体教育教学活动的协调统一所进行的计划、组织、指挥、协调和控制等一系列活动的总称。在目前的高校体系中，班级一般是以某个专业和入学年限为划分标准的，一个班级的人数在20～35人之间。有的高校在低年级中设立了班主任，一般由该专业的高年级学生担任，主要是协助辅导员的各项工作。

教学计划、宿舍安排、集体活动等都以班级为单位，但与大学前不一样的地方是，高校班级成员有很大的自主性，班级管理也是有限管理。随着扩招的趋势，班级人数的增多使得班级成员之间的交流和熟知程度都趋于下降。除了在一起上课之外，其他的时间都是自由支配的。班级力量的体现一般以学校外在的刺激为主，很少能自发地体现出来。

在高校社区工作中，宿舍和班级是两个基本的单位，两者有很多重叠的地方，只是强调的方面不一样。宿舍工作着重的是一定地域内的管理、服务工作，而班级工作着重的是为特定群体服务并促进其发展的工作。从层次上来看，宿舍工作是班级工作的基础，这一点与学校学生工作的方式是相反的。学生工作一般以班级工作为基础，宿舍工作以班级工作为前提。导致这种差别的原因在于，学校学生工作是从统一管理的角度出发的，强调的是一种客体控制，而高校社区工作是以学生自我管理为基点的，强调的是一种主体约束。这也是高校社区工作有效发挥班级力量的基本途径。

另外，学生干部也是高校社区工作在班级内可资利用的元素。他们主要出于锻炼自身能力的目的，在帮助学校、教师完成各项任务方面很有积极性。高校社区工作者可以他们为前期工作开展的主力，以点带面地调动广大同学参加社区活动的积极性。但现阶段很多学生干部身上还存在一些不足，例如自我约束差、不能以身作则、不能恰当处理社会工作与业务学习的关系、追求功利等，这更加需要高校社区工作者从专业角度予以指导。高校社区工作可以在宏观社会工作伦理的指导下，本着积极锻炼、提高素质、服务同学的原则，对这部分学生代表进行道德、法制法规教育和多方面技能的培训，甚至可以在高校社区工作负责的领域给其设立明确自身工作职责和工作内容的规章制度，并定期考核，以期提高他们的整体素质。

4.高校社区工作与学生工作部

长期以来，我国高等学校是以政府行政部门下属事业单位的身份而存在的，其管理运行机制必然带有政府科层制管理的特色。我国高校行政管理系统在结构上基本分为校、学院和系三个层次，下属若干职能机构。其中，学生处是专门管理有关学生各项事务的重要部门。

（1）学校学生工作部的设立和发展。每一所高校都设立了一个专门部门管理学生的日常生活，那就是学生处，即学生工作部（简称学工部）。学校团委注重的则是学生思想状况的管理。学生处设立的基础是行政管理，而学校团委的设立是意识形态管理的客观要求。随着社会发展的基本趋势及党政分开的要求，两者回到了原位：学生处主要管理学生的日常学习和生活领域的事情，而团委以意识形态工作为主。但由于意识形态工作多数情况下难以找到抓手，团委越位现象在学校学生工作中经常发生。

（2）学校学生工作部与高校社区工作的内在联系。学校学生工作部门是维护日常教学的一个必不可少的部门，但不是一个对学生完全管理的部门。而从日常的角度，人们往往把"社会工作"理解为个人在自身本职之外所做的不计报酬的工作，如教师兼任班主任、学生兼任班级或社团干部、职工兼任党组织或工会委员等，这与专业社会工作的含义有很大的差距。事实上，这些工作都是学校学生工作部门的不同工作形式。高校社区工作作为一种专业的社会工作，从一般意义上来说，是根据一定的价值观念，以专业的知识为基础，运用科学的、尽可能有效的方法（包括借助高校社区资源）帮助有困难的学生及学生群体走出困境的活动。学校学生工作是以行政手段外在地促进所有学生的发展，而高校社区工作则是利用社区资源促发学生（主要是有困难的学生）的内在潜力。因此，高校社区工作应该说是学校学生工作的一个有益的补充，而不是对立物。

三、高校社区工作的建设

高校社会工作主要是学生社区内部的相互关系，而学生社区作为高校社会工作的主要对象，其不仅在于内部的互动，还有与教师社区和周围居民社区的关系，所以有必要从高校社区工作的内容出发，探讨学生社区与教师社区、居民社区的关系建设。

（一）高校学生与教师社区的关系建设

在高校社区工作中，虽然学生社区是作为主体，但是在协调的关系上，与学生关系最近的应该是共享高校社区环境的教师社区，而师生之间的关系建设也是高校社区不可缺少的一个方面。

（1）社区组织建设。目前的高校学生组织主要以学校传统的班级、年级为主体，教师组织以院系为基本单位。而如何将师生不同的组织结合在一起，共享相同的规范及价值观，将是协调大学师生关系的一个重要方面。在学生社区与教师社区的关系问题上，高校社区工作的主要职能简单地说是协调关系，但是从实务的性质来讲就复杂了。如学生组织和教师组织之间的经常性、定期性的交往；学生组织在教师社区的活动；学生社团的建立和指导教师的参与等，都将为高校社区工作在建立师生良性关系的问题上提供活动空间和建设的环境。如果活动能够做得好的话，不仅是大学师生关系的良好发展，同时也会为学校的学习氛围、社团的服务甚至校园的文化环境做出很大的贡献。

（2）社区服务建设。对于共享高校社区资源的两个子社区来说，目前的学生社区和教师社区在服务建设上是缺乏互动的。高校社区服务建设的一个主要问题是，以学生为主体来扩展服务教师社区的关系建立。目的和组织建设、文化建设是同样的，这种服务不是单纯的服务性目的，关键是师生之间的交流。而在进行服务建设的活动中，学生组织是一个重要的行为载体，例如兴趣社团、学生会等。服务的内容主要可以包括教师社区环境的清洁、离退休教师的生活照顾等。这不仅在一定程度上帮助了教师社区，更重要的是为高校社区内部各子社区关系的协调起到了人文关怀的作用。

（3）社区文化建设。在目前高校举办的宿舍文化节等活动中，还只是学生社区内部的文化建设。在学生社区与教师社区的文化建设上，高校社区工作能做出哪些贡献，同样也是较为重要的问题。例如师生社区的联谊会，节日期间在教师社区的文化宣传和露天文艺活动的举办等，都会对师生社区的文化交流和人际交往起到建设性作用。在此值得提出的一点是，社区文化建设是与社区组织、服务建设紧密相关的，不一定非要以单一的文化建设为目的，在学生组织和社区服务的同时事实上也在进行着社区文化的建设。

（二）高校学生与周边居民社区的关系建设

作为高校社区的组成部分，这些周边的居民社区不仅是作为环境而存在的，同时也在影响着高校社区的内部关系，协调学生社区与周边居民社区的关系也是高校社区工作的内容之一。

（1）社区服务建设。对于高校而言，社区的服务建设，从形式上讲是各种社团在居民社区的服务性活动，如青年志愿者协会、学生会等的开展走进社区的照顾、宣传、访谈、实习以及学校和居民社区之间建立的培训关系等,都将是高校学生社区与周边居民社区服务建设的主要内容。而在目前的宏观社区工作中,这种服务性的活动也是主要的内容。但对于高校社区工作而言,不同的是其目的在于协调学校和周边社区的关系,为校园营造一个良好的周边环境,也为高校社区内部之间的协调做出努力。

(2)社区文化建设。对于高校学生社区与周边居民社区的共同文化建设,主要是高等教育的学生用自身所学的知识去影响周边。简言之,是一种高校教育的"社会效益"。在与周边居民社区的联动关系中,不仅可以丰富高校学生的课余生活,培养大学生的服务、人际协调等意识和能力,还能为周边居民提供帮助,促进其塑造一种高水平的社区文化。使大学的专业知识和精神走进社区,也能感染社区的下一代孩子,在儿童教育、老年人照顾、社区卫生建设等方面,高校社会工作都有发展的空间,因此,在客观上也可以使周边居民社区认同大学生、认可校园文化,促进居民社区与高校学生社区的交流和认同。

第三章　高校社会工作专业课程改革与模式构建

随着我国高校对各学科的不断深化改革和整合，以及结合我国在新的社会治理中社会服务的明确定位，社会工作专业在高校的设置不仅符合当前社会发展的需要，其专业地位也愈加受到高校的重视。本章重点围绕高校社会工作专业实践课程体系的完善、高校社会工作专业隐性课程的缺失与建设、高校社会工作专业三位一体教学模式构建展开论述。

第一节　高校社会工作专业实践课程体系的完善

随着社会经济和文明的不断发展，社会各层次问题不断滋生，在这一情况下出现了一门新的学科——社会工作。2010年5月22日至26日，中共中央、国务院在北京召开了全国人才工作会议，在会议中发表的《国家中长期人才发展规划纲要（2010—2020年）》中，将从事社会工作的人才列为六类人才之一，明确了社会工作人才在国家人才发展格局中的重要地位，更明确要求"到2015年，社会工作人才总量达到200万人；到2020年，社会工作人才总量达到300万人"。显然，社会工作这一专业的发展以及社会工作人才的培养已成为当今社会发展的当务之急。①

一、高校社会工作专业实践课程体系的研究现状

目前，各高校社会工作专业中实践部分的教学安排情况主要有以下方面：

（1）课程设置中安排实践教学。各大高校在课程设置时，相关课程都安排了实践教学课时，尤其是在学习个案社会工作，小组社会工作等专业方法时除了理论的学习之外还增加了一些具体的工作方法和技巧的训练。实验室教学是课堂教学的另一个比较重要的部分，运用专业方法进行角色扮演模拟训练等活动，使学生在社会工作专业方法方面得到了训练，对方法理解实现了深化。

（2）学校组织社团，提供实践机会。组织学生建立一些专业性质相关的学生社团，如青年社会工作协会、青年志愿者协会、心理咨询协会等，配备专业指导教师，组织大量的专业培训、专业社会实践活动，并且在社团中学生通过沟通还可以分享自身的经验，使得学生实践的能力增强通过实践教学，可以让学生们更深刻地掌握社工的理念和理论

（3）联系社会力量进行社会实践。社会实践的形式是多种多样的，首先是义工活动，要求每位学生每个学期利用课余时间到社区或者社会工作机构进行一定时间的义务工作；其次是社区社会工作者，社区社会工作者将社区工作的方法应用于实践中，将理论转化为能力；最后是社会志愿者活动，这种活动和义工是有区别的，它没有固定的场所，也不是面对特定的人群，可以使学生更深刻地观察社会，了解社会，为以后的工作和研究打好基础。

（4）重视专业实习。专业实习又称毕业实习，一般的实习时间是2～3个月，专业的实习是检验一个学生大学四年以来学习的成果，也是学生转变为社会人的一个桥梁。专业实习要完成实习的制度建设和项目规划，实习制度是和实习的效果紧密相关的，全面、科学的制度是实习优良的有力保障。总而言之，专业的实习是最基本也是最重要的实践教学方式。

---

① 王尧.高校社会工作专业实践教学体系的完善[J].职业技术，2013（12）：59.

二、高校社会工作专业实践课程体系存在的问题

就目前的状况看,我国的社会工作实践课程体系存在以下问题:

(1)实践课时量不足。从课时上来看,在实际教学过程中,具体理论课时安排过多,实践课时安排严重不足,导致实践部分的教学任务很难完成。部分学校为了缓解这个问题,鼓励学生考研或是让学生在大四期间就开始寻找工作机会,从而压缩了实践课的课时。

(2)实践课程流于表面化。目前,在内陆地区社会工作机构发展还不够完善,没有完全走上职业化的道路,这就导致了能够给社会工作专业学生提供实践机会的对接平台较为稀少。在可供选择的实践机构中,工作人员大多是由社区人员兼任,社工督导和职业社工较为缺乏,因此在指导学生实践时不够专业。

(3)实践技巧欠缺和不足。实务培训及评估显示,社工个案辅导技巧较为欠缺,包括处理非自愿求助学生、多动症及自闭症等特殊儿童的技巧、与案主沟通技巧、评估案主需要技巧等方面。小组以预防性和发展性为主,自身并无专业技巧和实务基础主题活动方面,社工在氛围调动、游戏带领、场面控制等方面技巧也明显不足。

三、高校社会工作专业实践课程体系的对策建议

(1)合理安排专业课程,重视社会工作的专业实践要面向社会的实际需求合理设置更具针对性和实用性的专业课程,加大课堂实践和实验室实践的比重,并将实践能力纳入学生成绩评估的指标体系中,激发学生参与社会工作专业实践的热情,促进实践技能的提高,认识到社会工作专业的实务倾向和实践本质,为社会工作的专业实践提供足够的经费支持和政策支持,建设和完善社会工作专业实验室,给学生提供完备的实践技能训练设施。

(2)了解有关法律法规和扶持政策,争取相应权利和资源。从高校资源层面来看,针对实践过程中存在的系统性缺乏和学生相关知识不足的问题,可以充分利用学校的资源,通过多专业、多机构的协作进行全方位的系统的介入。要充分利用高校内各种专业人才、专业社团资源丰富的特点,通过联系利用这些资源来增强专业实践介入的有效性和专业性。在社会支持层面,可以与一些社会组织如义工协会、志愿者组织等取得联系,建立合作关系,通过社工主导、

义工参与的模式来进行介入，这样既解决了人员不足的困境，也完善了资源支持网络。

（3）获得社会专业机构支持。高校社会工作专业实践要在相关机构内进行长期介入进而发挥专业作用，就必须加强学校与机构的交流与合作，使机构相关人员理解社会工作专业的理念、价值观和社会价值以及对养老机构专业化的促进作用，从而提高机构对高校社会工作专业实践的接纳程度，进而取得机构的信任感和支持，以此来为之后具体专业实践活动的开展奠定基础。

第二节 高校社会工作专业隐性课程的缺失与建设

学校课程分为显性课程和隐性课程。显性课程，一般指为实现一定的教育目标而正式列入学校课程计划的各门学科以及有目的、有组织的课外活动。隐性课程是指在学校情境中以间接的、内隐的方式呈现的课程，指学生在物质的、文化的和社会关系结构的教育环境中，自觉不自觉地受到影响的总和，是一种非计划的学习活动，是学生在学校情境中有意无意获得的经验。[①]

一、高校社会工作专业隐性课程的缺失

社会工作专业人才培养仅凭传统的教学方法和常规的课程设置已经不能适应社工发展的需求。我国高校社会工作专业人才培养上受传统教育思想的影响，在大力加强显性课程建设时却对隐性课程置若罔闻，使隐性课程呈现缺失的态势。主要表现在以下方面：

（1）理念的缺失。社会工作专业在课程设置的模式上基本上是20世纪苏联高校课程的翻版，尽管几经调整与变化，却仍未脱离窠臼。我国高校社会工作专业这种以显性课程为主的育人方式，局限于理论知识的阐释与传授，而忽视了对学生的思想道德、价值观念、情感、意志等非理性因素的培养，不利于

---

① 唐晓英,李精华.高校社会工作专业隐性课程的缺失与构建[J].北方经贸,2013(03): 164.

社会工作专业学生综合素质的发展与提高，这就急需在办学理念上扭转隐性课程缺失的现象。

（2）制度文化中缺乏对隐性课程资源的发掘。当前的高校教育实行的"学分制"又直接和教育资源的投入与使用挂钩。这就决定了对于人才培养方案中的显性课程，能够得到较多的资源和支持。而在方案之外的各种"隐性课程"则成了"鸡肋"。在这样的制度框架下，教师和学生的联系多限于课堂上的交流和互动。学生很少或者根本无法从课堂之外与教师或社会有更多的联系。长此以往，必将导致学生只知其然，而不知其所以然，缺乏学习社会工作和从事社会工作的内驱力。

（3）精神文化中缺乏对隐性课程的提炼与升华。随着社会工作的迅速发展，我国高校社会工作专业教育从精英型教育阶段转向大众化教育阶段的过程中，在市场经济无孔不入的侵蚀下，很多高校精神文化中都存在着精神文化中缺乏对隐性课程的提炼与升华现象。

首先，市场经济的消解。随着教育大众化程度的提高，市场经济对高校的冲击日益增大。在市场力量与日俱增的渗透过程中，高校在很大程度上采取了企业经营方式。在这种情况下，社会工作这样一个崇高的专业和职业，也被很多学生冠以"不赚钱"的理解，从而阻碍了社会工作专业的发展和社会工作人才的培养。

其次，情感教育的缺失。在过去一段时期，人们只关注显性课程，忽视隐性课程。高校的显性课程往往重视认知的发展，忽视学生情感领域，忽视学生的学习兴趣、态度、价值观、意志力和义务感等情感方面的发展，而隐性课程的功能恰好弥补这些不足。因此如何发挥隐性课程的功能，成为当前社会工作人才培养的关键。

二、高校社会工作专业隐性课程的建设

社会工作是一个重价值观培养、重实务训练的专业。为了更好地培养社会工作人才，可以从以下四个方面来构建隐性课程：

（1）隐性课程物质层面的建设。隐性课程的物质层面，如实验室的建设与布置、实习基地的建设、既往档案的整理，这是在显性课程之外进行专业教

育的重要场所和媒介。当人们考察一个学校的社会工作发展状况时，首先感受到的就是那些能实实在在看得见的以及能够清晰反映该校社会工作发展历程的实体，具有说服力的"硬件"，因此，隐性课程的物质建设非常重要。

（2）隐性课程行为层面的建设。大学隐性课程行为层主要是指师生的行为习惯、生活模式、各类群体活动等。在行为层面的隐性课程建设中，只有充分调动学生的积极性，让学生积极主动参与到隐性课程行为层面的建设中去，诸如社会工作协会、社会工作学生网站、学生自主开发的实习基地和实习项目等，才能极大地促进学生的全面发展。

（3）隐性课程精神层面的建设。精神层面建设主要包括专业发展理念和人才培养目标建设，这不但是专业建设的生命，同时也是隐性课程建设的灵魂和核心。社会工作是一种帮助人和解决社会问题的工作。因此，社会工作专业不但要培养具有基本的社会工作理论和知识、较熟练的社会调查研究技能和社会工作能力的社会工作人才，同时学校更要关注学生的日常活动和课余交往，从而培养学生的对社会工作的认同感和专业自信。

隐性课程以其独特的方式作用于学生的综合素质培养，它不像显性课程那样有形有声，它是学校中持续不断的、无所不在的、有形无形的教育资源。在大力培养社会工作人才的今天，构建和谐完整的隐性课程并充分发挥其"随风潜入夜，润物细无声"的育人功能，不仅是完善课程体系的必经之路，而且是高校培育高素质的社会工作人才的必然使命。

第三节　高校社会工作专业三位一体教学模式及其构建

全球化时代是一个多样化的时代，社会关系日益复杂，使得社会管理和社会服务工作变得越来越重要。当前，社会工作在服务社会、解决社会实际复杂问题以及建设社会主义和谐社会中的作用日益凸显。这对从事社会工作的人员提出了更高的要求，间接地也对高等院校培养社会工作专业人才提出了更高的标准。在地方性高等院校开设社会工作专业主要是为基层或社区输送社会工作人才，有必要本着应用化、实用性原则开展"教学、科研、实践"三位一体教学模式改革。

一、高校社会工作专业三位一体教学模式的相关理论

当前进行高校教学模式研究的专家一致认为，"教学、科研、实践"三位一体教学模式的理论基础是共生理论。"共生"一词最早是由德国真菌学家德贝里提出来的，他给予的基本定义是"共生"是指两种或两种以上的生物生存在一起，彼此间建立起的那种相互依赖、共同依存和互利互惠的现象。这个生物学上的定义后来被人们普遍用于哲学、社会学、经济学等多个研究领域，成为研究事物之间关系的重要词汇。[1]

一般而言，共生关系的构成应当具备四项要求：一是各部分之间具有内在的联系或者是具有时间、空间的联系；二是共生关系下的各部分存在于统一的共生界面下；三是共生关系中的各部分具有信息或能量的交流；四是共生关系内各部分需要具备良好的共生环境，从而促进共生体的协调发展。对于高校的专业课程体系来说，"教学、科研、实践"三位一体教学模式就是在一个统一的共生界面下，将教学、科研、实践三者进行空间联系并形成一个框架，三者相辅相成，从而达成培养具有综合能力素质的创新型应用人才的目标。

具体而言，高校的专业教学是人才培养的基础，只有在科学、成熟的专业课程教学的基础上，学生才能进行更高一层的科学研究活动与社会实践活动，而科学研究与社会实践反过来又促进课程教学的丰富和完善，形成更加科学的学科专业体系。同样，科学研究与社会实践也有着类似的相互促进关系。基于上述的共生理论，教学、科研、实践三者之间基于不同的特征与功能相互协调，以统一于课程教学的目标中。

高校教学实践中，很多擅长科研的教师往往专心于科研而无视课堂教学，很多擅长课堂教学的教师往往不愿意组织开展科研活动。对学校教学任务分配来说，如果社会实践教学的任务比较少，则不利于教学、科研、实践的共生关

---

[1] 加鹏飞，燕艳，徐菁. 地方性高校社会工作专业"教学、科研、实践"三位一体教学模式构建 [J]. 教育与职业，2017（24）：91–94.

系形成。教师在掌控三位一体教学模式上的欠缺也必然会影响到学生培养的质量，无法实现学生在人才培养规格上的"知识、能力、素质"为一体，人才培养内容上的"通识能力、专业基础能力、专业发展能力"为一体，人才培养途径上的"课堂教学、实验实训、社会文化活动"为一体。

再具体到社会工作专业，这是一门实践性很强的专业学科，但目前课程的理论性较强，师生共同开展科学研究和社会实践的安排较少，因此，有必要开展"教学、科研、实践"三位一体教学。在社会工作专业构建三位一体教学模式，需要教师做好课程开发的调研，做好基于社会工作岗位实际的课程教学设计。教师在课堂教学实施中，要突出社会工作的实践指导，启发学生开展社会工作的研究，由教学牵动科研，由科研推动实践，使"教学、科研、实践"三者合为一体。其中的关键是学生积极开展小组讨论，认真探究社会工作内容，带着教学思考参与科学研究和社会实践。这样有利于培养具有综合能力素质的创新型应用人才，推进专业教育教学工作的开展。

二、高校社会工作专业三位一体教学模式的构建

（一）高校社会工作专业三位一体教学模式构建的必要性

国家日益重视高等教育的创新型应用人才培养。《国家中长期教育改革和发展规划纲要（2010—2020 年）》明确提出培养创新型、实用型、复合型人才。"教学、科研、实践"三位一体教学模式通过教学、科研、实践三者之间的协同共生，系统化地进行全方位的人才培养。这种教学模式可以让学生在学到专业知识的基础上，进行相应的科学研究和创新实践，从而达到《国家中长期教育改革和发展规划纲要（2010—2020 年）》对于"学习能力、实践能力、创新能力"的要求。因此，在新形势下，地方性高校社会工作专业有必要探索和实施三位一体教学模式，以适应国家对应用型人才的新要求。

地方性高校向应用型本科高校转型的必然要求。2014 年，《国务院关于加快发展现代职业教育的决定》出台，提出引导一批普通本科高等学校向应用技术类型高等学校转型。这一方面是出于加快发展现代职业教育的需要；另一方面也是为解决当前众多地方性高校办学趋同化严重的问题。以往众多院校都将发展目标定在学术型、研究型大学的方向，而社会急需的大量人才却是实用型

技术人才。于是出现了在相关政策的引导下，地方性高校纷纷开始向应用型办学方向转型的发展趋势。在地方性高校转型过程中，社会工作专业也必然要进行传统课堂教学模式改革，以适应转型的总体需要。

社会工作专业具有很强的实践性、实务性特点。社会工作专业的"金三角"是指价值、知识和技能三大要素。通过研究社会工作专业的性质和进行实际考察，发现社会工作专业是一门具有复杂性、变化性和实务性的专业。工作人员只有具有一定的知识理论基础和灵活务实地解决问题的能力，才能有效地开展社会服务和帮扶工作。西方发达国家的社会工作专业教育发展较早，已经日趋成熟，具有务实、专业、规范的特点，特别是专业教学与社会实际工作结合得十分紧密。而我国的社会工作专业教育起步较晚，是在国内一些社会问题日益凸显的情况下才发展起来的，并且受传统教学模式的影响比较大，过多注重理论讲授，实践训练偏少。因此，将社会工作专业的教学、科研、实践有机结合是十分必要的。

（二）高校社会工作专业三位一体教学模式构建的内容

社会工作专业总体来说属于行为科学的范畴，行为科学的重要特征就是强调行动能力和实践操作能力。因此，需要在专业课程的教学过程中注重课堂教学、科学研究和社会实践的结合，建立起实践性和研究性相结合的教学方式，这也是社会工作专业三位一体教学模式改革的方向。

1. 社会工作专业三位一体教学模式改革导向

高校在设立社会工作专业时，总体上要把握人才培养"知识、应用和创新"的主题，在专业改革方向上要坚定不移地指向"应用型"而不是"科研型"，从而制定出具体的"教学、科研、实践"三位一体的专业人才培养模式。在教学部门的实施环节，要围绕学校的专业建设思想和建设方向，制定社会工作专业的三位一体人才培养规格和人才培养方案。到课程教学这一环节，教师的课程安排和课程设计要根据共生理论平衡教学、科研和实践的每一个步骤的教学任务、教学时间和教学方式。具体而言，教师要综合专业课程知识和社会工作的岗位实际，研究出适合学生操作的科研课题和实践锻炼项目，形成科研与教学、实践相互协调、相互促进的局面。除此之外，教学管理部门要对三位一体教学模式改革任务的落实进行监督。

2. 推动社会工作专业课堂教学方式变革

课堂教学是三位一体教学模式的基础性环节，因此，不能因为要推进教学模式改革而过分地追求科研和实践，而把基础的知识理论教学弱化。可以通过创新课堂教学方式来加强教学与科研、实践的联系，在启发和引导学生建立牢固理论基础的同时，逐步形成理论联系实际的学习习惯。

（1）课堂教学理论知识讲授要避免"照本宣科"。结合社会工作的难点、社会工作的现实情况，以及专业发展与研究的前沿知识进行生动的教学，激发学生的学习兴趣。

（2）借鉴国外如"翻转课堂"等探究式课堂学习模式，在课堂上充分体现以学生为主体。教师可以在课前针对某一知识点留下问题，让学生通过提前预习课本和查阅相关资料进行思考，然后在课堂上由学生对知识进行阐述和解释，教师进行指导和完善，从而扩大学生的知识面和提高学生的探究能力。

（3）运用现代多媒体技术。教师可以有针对性地搜集整理与社会工作专业有关的图片、视频、动画等素材，使原来枯燥抽象的学习内容通过多媒体教学形象、生动、直观地显示出来，从而加深学生对问题的理解，提高课堂教学效果。

（4）要求学生选读与社会工作相关的理论文献与实践报告。教师可以结合社会工作专业课程内容和社会工作实际让学生开展课堂阅读，同时进行相关知识的讲解；也可以向学生推荐课外必读书目，同时对学生的阅读进行一定的指导。这些做法有利于学生学会课程知识的迁移和提高自主学习的能力，以及形成良好的科学研究习惯，从而逐渐在班级乃至全校形成浓厚的学术氛围。

3. 创建与社会工作相关的科研创新活动

科研是三位一体教学模式的中间环节。教师可以结合社会工作专业的课程内容和社会工作中出现的实际问题，组织学生进行分组讨论以及在讨论的基础上进行科研小论文的写作。讨论式教学是现代高等教育教学改革的一个重要方向，也是政府明确提倡和推进的一种教学方法。讨论式教学有利于培养学生的发散思维和创新思维。教师在组织分组讨论之前，要先让学生充分地参与社会实践活动，如参观访问、实地调研、资料收集等，使学生寻找和发现一些社会工作中的问题，然后围绕这些问题进行讨论。在讨论过程中，教师要引导学生充分地发表见解。如果学生出现具有创新性的观点，教师要及时鼓励并引导学生进行更加深入的思考和阐述；如果学生出现错误的观点，教师要及时进行纠正并阐明原因，让学生回归正确的思考道路。

分组讨论结束后，教师可让学生将分组讨论所学、所想、所得撰写成科研小论文。科研小论文的写作可使学生将课程知识、社会认知和自我思考有机结合起来，提高学生解决实际问题的能力。科研小论文题目既可以由教师拟定，也可以由学生自定。

4. 优化社会工作专业的实践教学

实践是三位一体教学模式的目的和归属。在社会工作专业整体教学过程中，实践性教学活动具有提升教学质量和培养学生才干的双重作用。实践是一个认知的过程，需要时间的积累和检验。

社会工作专业的实践教学可以分为三个层次：第一，学校模拟实践教学，即仿照社会工作的具体情境来设置教学环境和在校实践教学项目，如同法学专业的模拟法庭；第二，开展社会调查与短期社会实践活动，这主要是在教师的安排下结合教学内容进行，也可结合课题研究进行；第三，与社会工作领域的相关单位团体进行合作，实行较长时间的岗位实践，锻炼学生的岗位职业技能与实际工作能力。

以上三个层次的实践教学，要有机地贯穿在整个专业教学过程中，避免随意性和短期行为。通过多层次的实践教学，可以有效地培养学生的学习热情、实践技能和岗位胜任能力。

第四章　高校社会工作专业就业形式与人才培养

目前中国社会工作专业教育进入了快速发展阶段，但是各高校在社会工作人才培养方面面临着诸多问题，要解决这些问题就要从社会工作教育的策略、内容、社会工作实践教育及教师等多方面入手采取应对措施。本章重点围绕高校社会工作专业学生就业形势分析、高校社会工作专业学生就业路径探索、高校社会工作专业人才培养的反思与重构、高校社会工作专业师资培养及其队伍建设进行分析。

第一节　高校社会工作专业学生就业形势分析

一、高校社会工作专业学生就业现状

（1）地区之间就业不平衡。从调查中得知，目前社会工作专业就业最好的地区排名是广州—上海—北京—福州—深圳—佛山—武汉—杭州—朝阳—东莞，这些地区一般都是发达的沿海地区，而很多需要社会工作者的西部地区却没有得到发展，很多高校社会工作毕业生因找不到发展的机会，而选择转行，造成了专业人才的流失。[①]

[①] 段四来，赵敏. 浅谈高校社会工作专业学生就业形势与政策 [J]. 科技经济市场，2014（12）：110.

（2）就业领域狭窄。当前，我国正处于经济转型时期，社会矛盾凸显，社会问题涌现，迫切需要大量社会工作人才协作党和政府做好化解矛盾，解决问题的工作，促进和谐社会的建设。从历年来高校社会工作毕业生的就业情况来看，多数从事对口专业的学生主要在一些社会服务机构里工作，而从目前的中国来看，很多地方还尚未建立一些社会服务机构。政府部门虽然出台了一些有利于专业发展的对策，但是在实际的招生方面没有落实到位，导致就业领域狭窄，致使很多学生毕业后找不到工作。

（3）用人单位对专业认同度低。参加过人才交流会的社会工作毕业生均反映几乎没有单位是招收社工毕业生的，包括政府的公务员招考要求中，社会工作专业的岗位相对较少。社会工作就业的问题导致了社会工作专业的招生及培养经费的减少。

二、高校社会工作专业毕业生就业难的重要原因

（1）从学生个人层面来看。社会工作专业学生对本专业认同感不够主要有四个方面的原因：多数学生来自专业调剂，对专业的认可度比较低；社会工作专业的教育质量不高，师资力量薄弱；我国社会工作起步较晚，社会认同度低，学生缺乏荣誉感和归属感；社会工作往年毕业生就业困难，导致在校学生对本专业缺乏信心。

（2）从学校层面来看。第一，高校社会工作师资力量薄弱。例如，我国高校中受过社会工作专业教育训练的师资力量不足，多数教师从相近专业改教社工，比如社会学、心理学等大部分社工教师从未从事或参加过社会福利服务工作，属于学院派，这造成他们教学及实习督导的理念和方法与实际部门产生差距。第二，教育资源实践基地相对缺乏。从目前国内形势来看，发展不平衡、地区差异较大的西部地区反而落后，尤其是教育资源及提供学生专业实践的社工机构，在东部地区社工机构相对较多，但是在西部地区却相对较少，而且社会政策支持也明显不够，体现在从文件到落实之间的差距上。

（3）从社会层面来看。第一，结构性矛盾导致就业难。近年来我国大学生供过于求，但这种"过剩"是结构性的：一方面，大部分沿海地区和城市人满为患；另一方面，广大西部和基层地区大量工作岗位空缺，急需大量人才促进发展，导致社会工作专业毕业生就业难。第二，社会各界对社会工作专业的认同不够。部分人认为，社会工作就是志愿者，对社会工作专业认同感不够及政府和社会工作本身的宣传不够，导致很大一部分人不理解这个专业的工作内容，尤其是服务的专业性受到质疑。

三、高校社会工作专业毕业生的就业要点

（1）学校方面应该更加注重实践和师资的培养。教师是一个学校最重要的人力资源，同时也担负着培养社会新型人力资源的责任。国家及学校都应该重视社工教师的专业发展，提供良好的教育环境和条件，培养品德和技能都优秀的教师，多支持教师进行有针对性的实践锻炼，提升他们的自身能力和教学能力。

（2）社会工作专业的学生要对专业充满信心。虽说社会工作目前在中国的发展不是很好，但是学生们应该对自己的专业充满信心，才能学好专业，在实践中提升专业技能在全社会的推动下，社会工作专业一定会发展得更好。

第二节　高校社会工作专业学生就业路径探索

高校社会工作是以助人自助为宗旨进行专业性社会服务工作的一门独立的学科。社会工作是西方社会科学的舶来品，其在我国发展的时间较短，社会对其认同度也较低。随着我国经济体制步入转型期，经济增长放缓，高校毕业生就业难是普遍现象，社会工作专业作为新兴专业，就业情况更加不容乐观。因而社会工作专业学生分析自身特点，了解专业就业路径，结合自身特点与专业优势明确职业目标就显得尤为重要。

高校社会工作专业学生的就业路径主要有以下方面：[①]

（1）社区社会工作。随着我国经济的高速发展，社会问题也随之而来，社会矛盾逐渐显现，如果不及时化解，将会对经济发展以及国家稳定形成巨大的威胁。基层社区迫切需求社会工作专业的人才利用专业知识，化解社区矛盾，

---

① 刘庆. 高校社会工作专业学生就业路径探讨 [J]. 现代国企研究，2016（14）：131.

引导社区居民通过沟通协作解决社区问题，从而构建和谐社区，保持社会稳定。

（2）企业社工。随着技术的发展，现代企业技术突飞猛进，流水线工作会让企业效率提高。企业对效率的执着追求给职工造成了巨大的压力。同时，企业职工缺乏有效的释放压力的途径，造成负面情绪无法舒缓，严重影响职工的身心健康，严重者会造成职工心理障碍，从而导致职工自杀等恶性事件。前些年影响巨大的富士康职工连续跳楼等。这样的事件不但给企业带来了经济负担，同时也严重影响了企业形象。应该说专业心理咨询师对舒缓情绪是不错的选择，但是因为其身份又会让职工有排斥心理。具有心理学基础知识的社工师成立企业的不二选择，通过小组工作，个案帮扶等专业的手段进行团体或者个体辅导，对职工释放压力有着良好的效果。

（3）家庭社工。随着社会生活的进步，我国人均寿命在不断增长，人口老龄化问题已经凸显。伴随着延迟退休政策的推出，未来老龄人的照理必将困扰每一个家庭。家庭护工虽然可以照顾老人的生活，但是却无法解决老人因空虚等造成的心理健康问题。有一定医疗养生知识的社工利用相关知识，可以解决因工作繁忙而无暇照顾老人的子女的后顾之忧。

社会工作专业作为我国的一个朝阳产业，有着巨大的人才缺口。虽然现阶段因各种原因的限制，导致本专业发展缓慢，毕业生就业困难。但是，只要在校生能够结合自身特点，选择发展方向，早作规划，一定会有较好的职业前景。

第三节　高校社会工作专业人才培养的反思与重构

社会工作专业人才是推进我国加强和创新社会管理工作，维系社会健康运转的重要力量，对解决社会问题、应对社会风险、促进社会和谐、推动社会发展具有重要的基础性作用。近年来，各高等院校相继设置社会工作专业，加强社会工作专业人才培养的力度。[1]

---

[1] 董志峰.对我国高校社会工作专业人才培养的思考[J].社会工作，2012（10）：56-58.

2011年11月8日，中组部等18个部门和组织联合发布《关于加强社会工作专业人才队伍建设的意见》（以下简称《意见》），进一步强调，我国社会工作专业人才队伍的数量、结构、素质、能力，"与人民群众日益增长的社会服务需求不相适应，与构建社会主义和谐社会的要求相比尚有较大差距。"《意见》提出："加强社会工作专业人才队伍建设是构建社会主义和谐社会的一项重大而紧迫的战略任务"。因此，作为人才培养重要阵地的高等院校，必须责无旁贷肩负起这一历史重任，深入贯彻落实《意见》精神，科学定位人才培养目标，理性构建人才培养体系，深化教育教学改革，加快人才培养进程，为国家输送充足的合格专门人才。下面以《意见》为指导，结合人才培养现状，对关系我国高校社会工作专业人才培养的相关重要问题论述不同看法：

一、高校社会工作专业人才培养目标定位

实现全面发展，突出社会责任，积极培养为国家负责的专业人才。人才培养目标是人才培养的顶层设计，关系到"培养怎样的人"，是人才培养方案构建、课程设计、专业建设和教学运行的纲领和指南，也是检验人才培养质量的重要指标。但是，总揽各学校社会工作专业人才培养目标，一是同质化明显、个性化不够；二是普遍重视社会工作理论知识、基本技能的训练，轻视社会学、心理学和管理学等相关理论知识的学习，忽视奉献精神和社会责任的培养；三是重视智力的开发，忽视身心的训练。《意见》的发布第一次明确了社会工作专业人才的内涵，即社会工作专业人才是具有一定社会工作专业知识和技能，在社会福利、社会救助、慈善事业、社区建设、婚姻家庭、精神卫生、残障康复、教育辅导、就业援助、职工帮扶、矫治帮教、人口计生、纠纷调解、应急处置等领域直接提供社会服务的专门人员。这一定义为进行社会工作专业人才培养目标定位提供了理论依据。因此，在人才培养目标定位时，要注重以下内容：

（1）树立社会工作专业的价值观——崇高的道德责任、高度的社会责任和无私的奉献精神。崇高的道德责任是社会工作者尊重、接纳、保护案主，恪尽职守、公平处事、诚信待人，实现"助人自助"宗旨的前提条件；高度的社会责任是社会工作者充分发挥社会工作专业人才解决社会问题、应对社会风险、促进社会和谐、推动社会发展等基础性作用，实现"以人为本、为民解困、为

民服务"工作理念的重要保障；无私的奉献精神是社会工作者充分展现大爱、温暖他人和社会，弘扬道德责任和社会责任的关键所在。社会工作专业的价值观是专业人才培养的灵魂，是一名合格社会工作者的基础要素，也是一名优秀社会工作者的终极追求。

（2）树人立德，尤为重要。构建德智体全面发展，知识、能力和素质协调推进的一体化培养方案。在智力的开发方面，学校一定要科学制定培养方案，建立完备的课程体系，使理论与实践、知识与技能密切结合，专业知识与相关学科相映成辉，知识、能力和素质协调推进，注重发现问题、分析问题、解决问题的能力训练和培养，把学生培养成全面发展的复合型、应用型高级专门人才。同时，学校应高度重视对学生的身心教育。健康的身心素质是合格的社会工作者不可或缺的素质，健康的心理是为民解困的前提，一个身体羸弱、心理疾病的人无论如何也胜任不了社会工作者的任务和职责。因此，学校一定要科学安排课程，加强相关训练，使专业教育中的一些"短板"逐步成为"高地"。

（3）在满足人才培养总体要求的前提下，结合区域特点和学校学科优势，构建有特色、个性化的人才培养目标和方案。这样既有利于学生的个性化发展，也有利于社会工作专业的差异化竞争，更有利于学校比较优势的培植。

二、高校社会工作专业人才培养服务面向

瞄准基层，辐射全社会，全心全意服务于我国社会管理和社会建设事业。人才培养服务面向是人才培养体系中的重要内容，它既是人才培养目标的出发点，也是人才培养目标的落脚点。它反映了人才市场的需求状况和供求结构，关系到"为谁培养人""为谁服务"，以及学校人才培养规模、规格和质量等一系列问题。科学的人才培养服务面向定位不但左右着学生的就业机会和职业前景，而且还关乎着学科专业的发展方向和"生死存亡"。然而，受"学而优则仕"传统思想的影响，目前高校、家庭和学生大多把"政府机关"和"公务员"作为职业规划的首选，社会工作专业的学生也是如此，致使仅约10%的社会工作专业毕业学生从事社会工作。政府机关需要社会工作者，但并非社会工作专业的学生都必须把自己的职业生涯绑定在政府机关，如此定位不符合社会的需要。

社会是社会工作者的大舞台，社会各领域都有社会工作者的用武之地，特别是基层社会，更需要社会工作者大显身手。因此，高校在社会工作专业人才服务面向定位上必须瞄准基层，辐射全社会，积极服务于我国社会管理和社会建设事业。《意见》在发展定位上明确界定"社会工作专业人才是直接提供社会服务的专门人才"，在发展方向上提出必须坚持"立足基层"的原则。这就为人才培养的服务面向定位提供科学的理论指导。《意见》在发展目标上提出要"建立数量充足、结构合理、素质优良的社会工作专业人才队伍的战略目标"。而且明确"以基层为重点配备社会工作专业人才"，在城乡社区、相关单位、社会组织、社会服务部门四类主体提出若干导向性较强的岗位开发和人才使用政策。国家的这些大政方针为高校人才培养目标的服务面向定位提供了强有力的政策依据。转型时期的各类社会问题的出现迫切需要大批社会工作者提供专业服务。

三、高校社会工作专业人才培养模式构建

发挥学校主体优势，挖掘社会联盟力量，努力建立合作办学，联合培养的格局。人才培养模式是指在一定教育思想指导下，为实现既定的人才培养目标而构造的某种教学过程样式和运行方式。也包括相对稳定的教学内容和课程体系，管理制度和评估方式。它关系着"如何培养人"的问题，也对人才培养质量有着很大的制约作用。我国高等教育正处在以"提高质量"为核心任务和发展主题的时代，作为新型的社会工作专业，在面临学科专业大发展、大繁荣的关键时刻，在人才培养模式的构建上，探索一条更加有利于人才成长的道路。在发挥学校主体优势的同时，必须挖掘社会联盟力量，构建合作办学、联合培养的人才培养模式。

（1）开发利用学校自身优势，优化教育教学过程，充分发挥育人主阵地的作用。不同的学校有不同的办学理念和传统，形成各自独特的办学优势、办学特色和管理模式，但其目的都是为了培养高质量的专门人才。因此，就社会工作专业人才培养而言，在开发利用学校自身优势的基础上，创造性地开展教育教学工作，进一步优化教育教学过程，深化教育教学改革，把学校育人主阵地的作用发挥到最大化，保证多出人才、出好人才。

譬如，在教学活动的安排上试行"1+2+1"的模式，在高效完成理论教学的同时，充分满足 800 小时实习和实践教学的要求。第一年在学习政治理论课树立社会主义核心价值观的基础上，把社会作为学生的主课堂，安排社会调查、社会管理的观摩活动和课程，有意引导学生深入基层发现问题、了解民意社情，增强学生的社会责任感和对专业的认知度。第二、三年以学校课堂为主，集中学习专业基础课、专业核心课和相关学科课程，着力丰富学生的专业理论知识，构造合理的知识体系，使其具备用专业眼光看待问题、用专业知识分析问题的能力。同时，根据课程特点，在校内实训中心或校外实践基地开展实践教学，重点培养学生的专业技能和工作技巧，增强学生解决问题的能力。第四年，以专业实习和毕业论文的撰写为主，开展广泛而深入的社会实践活动，在社会各领域进一步完善学生，提高学生的专业化程度和综合素质。同时，在这一年鼓励并要求学生参加并通过全国助理社会工作师资格考试，为走向社会工作职业化的道路做好准备。

（2）建立互信共赢的高校联盟，形成资源共享优势互补的培养机制，完善学校的育人功能。高校联盟是一种成功的人才培养模式，国内外许多知名大学都运用该种培养模式。社会工作专业是一门跨社会学、公共关系学、法学、管理学、心理学、医学等多学科专业，高校间联盟培养更有利于人才的成长。

（3）挖掘社会联盟力量，建立开放办学、联合培养的人才成长平台，提升高校办学效能和人才培养质量。社会工作专业应用性很强，就实践教学的开展和实务能力的训练来说，仅靠学校难以胜任，须利用社会力量共同完成。学校应积极建立人才培养的"统一战线"，与民政、人社、司法、信访、卫生、工会、共青团、妇联、残联、社区、志愿者协会等部门和组织建立合作。一是在这些部门建立实习基地，扩大实训课堂，满足实践教学需要；二是聘请上述部门的实务人员担任学生的实践导师，提高实践教学的实效性；三是收集利用上述领域鲜活的案例，增强理论教学的针对性和说服力；四是聘请相关人员为学校教学督导，不但让他们经常参与日常教学的评估和督导，而且参与人才培养方案的规划与修正，保证专业人才的社会适应性和满意度。

第四节 高校社会工作专业师资培养及其队伍建设分析

随着体制改革的不断深入和社会的持续发展，以及和谐社会意识逐步深入人心，高校社会工作专业人才的需求不断上涨，各高校设立该专业的数量和招生规模都获得了快速增长，这给该专业师资队伍建设提出了更高要求，但当前该专业师资队伍整体上存在若干不适宜的问题，需要认真探讨。

一、社会需求推动高校社会工作专业的发展

社会建设与人民幸福安康息息相关。必须在经济发展的基础上，更加注重社会建设，着力保障和改革民生，推进社会体制改革，扩大公共服务，完善社会管理，促进社会公平正义。为此，必须努力推进以改善民生为重点的社会建设，这就需求大量社会工作专业人才。[①]

第一，城市社区职能的落实呼唤社会工作专业人才。社会的快速转型使得大量城市居民由"单位人"转变成"社会人"，他们的生老病死与单位脱钩，需要社会进行管理，这使得城市管理面临较大压力。城市化进程的加快和大量流动人口的存在，更加剧了这种压力。鉴于无论城市原有居民还是涌入城市的流动人口，其生活最终将落实于某一特定城市社区的现实，城市社区在分流城市管理压力的过程中的作用日益突出。城市社区是城市基层群众自治的地方，担负着自我管理、自我教育、自我服务的任务，同时也是整个城市管理的基础，协助城市基层政府处理诸如社区就业、社区救助、社区卫生等方面的行政事务。城市社区所有这些职能的发挥，需要社区工作人员具有必要的专业素质。但是，当前城市社区工作人员普遍存在两个方面缺陷：一是他们大多是女性，且年龄偏大，有的甚至已步入老年；二是他们受教育的时间不足，多为高中、初中毕业，大学毕业的非常稀少。这些缺陷很容易使得他们在学识、能力、精力上无法满

---

① 刘刚，李德刚. 高校社会工作专业师资培养方式分析[J]. 社会工作（学术版），2011（09）：58-60.

足工作需要。落实城市社区职能，需要发挥社会工作专业人才的作用。

第二，社会保障工作的深入需要社会工作专业人才。所谓社会保障，就是社会向其成员提供基本生活保障。社会成员生活于社会之中，往往会遇到许多不测事件，这很容易使得他们遭受重大经济损失，造成身体或心理的严重创伤。社会保障能够使得他们及家庭相信其生活水平和质量不会因为不测事件而受到过大影响和打击。社会保障工作的发展对于促进社会和谐的意义非常重大，它既要体现出效率，调动社会成员的积极性，推动社会发展，更要体现出公平正义，促进社会和谐。新世纪新阶段，一方面在经济建设上取得巨大成就，有更大的能力来推动社会保障事业的发展；另一方面，各种不可抗力使得生活非常脆弱，需要下大力气构建一个保障力度更大、保障范围更广的社会保障体系。这种现实的需要客观上推动了社会对专业性的社会工作人才的需求。

除此外，诸如公共卫生、社区矫正、社会贫困、教育就业等领域也都是社会工作专业人才发挥作用的领域。社会对社会工作专业人才的需求非常旺盛，这客观上推动了高校社会工作专业的发展。

二、高校社会工作专业师资队伍建设的现状

社会需要大量社会工作专业人才，这是社会发展和构建社会主义和谐社会的现实反映。但这些人才不是现成的，它需要全国各高校社会工作专业教师的辛勤培养。因此，高校社会工作专业师资队伍建设的质量如何将直接影响到该专业人才的社会供应，必须对其引起重视。但是，现实中高校社会工作专业师资队伍建设依然存在问题，需要认真对待。

20世纪90年代中期以后，随着计划经济体制的退出和社会主义市场经济体制的逐步确立，特别是新世纪新阶段全面建设小康社会和构建社会主义和谐社会理念的提出，实际的社会工作大量出现，需要大量该方面专业人才，这推动了高校社会工作专业的快速发展，许多高校近期设立了该专业。高校短期内急剧发育的社会工作专业使得专业的师资比较紧缺，致使该专业的大量教师来自其他专业。分析起来，主要有以下三种专业背景类型：第一，被迫转型，如思想政治教育专业。随着社会经济发展，越来越多的学生倾向于与"经济"关系密切的专业，作为一个传统专业，思想政治教育专业生源逐步萎缩，其专业

教师面临生存压力，学校为给他们找出路，硬性上马社会工作专业，意在"救死扶伤"。第二，顺手捎带型，如公共事业管理专业。市场经济的运行和公民社会的培育推动了公共事业管理专业的发展。该专业涉及的面很广，社会工作是其应有范围，因此随着其生源的充盈和社会需求的旺盛，该专业很自然分流出社会工作专业。第三，内部衍生型，如社会学专业。社会工作专业是一门偏于实践的课程，其理论基础是社会学理论。二者之间关系密切，甚至是一个专业系统。有些高校设立了社会学专业，后由于实践发展需要，逐渐衍生出社会工作专业。

当前很多高校的社会工作专业教师是从其他相近专业转过来的，专业背景不统一，容易出现以下三个方面的问题：

（1）思维定式制约着专业教师素质的提高。专业的教师转型到社会工作专业之后，容易因为思维定式的作用而存在两个明显缺陷：一是从自己旧专业的视角看问题。比如思想政治教育专业转过来的教师，他们政治意识比较浓厚，且由于被迫转型，缺少从事社会工作专业教学的思想准备，课上或者照本宣科，或者是理论阐发时偏重政治视角。政治是经济的集中体现，也与社会密切相关。有政治知识，且从事社会工作专业的教学与研究，可以融合两个专业的内容，进行政治社会学的研究，但政治社会学毕竟仅仅是社会工作专业的一门专业课程，不能以偏概全。二是惰性的制约。转型到社会工作专业的教师，从专业知识掌握方面可谓是半路出家，对社会工作专业知识相对生疏几乎是必然的，从专业发展和对学生、社会负责的角度讲，他们需要努力补课。

（2）专业教师队伍的协调合作精神容易受到制约。合作精神就是人在自身先天活动能力的基础上，在不断地学习、交往和相应的教育过程中建构起来的一种优秀的思想品德和能力，它是一种受个人的知识、品德修养、能力等多种因素制约的、希望与人合作并善于与人合作的、稳定的意识倾向。学科专业的发展，需要专业教师队伍中成员之间合作精神的支持。社会工作专业近期非常看好，其生源相对比较充足，各高校该专业会有不同程度的扩招，这必然要求在专业发展的过程中招聘部分专业教师。但招聘进来的专业教师和专业刚设立时临时搭配起来的教师在专业背景上可能会有不同，他们往往是在专业发展过程中根据需要招聘的，专业相关度高，甚至直接就是社会工作本专业的人才。这样，一方是转型过来的却占有支配地位，另一方是专业背景浓厚却被"外行"挑来拣去；一方是对专业发展相对怠惰，另一方是自信热情有活力，如果对此协调不好，很容易使得教师队伍建设蒙上"暗对抗"的阴影。

（3）钝化社会工作专业的实践性。社会工作专业是适应社会发展实际工作需要而设立的，它培养的人才是要面向社会实践，从事具体社会工作的事务型人才，实践性是其最突出特点。社会工作专业的社区工作、小组工作、个案工作三大专业课程的设置也明确反映了这一点。但是，相当数量的转型到社会工作专业中来的教师的不同专业背景往往容易使得他们对这种实践性认识不足。以与社会工作专业极为相近的社会学专业为例，相对于社会工作专业，其具有的最明显的特点是其理论性。尽管说理论来源于实践，并且要与实践相结合，但具有该种专业背景的教师能否具有从事社会工作专业的实践精神和心理准备，还需要有充分认识。

三、高校社会工作专业师资培养路径探讨

经济发展与社会进步，以及构建社会主义和谐社会战略的落实需要重视社会工作，这种工作成效如何相当程度上受社会工作专业人才质量高低的影响，受高校社会工作专业教师队伍建设水平的制约。为提升专业办学质量，满足社会需求，需要正视当前各高校社会工作专业教师队伍建设存在的问题，并在此基础上，结合专业发展的实际，探索合理有效的师资培养路径。

（一）教师之间的互相学习

社会工作教育是适应社会需要而产生的，也是在社会需要的推动下发展的。中国社会工作的人才培养同样必须把社会需求作为出发点和落脚点。社会现实的需要使得许多高校设立了社会工作专业，并且其招生规模处于上涨趋势。这给该专业师资队伍建设带来很大压力，这种学习培养方式具有明显的优点。

（1）简便易行，节约成本。市场经济条件下，办学也要学习、借鉴市场做法，考虑成本。没落专业之所以没落，一个重要原因就是它成本高、收益低。教师内部互相学习，不用动用学费、差旅费，相关部门只需在制度设置上专门设定一个共同的例会时间，或在信息沟通上提供力所能及的便利条件，并在政策上

加以鼓励即可。

（2）能融洽气氛，磨合感情。社会工作专业师资队伍中的专业转型的背景以及相对的"外行"与"内行"的差别意识，容易在他们彼此之间激起"文人相轻"的沉渣，制约团队合作与进步。如果采用必要的措施，如申报共同的专业课题，使其彼此在共同目标之下互相学习，除了增长专业知识外，还非常有利于融洽气氛，增进彼此感情，从而促进专业发展。

（二）校际之间的交流学习

校际之间的交流学习可以有以下三种情况：

（1）派出去，即根据本专业内部课程设置的实际，选择合适的时间，派出专业内部的部分教师外出到其他学校培训、学习。当前全国很多学校设立了该专业，但发展水平却不平衡，派专业教师外出到诸如北京大学、华东理工大学等在该专业发展比较好的学校学习，可以开阔视野。有条件的学校甚至可以将专业教师外派到国外学习。

（2）请进来，即通过邀请专业著名人士讲学等方式，使得本校专业教师不用出校门就能和校外名师进行思想接轨。

（3）聚而论道。国内许多城市有高校云集的特点，这些相对集中的高校及社会工作专业，可以通过专业年会等途径，采取发言—评论—回馈等民主交流方式，启迪思维，切磋交流。无论校际之间交流的哪种情况，其在成本费用上可能要比内部交流学习高一些，但其在推动专业跨越式发展方面具有明显优势。

（三）引进专业的教师人才

教师内部互相学习是整合教师队伍，校际之间交流学习是充实教师队伍，这都是对教师现有队伍的调整。随着现实需求的增加，高校社会工作专业可能在办学规模上不断扩大，这就需要引进必要的人才。相对于从内部整合、充实教师队伍来讲，它属于从外部强化教师队伍，给现有队伍输血。引进专业人才有一个明显优势，即它具有主动性，可以先根据长期的教学需要总结认识，明确所需人才的类型，比如专业、年龄、性别、职称、有无工作经验等，然后根据这种对所需人才的认识，按图索骥，因而引进的人才往往都比较符合本专业发展的需要。

综上所述，社会经济发展需要大量社会工作专业人才，能否满足这种需求以及供应何种质量的该专业人才的关键是高校社会工作专业师资队伍建设的质量。当前各高校社会工作专业多是应时而动，设立时间不长，在师资队伍建设上存在若干问题，其中最明显的就是跨专业的背景出身。它容易导致师资专业水平不高、实践性不足、团队精神不强等问题。为此，应该通过诸如内部互相学习、校际沟通交流和引进人才等方式，逐步加以克服。

第五章　高校社会工作专业的实践教学研究

高校社会工作专业的实践教学侧重于对理论知识的验证、应用和内化，具有较强的直观性和操作性，旨在培养、训练学生掌握社会工作的方法和技巧。本章重点论述高校社会工作专业实习教育困境与对策、高校医务社会工作专业教育特点及发展对策、高校社会工作嵌入新生管理的专业平台搭建。

第一节　高校社会工作专业实习教育困境与对策

一、高校社会工作专业实习教育困境

高校社会工作实习是社会工作教育体系中非常重要的一部分，不仅可以让学生将从书本上学习到的专业知识运用到解决实际的生活问题中去，同时学生可以通过开展实务服务过程提高自身的专业素养，有效抑制社会工作专业人才的流失。

（一）高校社会工作专业实习的特征

全世界各国和地区的高校社会工作专业教育工作者对社会工作实习的概念界定各不相同。国内学者史柏年将社会工作实习的概念定义为学校有计划、有督导地组织学生到机构或社区中接受社会工作实务技能训练和价值观培养的过程。高校社会工作实习的概念大致有两个方面：一是高校社会工作实习相对来说偏重于教育性取向，属于社会工作专业教育的一部分；二是概括高校社会工

作实习的特征要求，社会工作实习是一个有计划性和有督导陪同的学习过程。

高校社会工作实习的特征主要有以下方面：

（1）高校社会工作实习需要保证充足时间。高校社会工作实务的通用过程大致分为六个阶段，分别是接案、预估、计划、介入、评估和结案，而每一个实务阶段开展都需要一定时间作为保证。

（2）高校社会工作实习是一种临床实习。高校社会工作临床实习与医学和心理学临床实习相似，也要求在实际工作中去体验社会工作者真实的工作状态，能够去揣摩作为一个社会工作者所要扮演的角色，能够学习作为一个社会工作者所要掌握的方法和技能。只有经过专业的历练，不断重复和熟悉工作方式，才能在毕业后拿到社会工作师证书。

（3）高校社会工作实习不能被社会泛化。众所周知，高校社会工作专业有别于其他专业的特点在于强调其具有应有性，注重实务操作和技能培养。而经过多年的学校校外实习的经验，绝大多数的校外合作实习单位不了解社会工作，把普通的志愿服务等同于社会工作专业服务，把义工与社会工作者混为一谈，这种将社会工作概念泛化的现象呈现愈演愈烈的趋势。比如社区社会工作实习中，社区安排实习生的工作就是简单的端茶倒水、清扫卫生和文件整理等。学生反馈的意见很大，实习效果很差，远远不能满足学生对专业实习的要求，更谈不上专业价值观的内化和专业素养的形成。

（二）高校社会工作专业实习遇到的问题

下面以G高校为例，对高校社会工作专业实习遇到的问题进行探讨。

1. 专业实习机构较少与督导匮乏

某市社会经济发展较快，但同一些沿海副省级城市相比，社会管理创新方面相对落后，主要体现在传统的行政性社会福利机构偏多，非政府组织（NGO）、社会企业和专业社会工作服务机构较少，社会对社会工作职业认同感较低等方面。

高校校外实习模式是采取机构与学院伙伴关系，主要在民政、工青妇、残联、养老机构、福利院和社区中心等部门。而这些部门的服务主要是开展实际社会工作，其特点是行政性为主，半福利性为辅。学生在这些机构实习，专业知识无用武之地，学生反馈实习效果不理想，而有些机构也不愿承担学生实习任务。

专业实习机构较少带来的是专业督导的匮乏，而仅有的机构督导资源也没有社会工作教育背景，有些服务理念可能与社会工作专业服务理念有不一致的地方，而且督导辅导学生方式很随意，没有固定的时间和内容。

2. 学校自然情况与学生实习态度

G 高校是 2012 年才成立的一本民办高校，社会认同度和美誉度相对较低，校外实习机构选择空间狭窄。地理位置坐落于大连市某市郊的经济开发区大学城，坐车去大连市城市中心区域需要 1 个半小时，这给 G 高校社会工作专业集中式实习带来了交通不便的问题。大三学生在高考填报社会工作专业为自己第一和第二志愿的学生几乎没有，全部都是通过调剂和服从分配来到这个专业的，所以学生对社会工作专业学习兴趣不高，进而影响到社会工作专业实习的态度。

3. 社会工作专业实习课程设置不完善

社会工作专业实习是一个目的性、计划性强的教学过程，以国际惯例为标准，需要建立实习教学大纲，以规定实习教案，保证专业训练的水准，这是非常重要的。而目前 G 高校社会工作专业实习课程安排有缺陷，除个案、小组和社区实习之外，其他社会工作实习项目较少，没有社会工作职业资格实习部分，实习科目单一，学生选择空间不足，以及学生毕业后很难适应其他不同服务领域的技能要求。此外，高校同步式实习项目比例较低，使得学生在某些专业核心课程上只注重理论学习而忽视实务操作。同时因学校师资数量少，造成实习监督力度不够，部分实习项目很难保证效果。

（三）高校社会工作专业实习途径探索

（1）仿真专业实训室的建立弥补社区实习项目的不足。社区实习项目的基本目的是学生通过接受社区事务受理业务的技能训练，能够熟练掌握失业登记、民政救助和社区服务等业务工作流程，具备从事社区工作的基本能力。但是在实际的社区实习中，G 高校学生反映大部分社区不愿意接收实习生，只同意给学生实习手册盖章。为此，G 高校计划筹建社区仿真实训室，承担社区工作的实习任务，将社区实习由校外转到校内进行，以此解决社区实习遇到的困境。

（2）教师积极参加专业的督导培训。高校社会工作实习督导是保证实习质量的重要环节，其作用体现在帮助学生了解社会工作者的角色，在实际服务开展过程中提供必要的支持，促使学生将社会工作理念、价值观和伦理进行内化。一般而言，社会工作实习督导由机构工作人员和高校教师两部分组成，而大连市很难找到专业的机构督导，大部分的任务落到高校教师身上，所以对教师的督导训练就显得尤为重要。G高校可以派教师参加由中国社会工作教育协会定期与高校合作举办的中国社会工作督导培训班，为高校专业教师提供实习督导方面的智力支持，确保学生参与社会服务的质量。G高校也可以参考长沙民政职业技术学院的做法，通过社会工作机构委派的形式，让专业教师在社区中心或者专业社工机构进行培训，并列入教师的工作考核指标。

（3）运用项目推动高校社会工作专业实习的发展。运用项目是当前促进社会工作专业化发展的有效策略。社会工作专业实习可以以项目运行和管理的方式开展。具体做法是让学生根据自己的研究兴趣和实务偏好组成服务团队，通过前期的需求评估调查，找出服务项目目标，调动已掌握的理论知识，设计出项目活动，做好项目所需的预算。项目申请通过公开答辩方式，教师和督导给予改进意见，同时对项目运作进行检测和评估。这样学生既可了解现实社会的服务需求，也参与了实际的社会工作服务过程，将理论与实践完美地结合起来。G高校也看到了项目推动社会工作专业实习的发展趋势，但是实施起来也面临一定的困难和挑战，如项目的启动资金来源问题，项目周期时间难以保障和学生缺少相关知识和技能培训等。

（4）实习课程设置需不断改进和完善为了保证社会工作实习的教育质量，必须进行科学的课程体系设置和规范的教学安排，保障实习课程的开设和实习教学的开展。G高校在原有的实习课程设置基础之上，要不断进行调整和完善并与时俱进，借鉴国外先进的经验。同时结合本校的人才培养方案，发挥专业建设的优势和特色。首先，实习课程的开设与人才培养目标相结合。针对国家和大连市民政部门最新出台的政策文件，找出目前社会工作实务发展薄弱环节，培养社会需求的紧缺型社工人才。其次，实习形式多样化发展。增加专业核心课程的并行式实习，让学生能够较为集中系统地消化理论知识并转化为实践操作。同时高年级专业实习以间隔式为主,其实习内容主要是围绕服务社会开展,这样是为了让学生能够更好地提前适应不同领域社会服务的要求。再次,强化专业实习的过程监督。明确实习单位督导、高校实习教师和实习学生的职责。

二、高校社会工作专业实习实践教育体系的构建对策

我国社会工作正面临着前所未有的发展契机。2006年十六届六中全会提出,要造就一支结构合理、素质优良、规模宏大的社会工作人才队伍,是构建社会主义和谐社会的迫切需要。培养造就一支职业化、专业化的社会工作人才队伍,除了关注理论知识培养,还需要在社会工作专业人才实践教育方面给予应有的重视。

(一)高校社会工作专业实习实践教育的必要性

高校社会工作是一门应用性的学科,实务性、操作性很强。社会工作专业教育中的一个重要环节就是提供机会,让学生亲自参加社会工作的实践活动,在实践中体验如何运用理论原则、如何表现服务态度、如何选用方法技巧等。因此,社会工作专业实习实践教育就显得尤为重要。

(1)专业实习实践教育是社会工作职业能力和角色扮演的需要。社会工作职业能力包括:与服务对象建立联系的能力,评价服务对象问题、需求以及提供适当介入与协助的能力。社会工作专业服务过程中,社会工作者扮演倡导者、教育者、调停者、诊断者、社会计划和组织者、管理者等多种角色。这些职业能力和角色扮演,社会工作者除了通过理论学习,还需通过实践的历练来进行培育和增强。

(2)专业实习实践教育是社会工作专业教育的重要组成部分。实践教育是社会工作教育的主要内容之一。社会工作实践教育是在意志上有计划的一组经验,在实务情境中,让学生从最基本的了解、技巧和态度,到有自主能力的社会工作实务表现。在专业实习实践过程中,教育者根据学生的兴趣和能力选择合适的机构,让学生在真实的情境中,通过教师和实习督导的支持和帮助,把所学的价值观、态度、理论和工作技巧应用出来,并不断反思、整合和内化,进而锻炼成为实干的、自主的专业社工过程。我国台湾学者廖荣利就认为社会工作专业实习实践目标在于提供学生发展实务技巧之机会,在专业性督导下,

能整合课堂上的理论架构与实地工作经验……透过模塑技术的运用，协助学生发展助人行为与独立能力。

（3）专业实习实践教育是社会工作专业人才培养质量的有效保证。社会工作作为助人专业，需要社会工作者身体力行，社会工作在本质上就是一种道德实践。社会工作专业学生培养质量可以通过其是否具备深厚的理论知识，是否具备乐于助人的专业意识和乐于奉献的专业价值观等来进行验证。社会工作教育多年的教学实践和教学研究证明，这绝不是仅靠课堂教学就能完成的工作，必须通过有效的实践教育环节才有可能达到。在社会工作专业实习实践教育过程中，实践者通过教师和实习督导的支持和帮助，可以把所学的价值观、态度、理论和工作技巧应用出来，并不断反思、整合和内化，进而锻炼成为实干的、自主的专业社工的过程。社会工作专业实习实践教育成为社会工作专业人才培养质量的有效保障。

（二）高校社会工作专业实习实践教育的困境

（1）缺少社会环境的支持。目前，我国社会工作专业院校达到240所左右，由国家组织的社会工作者职业资格考试也已有三次，社会工作人才也作为国家中长期人才队伍建设各类人才之一。总体上，社会工作发展正面临前所未有的大好机会。从实际情况而言，社会工作人才岗位设置、聘用、培养、使用、评价基本还没有落实。大多数地方政府并未对社会工作专业人才队伍给予应有的重视，社会公众包括社会工作者自身对社会工作认同度并不高。除个别省市之外，专业化的社会工作服务机构几乎没有。在中国，因为缺乏必要的社会职业身份和社会工作专业服务机构的支撑，不仅影响社会工作专业学生对专业认同，而且也影响了专业人才培养过程中的社会环境支持。

（2）缺少完备的实践条件保障。目前，实践条件主要包括完善的实践课程体系、科学的实践环节层次、符合专业化的实践督导与专业实习实践所必需的相关经费保障等。完善的实践课程体系包括基础理论课教学中的实践环节、专业课教学中的实践环节以及专门的专业实习教学三个层面。实践环节方式可分为课堂模拟、实验模拟、实地观摩与实务实践等多种形式。各门课程实践环节与总体实践层次两者的科学协调是专业实习实践培养过程中制度性要求。实践课程体系中多层面、形式的有机结合，以及社会工作专业人才培养各阶段目标的有效衔接成为当前专业人才实践能力培养亟须解决的难题。从认知实习、机构见习，到专业实习，这些过程如何指导和掌控，不仅是实习者面临的困难，也是实习管理者必须把握的重点问题。除此之外，由于中国内地专业社会工作机构很少，多数教师或机构督导尚缺乏专业实务指导能力或经验，以及社会工作专业解决问题思路或途径并不被大众或机构人员所接纳。同样，社会工作专业实习特殊性需求并没有被相关学校管理者所认同，经费支持很难得以实现。因此，专业化督导缺失与实习专项经费不到位也是专业实习实践难以有效安排和持续进行的主要因素。

（3）支持社会工作实践的人员不到位。目前，中国内地要寻找理想的、能为学生提供专业成长的社会工作机构非常少。大多数学校把学生安排在承担着当前中国社会福利和服务的一些行政性或准社会工作机构中实习，如民政部门、司法部门、工会、妇联、共青团、残联、社区服务中心、街道居委、学校、青少年活动中心、福利院等。由于这些机构更多是行政化执行机构，缺乏专业性培养模式和机制，机构工作人员并不能担当社会工作督导的角色。另外，很多学校的专业教师拥有丰富理论知识却缺乏实务能力，他们很难胜任专业实习实践教育过程中指导角色要求。对于大多数社会工作专业院校而言，缺乏大量的实习督导或专业实习指导教师已是不争的事实。作为社会专业实习实践教育对象——社会工作专业学习者，由于他们的专业认同度低以及就业竞争压力大等因素影响，他们也不会真正投入到社会工作专业实习实践过程中去。

（三）高校社会工作专业实习实践教育的思考

人与其周边环境互动的关系是社会工作的基础领域。社会工作介入的目标是了解人们适应周边环境的能力、人们的要求和可能的环境资源，并帮助彼此之间的交流，使双方得以互惠。因此，社会工作专业人才实践能力培养离不开其所依赖环境的完善，同样也离不开支持社会工作专业实习实践人员能力提升和理念改变。

1. 完善社会工作专业实习实践所需的硬件环境

社会工作专业教育协会主导的对各高校社会工作专业教育质量评估，既是对我国现有的社会工作专业开办的条件和能力的检验，也是各院校社会工作专业完善的自我督促。在专业实习实践方面主要有以下方面：

第一，建构完善的专业实习实践课程体系与实践环节是专业实习实践能力培养的前提和保证。各高校社会工作专业教育需要认真检查：专业培养计划中专业课程体系是否完整，实践课时数量是否充足，现有专业实习实践执行能否确保到位。完整的实践环节安排包括认识自我或认知实习、社会福利机构参观讨论、助人技巧演练和机构实习前准备、福利方案的设计执行评估等。因此，要确保社会工作专业实习实践的持续性和完善性，必须明确提出不同实习阶段的实习目标、规定各实习阶段的具体内容以及各阶段实习相关的各项评估指标，评估指标中包括各阶段实习时间和经费保障等。

第二，建立稳定规范化实习基地、完善的督导制度和实习管理制度，成为专业实习实践能力培养平台与制度保证。实习基地的非专业化与管理力度的缺乏在很大程度上会使实习流于一种形式。为了避免此种情况发生，可以通过学校专业与实习机构、学校专业指导教师与机构督导教师的共建来解决。

2.增强社会工作实践所需的人力资源

在社会工作专业人才实践能力培养过程中，实习指导教师和专业机构督导教师应发挥重要功能，如安置功能、联系功能、管理功能、评估功能等。实习指导教师到位与实习机构指导教师专业化培训是使这方面功能落到实处的主要举措。除此之外，提升学生对专业实习实践的重视以及增强学生专业实习实践能力，也可以有效提高专业实习实践能力培养效果。

目前，社会工作师资队伍、实习机构和督导能力等方面可能存在不足，但专业学生对专业实习实践重视也是影响其能力塑造的原因之一。除了学校和社会努力做到实习课程的科学化、实习运作的制度化、实习操作的规范化、实习基地建设的专业化，还需要学生本人对专业实习实践的重视。学生只有认同并内化了社会工作的价值、原则与伦理，才能理解社会工作者的社会责任，表现出对专业价值、原则与伦理的遵从和自律行为。

第二节 高校医务社会工作专业教育特点及发展对策

一、高校医务社会工作专业教育的发展与特点

医务社会工作具有广义和狭义之分。广义上的医务社会工作是指把社会工作的专业知识和技术运用到医疗、卫生、保健机构中，协助病人及其家属解决与疾病有关的社会、经济、家庭问题；狭义上的医务社会工作是指在医院围绕医疗过程而展开的社会工作，它包括对病人的心理援助、提升病人的自助能力、帮助病人寻找社会资源、安排病人的康复计划、为病人提供出院转介等工作。[①]

从工作领域来看，医务社会工作主要由医疗保险与医疗保障社会工作、公共卫生社会工作、医疗和医院社会工作、精神健康社会工作、康复社会工作、社区健康和家庭健康社会工作六大领域组成，覆盖医疗照顾、健康照顾和与健康照顾有关的所有领域。

医务社会工作是社会工作专业的重要实务领域之一。在当前我国社会快速发展，尤其是良好医患关系亟须培育的背景下，医务社会工作专业教育的发展显得尤为重要。综合来看，当前我国医务社会工作专业教育的发展特点主要体现为：专业教育处于"初步发展"阶段、医科院校优势明显、"高校+医疗机构"培养模式日渐成型、课程设置缺乏专业特色、实践教学困难突出等。

（一）专业教育的初步发展阶段

在我国，医务社会工作教育最早出现20世纪20年代中期。1925年，燕京大学社会学与社会服务学系开设了"精神健康社会工作"等课程，并在北京协和医院设立了医务社会工作实习基地。随后，之江大学、金陵大学、齐鲁大学、

---

① 张荣，李伟峰，许淑华．当前我国医务社会工作专业教育的发展特点探析[J]．黑龙江教育（高教研究与评估），2019（01）：60-62．

复旦大学等 20 多所高校开设了医务社会工作方向的课程。1952 年，高等院校院系调整时取消了社会工作专业，医务社会工作的专业教育也随之取消，随着社会工作专业教育的恢复，医务社会工作专业教育也逐渐得以恢复。

从发展过程而言，医务社会工作的发展主要分为四个阶段：首先，一些医疗机构如上海同济大学附属东方医院、上海交通大学医学院附属上海儿童医学中心、北京大学附属人民医院等相继设立了社会工作部或社会服务部，在开展医务社会工作服务的过程中，通过对实务人员的在职培训，间接促进了高校医务社会工作专业教育的发展；其次，一些医科院校如福建医科大学、山西医科大学等设置了医务社会工作方向，培养了具备一定医学背景的社会工作毕业生，尤其是福建医科大学，率先在我国大陆开展以医务社会工作人才培养为特色的专业教育；再次，北京大学、首都医科大学依靠各自附属医院的优势，在医务社会工作人才培养方面进行了积极探索，积累了培养经验；最后，其他医科院校也相继开设了社会工作专业，同时，其他普通高校也逐渐开始了医务社会工作人才培养方面的探索。

目前，医务社会工作专业教育主要包括"在职培训"（或"继续教育"）和"学历教育"两种教育形式。在职培训主要是指对职业医生进行社会工作的专业教育，使其具备社会工作专业知识，成为医务社会工作人才，或者是对进入医院从事医务社会工作服务的社会工作毕业生进行医学知识培训，使其能够胜任医务社会工作的各项服务；学历教育主要是指在高校内部培养医务社会工作人才。

从在职培训或继续教育来看，医务社会工作人才的培养具有明确的现实针对性，主要是为了提升实务人员的专业能力。无论是提升职业医生的社会工作能力，还是增加社会工作专业毕业生的医学知识，当前对于医务社会工作实务人员的在职培训普遍具有"应急性"与发达国家培养医务社会工作人才的规范性要求相去甚远，处于初步发展阶段。

从学历教育来看，当前我国医务社会工作人才的培养存在着诸多困境，如专业师资力量不足、课程设置缺乏专业特色、实践教学的非专业性和非规范性等。因此，虽然有些高校开设有医务社会工作课程或设有医务社会工作专业培养方向，但培养质量普遍不高。

（二）医科院校的教育特点

面对医务管理相关人才的现实需求，以及医学模式由生物医学转向生理—心理—社会医学对医学教育的要求，一些医学院校也开办了社会工作专业。由于医学院校具有医学教育的优势，因此，医学院校开办的社会工作专业普遍具有医务社会工作专业方向的特点。在我国，福建医科大学社会工作系是最早以培养医务社会工作人才为特色的社会工作专业教学与研究机构之一。同时，山西医科大学、广西医科大学、泰山医学院、齐齐哈尔医学院、广东医学院等医学院校也陆续开设了社会工作专业。与其他普通高校的社会工作专业相比，这些高等医科院校的社会工作专业具有明显的专业教育优势。

从课程设置来看，与其他普通高校社会工作专业的专业教学不同，医学院校的社会工作专业除了教授社会工作基础课程之外，还增加了对基础医学、社会医学等医学课程的讲授。同时，从实践教学方面来分析，借助于医科院校拥有附属医院或医学教学的优势，这些医学院校的社会工作专业还在相关医院建立了实习基地以开展医务社会工作的实践教学。如福建医科大学的社会工作系就在福建医科大学附属协和医院、福建医科大学附属第一医院等建立了实习基地。

此外，由于医学院校的医学教育优势，医学院校社会工作专业具有与医学院系开展学术交流和资源共享的便利条件，从而进一步促进其医务社会工作人才的培养。

二、高校医务社会工作专业教育的问题与对策

（一）高校医务社会工作专业教育的问题

1. 课程设置缺乏针对性

西方社会工作的发展遵循"助人实践—专业教育—职业服务"的发展次序，而我国社会工作的发展则是"教育先行"社会工作专业教育超前于专业实践。

这直接导致高校社会工作专业的课程设置缺乏现实针对性。[①]

自1988年北京大学开设第一个社会工作专业以来，截止到2018年，我国设置社会工作专业的高校达到312多所，但并非所有这些高校都开设了医务社会工作的课程。此外，由于医务社会工作与医学的紧密关联，也有一些医学院校开设了社会工作专业，但数量极少，仅山西医科大学、福建医科大学、广西医科大学、泰山医学院、齐齐哈尔医学院等高校开设了社会工作专业。与非医学类高校社会工作专业的课程设置不同，医学类高校的社会工作专业普遍开设了基础医学、社会医学等相关课程。

但是，在开设社会工作专业的医科类院校中，每个学校开设医务社会工作课程的情况也不尽相同。在上述五所开设社会工作专业的医科类院校中，只有福建医科大学、广西医科大学、泰山医学院、广东医学院开设了医务社会工作课程。并且，与其他普通高校社会工作专业的课程设置相比，这些医科院校社会工作专业的课程，设置只是增加了一两门医学课程而已，并没有设置与医务社会工作密切相关的课程如健康照顾、健康保险、临终社会工作、精神医学、医患关系学、医学伦理与法规、医务行政与管理、流行病学、精神病理社会工作、身心障碍社会工作等。因此，虽然有些高校的社会工作专业设置了医务社会工作方向，并且讲授医务社会工作课程，但其课程设置远远达不到现实需求，缺乏明确的专业特色，医务社会工作的专业优势没有体现和发挥出来。

2. 实践教学存在的问题

（1）实习机构数量较少。医务社会工作在我国还属于新专业，全国公立医院设有社会工作部或社会服务部，无法满足专业学生的实习需求。同时，目前开展医务社会工作的社工机构不仅数量较少，而且主要集中于北京、上海、深圳等大中城市，仅能满足极少量学生的实习需求。由于实习机构的缺乏，大多数高校只是开设了医务社会工作课程的理论教学部分，实践教学则完全处于缺失状态，这在一定程度上阻碍了医务社会工作人才的培养。

（2）实习过程缺乏规范性。国际社会工作学界一般认为，社会工作学生

[①] 关信平，杨晓龙，张子中. 高校社会工作[M]. 北京：中国社会出版社，2010.

必须经过最少 800 小时的实习训练，才能成为具有专业资格的社会工作专业人才。但在开设医务社会工作专业的相关院校中，医务社会工作学生在医疗部门实习的时间不到 400 小时，远远达不到国际社会工作学界的标准。此外，现有高校社会工作专业学生的实习内容也缺乏较高的规范性。大多数高校由于缺乏与医疗机构的联系，而无法安排学生进入医疗机构实习，即使有些学校在医院建立了实习基地，可以安排学生进入医院实习，但真正能够实践医务社会工作专业知识的学生还是少数，大多数的学生通常被安排从事一些医院的日常行政工作，如打字、整理档案等。

（3）专业督导的缺乏。社会工作属于新兴专业，专业教师大多是从其他专业转过来的，缺乏医务社会工作的实践经验，无法给实习学生提供直接而有效的专业指导。同时，目前我国医疗机构缺乏既具有丰富的医务社会工作实践经验，又具备专业督导能力的专业人员，实习学生得不到相应的专业指导，实践教学的效果不理想。

（4）实践教学制度不健全。实践教学制度是实践教学的制度性保障，是高校培养具有较高实务能力人才的必备条件。但是，从很多已经开设医务社会工作专业的高校来看，大多数高校都普遍缺乏细致而健全的实践教学制度，在实习时间、实习内容、实习经费、实习评估等方面缺乏细致的制度性安排。

伴随着社会的快速发展，医务社会工作专业教育的重要性也日益凸显，医务社会工作课程在社会工作专业课程体系中的重要地位也日益明显。综合来看，当前我国医务社会工作专业教育已经处于起步阶段，并在部分医学院校的推动下，形成了"高校+医疗机构"培养模式，但在课程设置、实践教学等方面还存在着不足，需要社会工作专业与医学、心理学等专业相互联合，共同推动医务社会工作专业教育的进一步发展。

（二）"高校+医疗机构"培养模式日渐成型

"高校+医疗机构"培养模式是指高校社会工作专业联合医疗机构开展医务社会工作实践教学的培养模式。对于高校和医疗机构来说，该培养模式是一种双赢模式。一方面，通过到医疗机构开展医务社会工作服务，学生能够将课堂上所学的理论知识与实践相结合，进一步提升自己的专业能力；另一方面，通过实习学生医务社会工作服务的开展，医疗机构可以构建和谐的医患关系，增强其医疗服务的人性化和医学人文关怀色彩。

根据高校与医疗机构合作程度的差异，"高校+医疗机构"培养模式的现实形式主要有以下方面：

1. 医务社会工作专业教学医院

"医务社会工作专业教学医院"是高校与医疗机构开展深层次合作的主要体现。在这一培养形式中，高校与医疗机构在学生培养、实践及科研三个方面开展深层次合作。首先，医疗机构为高校师生提供教学、科研、专业实践和社会实践的平台，接受并协助指导学生的专业实习，同时，医疗机构的专家和医务工作者还进入到学校中为学生开设专题教学或讲座，增加学生医学方面的相关知识；其次，高校师生到医疗机构提供专业服务，为医疗机构相关人员开展医务社会工作培训，促使其医疗模式由"生物医学模式"向"生理—心理—社会医学模式"的转化；最后，高校与医疗机构共同进行本土化医务社会工作服务模式的探讨和研究，进而促进医务社会工作服务模式的建立，促进全民健康事业的发展。

在这一培养形式中，高校与医疗机构的合作是"一体式"合作，这一合作趋于建立一种"将理论应用于实践、实践中进行学习、学习中开展理论与实务研究"循环一体的实践教学模式，对于当前我国的社会工作专业教育教学必将发挥重要而深远的影响。

2. 医疗机构建立实习基地

在医疗机构建立实习基地是"高校+医疗机构"培养模式最常见的形式，也是目前大多数高校开展医务社会工作实践教学的普遍选择。

实习基地的建立一般遵循"互惠原则"和"就近原则"。首先，实习基地的建立同时有利于高校和医疗机构。对于高校来说，医疗机构内的实习基地是学生开展医务社会工作实习的主要平台，也是学生实践所学知识的主要场所，对于增强学生对医务社会工作相关知识的理解和把握，提升学生的实务能力具有重要的作用；对于医疗机构来说，实习学生的医务社会工作服务有助于其医疗工作更好地开展。其次，为了方便学生实习、高校与医疗机构的沟通，实习基地一般都建立在学校所在的城市或学校周边。

"实习基地"的建立主要源于两方面的需要：一是目前大多数高校迫切需要开展医务社会工作专业实践教学；二是面对大量医患纠纷的出现，医疗机构也迫切需要专业人士来协调医患纠纷。从目前我国医务社会工作专业教育的发展现状来看，"实习基地"无疑是当前高校开展实践教学的重要而有效的依托。

3. 志愿服务的培养形式开展专业实习

"志愿服务"培养形式即高校社会工作专业学生通过到医院等医疗机构开展志愿服务的形式进行专业实习，是高校和医疗机构合作程度最低的一种培养形式。

从互惠性来看，"志愿服务"培养形式主要是以医疗机构的需求为主导，高校开展医务社会工作实践教学的需求处于次级从属地位。当医疗机构需要志愿者从事医务社会工作服务时，高校可依托这个机会使其学生进行相应的实务训练，但当医疗机构没有招募志愿者的需求时，高校就无法与医疗机构合作。

同时，由于志愿服务的自愿性、义务性、短期性、零散性，虽然高校学生在开展志愿服务的过程中能够获得一定的专业训练，但是这种碎片化的专业训练却无法与规范的专业实习相提并论，培养效果不是太理想。

第三节 高校社会工作视角下新生与毕业生工作研究

一、高校社会工作视角下新生工作实践

高校新生社会工作是一种以高校新生为服务对象的实务社会工作。高校新生社会工作通过运用专业社会工作的各种价值、理念、方法和技巧，根据新生的生理、心理特点，从新生的需求出发，帮助其提高适应力，克服各种学习障碍，建立良好的人际关系，调适其偏差行为，从而完成学习、生活及心理和行为方式等各方面的转变，顺利适应大学生活并达成高等教育的目的和功能。

大学新生刚入学校，进入一个新的环境，面临着角色转变、环境适应、自我发展和人际关系协调等多方面的挑战，若处理不当就会引发心理和行为问题。

但目前，我国高校新生工作基本沿袭过往的以思想教育和管理为主的模式，这已很难解决当代大学生的需求和问题。因此，高校新生工作无论在工作的理念还是工作的方法上都需要革新，要提高高校新生工作的专业化水平，更好地为新生适应大学生活提供服务。

（一）高校新生社会工作的理念与方法

1. 高校新生社会工作的理念

高校新生社会工作应坚持以人为本、助人自助和相信案主的能力等社会工作的基本理念，同时坚持平等、尊重、接纳、保密、案主自决等基本的工作原则。另外，针对新生的适应问题，还应该特别强调分析问题应坚持"人在环境中""助人自助"以及"社会支持网络"等的分析视角。

（1）以人为本。"以人为本"的工作理念要求社会工作者平等地对待每一位学生，洞察新生的个性和特殊需求，尊重他们的生活方式、情感状况和选择权利，不以学生固有的来源和经济条件或学习成绩的好坏简单分类、随意贴标签，而要尊重每个人独特的价值观和个性，将其视为独立的人而不是某一类人。社会工作本质上是为人服务的工作，因此和学生之间的关系也不是简单的上下级关系，而是陪伴他们成长的朋友关系。

（2）助人自助。"助人自助"是社会工作的宗旨。社会工作者帮助案主解决面临的问题，是为了使受助者能够自己学会帮助自己，在将来遇到同样或类似的问题时能够发挥自己的潜能，寻求解决的方法，从而改善自身的生活、提高自身的福利。新生工作的开展不能仅仅停留在应急式的问题解决上，而应该把工作重心放在帮助新生培养能力、提升能力方面，这才是一种治本的方法。

（3）相信案主的能力。"相信案主的能力"就是要社会工作者秉持"只要环境合适，人人都有发展潜能"的观念，相信只要给予正确的引导，每个新生都可以正常地发挥自己的能力而顺利适应大学生活。因此，面对存在诸多困惑的大学生，社会工作者应该承认所有这些都是暂时的，随着生活阅历的增长和大学生生理与心理发育的成熟，每个人目前的问题将不再是问题。因此，帮助他们树立正确的自我价值观，客观分析自身存在的问题并给予适当的帮助和支持，就可以帮助他们独立地解决自身存在的各种问题。

（4）案主自决。社会工作者帮助案主解决问题时，只提供建议而不要求强制执行。社会工作者只是一个辅导者、帮助者，只能给案主提供各种可能的解决方案，至于是否采纳，还要尊重他们的自决权。这点完全不同于一般的学校管理者采用行政的命令或单一的说服教育的方式去做工作。

2. 高校新生社会工作的方法

（1）个案工作。针对新生的个案工作主要是针对适应不良、遇到重大挫折，从而出现情绪和行为问题的学生，但应视学生问题为发展中的正常议题，而不是予以问题化或标签化。主要采用的方法是个案辅导与心理评量的方法。

个案辅导一般来讲要经历建立关系、初步评估、界定问题、协商辅导的协议、维持互信的关系、根据约定进行辅导、检查进度、评估改变是否达到预期的目标、巩固经验以及终止辅导过程的步骤。个案辅导一般会通过"补偿性"或"治疗性"辅导帮助当事人在面对各种困难或问题时产生对问题的认知、解决或处理问题的技巧和应有的心态，从而防止问题重现，也会采用"发展性"和"研究性"的辅导模式。

个案辅导的内容具体有：智能方面，包括学习技巧、学习困难与压力的处理、时间管理技巧以及有效的办事方法等；情绪方面，包括自我认识、自我接纳、自信心以及情绪的管理等；人际关系方面，包括朋辈关系、男女朋友关系、家庭亲子关系的沟通技巧以及社交技巧训练等；身体方面，包括睡眠困难、体重问题、松弛训练技巧等；精神方面，包括人生信仰、个人价值观、人生意义、精神健康和心理问题等；事业方面，包括探索事业兴趣和方向、人生职业发展规划等。

心理评量的目的是了解自己及他人，达到知己知彼的境界，开拓新的服务领域，尝试新的模式及方法，使大学新生明白自我有限的范畴，希望在大学的经验能够使大学新生在今后的学习过程中乃至毕业后更有信心进行创新及发展。心理评量服务的方法主要是心理测验法，常用的包括智力测验、学习适应性测验、人格测验以及临床评定量表等，但是在心理评量服务的时候还会应用到个案法、观察法以及会谈法等。

（2）团体工作。大学生具有很强的合群性，尤其对于那些离开父母和旧朋友来到新环境中的大学新生而言，更需要结识大学中的新朋友，以获得大学同学的社会支持，舒缓不良的心理情绪和压力。因此，借助人与人之间的交互作用以帮助个人成长和发展的小组辅导（朋辈辅导）具有很好的实用性。采用小组辅导的方法不但可以借助启发性的活动和组员间坦诚的交流引发大学新生正面的改变，克服不良情绪的影响，还可以节省人力和时间。社会工作者可以安排具有共同需要、目标的受助者一同进行辅导，更重要的是小组（朋辈）可以提供不同的意见和资源，组员在当中可以做情绪处理、信息交流、互相模仿、检视现实、尝试与创造并学习人际交往的技巧等。小组辅导的形式以讨论、研讨会、课程、工作坊、活动为主，辅导的主要内容有以下方面：

1）人际关系方面，包括领导能力训练、生活技能训练、建立自信心训练、个人仪表、社交礼节、有效的沟通方法等。

2）情绪情感方面，包括处理压力、降低焦虑、强化情绪管理能力等。

3）职业发展方面，包括职业探索课程、职业讲座与展览、经验交流等。

4）学业与能力方面，包括时间管理、表达技巧、演说技巧、考试技巧、阅读技巧、速读训练、论文写作等。

5）价值观与思想方面，包括价值的肯定、价值的判断、道德观和审美观的培养。

6）体能健康方面，包括均衡饮食、健康与营养、身心松弛法、性教育、了解两性的关系和期望等。

（3）社区工作。社区工作主要是构建大学生的社会支持网络。很多的调查都显示，大学新生入学后还没有从现在的人际关系和社会资源中建立稳定的社会支持网络。因此，从多方面为大学新生构建有效的社会支持、舒缓其入学适应压力、积极寻求解决生活中面临的问题提供帮助，是大学新生入学积极适应并实现自我管理的重要措施。要构建大学新生的社会支持网络，应该从以下方面系统性地着手：

1）学校应该建立适应中国文化环境的大学新生心理支持和社会支持系统，加强保密制度和咨询人员的专业化，建立大学新生心理档案，明确大学新生心理素质评定标准，在高校普及心理健康教育，并对大学新生进行必要的心理训练，开展多方面的个案辅导和朋辈辅导活动。

2）学校要建立现代教育制度，确保教育的公共性、民主性、人文性和实用性，积极引导教师在教育过程中尊重每位大学新生的个体差异并投之以热忱和期望，帮助他们找到适合自己的学习方法和成才方向。

3）学校要积极开展并加强管理各种学生社团活动，丰富社团活动和学生业余生活，鼓励并监督大学新生参与各种社会实践活动，优化教育环境，提高大学新生的精神免疫力，加强报纸杂志、广播电视、互联网等资讯系统的管理，抵制精神污染，防微杜渐的同时要注意向大学新生提供比较清楚稳定的价值文化系统。

由此可见，科学有效地构建大学新生的社会支持网络应该依靠政府、社会、学校和学生及其家庭的共同努力，但是新的社会支持网络的主体不仅应该有传统的政府、学校、家庭、亲戚、同学、朋友、教师，还应该包括一些社会团体（如不以赢利为目的的专门心理咨询机构、心理咨询热线、各种社会公益组织、各种基金会）、各种社会服务组织（如在城市提供咨询培训、心理咨询辅导、文化娱乐及勤工助学机会的社区服务组织）、富有人道主义思想和博爱精神的实业家、富裕阶层的部分成员、慈善人士以及善良而又乐于助人的普通百姓。尤其要为有经济困难的大学新生提供一种内容多样、形式灵活的支持体系，使他们能够顺利适应大学生活。

（二）高校新生社会工作的内容与实践模式

1. 高校新生社会工作的内容

高校新生的社会工作必须基于新生的生理和心理特点以及新生面临的一系列问题。但就其本质而言，高校新生社会工作就是运用专业的社会工作理论和方法，对全体新生实施的一种专业服务。不过，就主要目标而言，高校新生社会工作主要针对适应方面有困难的学生，帮助其提高适应能力、克服学习障碍、建立良好的人际关系，调适其偏差行为，使学生获得良好社会适应心理，进而实现高校教育的目标和功能。因此，高校新生社会工作的内容可以从宏观和微观两个方面介入分析。

（1）宏观方面

1）协助有特殊需要的学生解决其心理和行为问题。

第一，对厌学、逃学等偏差行为的处理。其介入方法有：深入细致的个案工作，即运用个案辅导，探究问题行为的真正原因，制订介入计划并实施辅导；建立团队，运用小组工作的方法，形成正向影响，以此帮助学生获得自信、支持及成长的力量；关注家庭与凝聚力量，即运用家访或家长会，宣传亲子教育，以协助家长来改变孩子的问题行为；开发社会资源，争取社会支持，以此优化学生的社区成长环境。

第二，特殊学生群体的处理。特殊学生群体是指单亲家庭的学生、残疾人员家庭的学生、服刑人员家庭的学生、特长生、转学生、离异家庭的学生等。对特殊学生群体的社会工作介入包括情感支持、发展支持系统、挖掘社会资源、开发学生潜能等。

2）针对新生的生活辅导与学业辅导。生活辅导主要是帮助学生培养健康生活和安全生活所必需的习惯与态度。健康的生活习惯包括良好的个人卫生习惯、作息习惯、健康的生活方式和积极的生活态度。高校社会工作者要帮助学生提高独立生活的技能，使其养成顺利适应社会生活所必需的各种生活态度和生活方式。学业辅导，即学校社会工作者通过发挥指导与引导的作用，使学生树立牢固的专业意识、养成良好的学习习惯和诚实守信的考试习惯。可以通过激发学习动机、树立正确的学习态度、发展学习兴趣、调高学习能力及考试辅导等，从而协助学生顺利完成学业。

3）协助学生协调学校、家庭、社区、社会之间的关系。在协调学校、家庭、社区、社会之间的关系时，新生社会工作主要有：一是对于适应有困难的学生，教师与家长要主动进行沟通，通过家访、电话、书信等方式主动了解每位学生的个性特征，共同解决学生存在的问题，为学生提供更好的服务；二是对有家庭问题的学生，可以运用小组工作让有相同问题的家长一起参与问题的解决；三是为日常生活适应有困难的学生提供定期或不定期的咨询服务，以达到学校教育的目的。

4）充分发掘社区资源，协助学生适应周围环境。大学和大学前的显著区别在于，学校和社区之间的紧密联系，一个大学往往就是一个社区，或与当地的社区融为一体。因此，学生对学校环境的适应也包括了对周围社区生活的适应，周围社区氛围也会直接或间接影响学校的环境氛围。充分利用社区资源为学校提供服务，已经成为目前高校社会工作的主流趋势。

社区的资源包括社区人、财、物资源。高校应充分利用周围社区的有利资源为新生的社会适应服务：一是社区的专业服务人员（如心理咨询师）可以为学生提供服务；二是社区的宣传平台和活动场所、公共设施也可以为学生服务；三是学校也可以鼓励学生积极参与社区内举办的各种团体活动。促进学校和社区之间的互动，也为学生主动了解社会、走向社会打下基础。

（2）微观方面

1）引导学生树立学习目标。大一新生处在生理、心理环境适应等各种矛盾交织的心理状态中，如何帮助学生从纷乱的矛盾中找到出路，找到工作的着力点，将会给工作带来很大帮助。另外，引导新生尽快树立正确的人生目标和学习目标是大一教育的根本所在，是解决一切问题的核心。但是，要使学生树立正确的人生目标和学习目标并不那么容易，不可能靠一次大会、一个报告就能够解决。并且可以通过各种形式（如：举办系列讲座、老生与新生谈心、讲演比赛、构建和谐校园文化氛围、创建文明班级和文明宿舍等活动把大学的培养目标渗透到学生生活的各个场景中）引导学生树立正确的人生目标和学习目标，并给大学新生的学习注入一股持久强劲的动力。

2）指导学习，掌握方法。大一新生面临的头等困难就是学习上的不适应，如果能及时给予其学习上的指导，使他们尽快掌握适应大学教学的学习方法，将会产生立竿见影的工作成效。具体可以通过专家教授和专业主任介绍各专业情况、发展前景，介绍学专业的方法，使新生能及时了解专业、认识专业、热爱专业，从而激发其学习专业的热情和动力。辅导员教师有责任采取各种方法，如：加强管理、抽查点名、多与任课教师联系了解学生情况等，为大一新生步入大学殿堂做好"向导"，当好"参谋"使学生少走弯路，引导他们起好步、开好头。

3）开展活动，培养学生的学习能力。一名高中生从步入大学的第一天起，他既是一名大学生，又是一名准社会人。因为对大部分学生来说，他的前方不再是进入另一个学校学习，而是进入社会工作。所以大学的学习就有了一种特殊性，除了学好专业知识，诸方面能力的培养显得格外重要。对于大一新生，应根据他们的特点开展一系列的活动，如：新生文艺汇演、特色班级活动、各专业的学术活动等。希望通过活动的开展，培养大一新生与人交往的能力、克服困难的能力、团队协作能力、自理自立能力和自我控制能力等。

4）个别谈心，做好学生思想工作。大一新生在一定程度上较依赖教师，希望得到教师的关心与指导。应该有重点地开展谈心活动，了解学生的最新思想动态，给予及时的关心、帮助与指导，使新生感到有一种依靠，有一种亲切感。在做好大一新生工作的过程中还应有较高频率地与家长取得联系，使家长与教师一起做好大一新生工作，这样做效果可能会比较理想。

5）社区合作，做好学生社会适应。学校可以结合学生所学专业，给学生创造条件，让学生利用闲暇时间主动到相关单位和部门了解情况，参观体验社会实践生活，从而为学生做好大学四年的生涯规划打下良好的基础。同时，学生可以通过为社区提供相关的志愿服务，为今后的就业做好准备。

2. 高校新生社会工作的实践模式

高校社会工作在具体实践中逐渐形成了三种不同的工作模式，而且到20世纪后期，高校社会工作越来越重视对三种工作模式的综合运用。具体如下：

（1）问题导向的工作模式。问题导向的工作模式主要侧重于对问题大学生的辅导，这也是传统治疗式的学校社会工作主要采用的一种工作模式。它常常通过个案社会工作方法，为问题大学生及其家长提供服务与咨询，先分析其心理行为和造成心理行为异常的原因，然后再加以处理和治疗，且通常运用情绪支持、情绪发泄和理智开导等工作方式来解决问题。

（2）学生导向的工作模式。学生导向的工作模式主要以全体学生为工作对象，对大学生的学习、生活进行全面干预，以期为高校教育体系带来某些新的变化，从而使每一个大学生获得最大、最充分的发展。学生导向的工作模式克服了以往学校社会工作只重视问题学生而忽视正常学生发展的倾向，其采用的工作方式常常包括生活辅导、学业辅导、职业辅导在内的全面辅导。

（3）社区导向的工作模式。社区导向的工作模式将对大学生的服务进一步扩大到对社区的服务。这是现代高校社会工作的一种主要工作模式，它强调高校、家庭与社区之间的密切配合，要求加强它们彼此之间的良好沟通，以充分发挥学校与社区的教育功能。其通常采用的工作方式有三个方面：第一，为社区提供服务，将学校教育融入社区服务之中；第二，加强与学生家长之间的联系，密切家庭与学校的关系；第三，协调各类教育机构，推行社区教育的大众化发展。

二、高校社会工作视角下毕业生工作实践

高校毕业生社会工作是一种旨在帮助高校毕业生顺利走向社会、面向未来的专业服务活动。其主要目的是帮助学生了解社会和未来的职业取向，增强学生的职业意识和即将走进社会的各种适应能力，并帮助学生根据个人兴趣、能力和社会的需求规划自己的职业人生发展道路。

（一）高校毕业生社会工作的理念与方法

我国高校的毕业生社会工作还处于起始阶段。以往针对毕业生的工作主要是就业指导工作，而且通常认为，毕业生的工作主要是行政部门的工作，辅导人员主要是行政方面的领导和辅导员，工作的主要内容是毕业前临时的招聘活动、技巧指导等，并不考虑学生自身的发展。而毕业生的社会工作必须遵循社会工作的工作理念和工作方法。具体有以下方面：

1. 个案工作的方法

从个案工作的方法来看，高校毕业生职业生涯辅导主要是了解学生的个性、特点、兴趣、爱好、能力等，帮助学生树立正确的职业意识和择业观念，使其正确地认识自我、评价自我，制定出适合自己的生涯规划。高校的毕业生正处在职业生涯的探索阶段，需要对自己的未来职业生涯做出关键性的决策。但单凭他们个人的经验和能力是很难把握的，需要由掌握人力资源开发和管理理论以及科学测评手段的专家和实际工作者组成的生涯规划指导与咨询机构提出建议，进行跟踪辅导，不断激发其创新精神，帮助其实现人生目标。

我国大多数高校从事就业指导工作的多数是党政干部，或者是从事学生工作的同时兼职就业指导工作。这种就业指导工作不仅缺乏专门的职业技能，而

且缺乏固定的就业指导制度，致使所谓的就业指导只能成为一种不具备任何开拓性的就业服务工作。就业辅导从内容上来看也较多地停留在讲解就业政策、收集需求信息、分析就业形势、传授择业技巧等方面，过分强调暂时的实用性与时效性，忽视对学生的个性塑造、潜能开发与创业创新能力的引导。从这个层面来说，我国的高校毕业生社会工作还处于起步阶段，还有很长的路要走，一方面需要配备专业的服务人员；另一方面需要制定专门的服务制度，使之成为大学中的一种固定职业并制度化。

2. 团体的方法

从团体的方法来看，高校毕业生社会工作可以用小组的形式分行业进行经验与信息分享。在大学当中，团体是自然而然存在的，不需要刻意地再去组织，它是现存的。比如说班级是团体、团支部是团体，可以利用这些团体开展相关的社会工作辅导。

人是社会的人，人的出生、人的成长、人的发展都离不开团体。尤其是人在成长的过程中遇到疑惑、困扰的时候，团体常常可以扮演一个重要的助人的角色。职业生涯团体辅导能够帮助学生及时了解同伴信息，沟通分享生涯信息。学生在找工作的时候，虽然社会上也有好多的信息源和咨询机构，但参考最多的还是同伴的意见，所以他们可以分享各自关于生涯的信息。而且职业生涯团体辅导还可以帮助学生在这个过程中学习社会技能。社会技能的学习，最直接的是沟通。职业生涯发展的主要内容就是要在开放的、安全的环境中去探索个人，去探索职业，去了解自己怎样做决定，学习做决定的技巧和方法。团体辅导就是要借团体的形式来帮助参与团体的人员能够进入团体的动力而获得自我的觉察，然后学习一些社交的技能，来发展人的适应性的过程或者一种助人的专业技术。团体之所以能够帮助人，是因为团体营造了安全、接纳、尊重、信任的气氛，在这里可以获得支持的力量。因此，团体辅导是一种有效的教育活动。

大学生在职业生涯方面的困惑包括很多方面，尽管各高校都有了就业指导中心，而且投入的钱远远比心理咨询要多。目前面对的高校就业指导工作，就是应该怎么样去帮助处在困惑、迷茫、探索中的大学生，使他们能够更加清楚自己未来的发展，也能够使生涯规划成为一种自我调试的能力。

3. 社区工作的方法

从社区的角度来看，高校毕业生社会工作要求高校加强与用人单位之间的互动，不仅要做好就业信息的反馈与人才市场的预测，还要加强与用人单位的沟通，在紧密的沟通联系中解决人才的供需矛盾，在这种互动过程中加强双方的相互了解，拓宽学校与用人单位的合作空间。同时，不但高校要主动加强与外界的交流与联系，就业指导机构也要加强与外界的交流与联系。与外界建立密切的合作关系，掌握大量就业信息，尤其是信息不能局限于地区之间，范围应该更广，这样更有利于对就业市场的需求加以研究与预测。如可以邀请企业的人力资源主管和部门主管定期进行演讲、咨询、模拟面试等。

（二）高校毕业生社会工作的内容与实践

1. 高校毕业生社会工作的内容

（1）宏观层面。高校毕业生社会工作的内容可以从宏观和微观两个角度进行。从宏观上讲，高校毕业生社会工作的有效进行需要一个良好的社会舆论环境，因此工作的内容应包括以下方面：

1）发展和完善与毕业生相关的法律、政策。国家在有关高校毕业生成长与发展、开展青年工作、推进青年事务方面制定了涉及高校毕业生就业与社会保护的一系列较有影响力的政策，丰富和完善了原有的相关规定，极大地推动了高校毕业生社会工作的顺利进行，为高校毕业生的成长和发展发挥了积极的作用，有利于社会的稳定、发展和进步。但扩招之后的现实情况迫切需要对相关政策的系统性、规范性、科学性、可操作性等方面做较大的改进和提升，使原来规定粗糙的、原则性的、宣言性表达的层面逐渐向具体性的、全面性的、真实性的层面转变，在政策上切实可行地保证高校毕业生的发展，促进高校毕业生社会工作的有序进行。

这要求人们要进一步整合社会上各类信息资源，扩大就业信息服务，大力开展面向高校毕业生的一系列就业服务活动，增强各级人才市场、人力资源市场服务高校毕业生的作用。

2）设立专门的社会工作辅导机构。目前我国高校针对毕业生的辅导机构主要是大学生就业指导中心，为毕业生开展的辅导工作主要是就业辅导。目前高校也配备有专门的心理咨询中心，承担一部分毕业生辅导工作，但实际效果并不好，因为学生面临各种毕业问题时很少主动求助心理中心。而高校真正意义上的社会工作服务机构还很少，专门针对毕业生的更少。开设专门的社会工作机构不仅可以运用专业的方法更好地挖掘毕业生自身的潜力，更主要的还可以帮助学生充分利用现有的人、财、物资源，在就业市场上达到事半功倍的效果。同时对于开设了社会工作专业的学校来讲，充分利用校内已有的社会工作者队伍，也可以为他们提供实践的机会，使他们学以致用，充分发挥专业的实用价值。

在西方国家，各个高校都把毕业生的生涯辅导作为重要责任，配备有专业的指导人员，这些指导人员都有正式的学历和资格证书，并且都受过专业的训练，学校都有专门的机构负责为学生提供服务。

3）构建一支职业化、专业化的社会工作服务队伍。高校毕业生社会工作的有效开展和实施需要一支具有专业素养、卓有成效的社会工作队伍，因此，在高等院校组建一支针对毕业生工作的稳定的工作队伍显得尤为必要。学校可以根据自身的情况充分利用现有的在职人员进行系统的有关毕业生社会工作的理论和方法的专业培训，推动高校社会工作的专业化和高效化，以便更好地为毕业生的成长与发展服务。但就我国社会工作的发展来看，目前我国社会工作还没有一套完整的有中国特色的社会工作理论体系，尚未形成科学而有效的社会工作运行机制，从业人员严重不足，而且现有的社会工作从业人员总体上学历、水平较低，多数没有接受过系统的社会工作专业教育，工作手段和方法比较落后，难以提供个性化、多样化、系统化的专业服务。因此，高校毕业生的辅导迫切需要构建一支稳定的、受过专业训练的社会工作人才队伍。

4）继续深化高校教育改革，为毕业生走向社会打下良好的基础。高校办学和专业设置要更好地适应社会需要，要突出自身办学特色。大学没有特色，就没有生命力；人才没有特色，就没有竞争力。因此，高校要整体优化专业设置。高校专业设置既要考虑当前的社会需要，又要考虑社会长远发展的需要，要有特色且要稳定，要在动态中稳妥地调整，突出重点学科专业建设，增强学科专业的竞争力。因此，高校要切实提高高校毕业生就业竞争力和社会适应力，既要注重学生的综合素质培养，增强他们的学习提升能力和发展能力，又要注重其实践能力培养,不断提高他们的动手能力和操作能力。高校可以通过扩大"三支一扶"计划和高校毕业生就业见习示范基地规模,加强大学生创业园建设,增加大学生就业见习岗位。高校应配合有关方面,鼓励、引导高校毕业生到农村、基层和企业开展自主创业和灵活就业,不断拓宽高校毕业生使用渠道和就业范围;积极探索建立离校后未就业高校毕业生求职登记和服务制度,提供及时有效的就业公共服务。

高校相关部门要积极宣传其他就业先进高校的工作经验,进一步发挥就业对高等教育发展和改革的导向作用,促进高等学校积极面对社会市场需求,科学定位办学育人方向、加快调整学科专业结构、深入改革人才培养模式,逐步形成政府积极引导、高校按社会发展和市场需求培养人才的长效就业工作机制。

5)进一步加强高校毕业生社会工作的校际交流和社会合作。随着高校招生规模的进一步加大、速度的进一步加快,高校毕业生在成长和发展过程中面临着许多相同或相似的矛盾、问题与处境。因此,在高校毕业生社会工作的领域,应加强校际之间的交流与合作,进一步扩大交流与合作的范围,拓展交流与合作的内容,创新交流与合作的形式,从而促进高校毕业生之间的相互了解和共同进步,也为高校毕业生提供更为全面的社会服务。同时,高校毕业生社会工作不能仅仅依靠学校包揽毕业生社会工作的一切事务,而需要全社会各方面的力量去配合,因此具有广泛的社会性。高校毕业生是青年工作的重点工作对象,所依托的资源和产生的效果均表现出复杂的社会性,使得高校毕业生不能单纯依靠某一方面的力量来完成,而必须依靠全社会共同参与,加强广泛的社会合作,形成全社会共同关心帮助高校毕业生发展成才的良好氛围。

社会工作的助人活动是一个连续的、有目的的改变过程。高校毕业生社会工作的出发点和落脚点都是服务高校毕业生,使其实现自己的人生价值。在扩招的大背景下,高校毕业生面临的挑战和压力有加大的趋势。只有在制度保障、机构保障、辅导队伍专业化、社会合作、深化高校改革的基础上进行的社会工作,才是卓有成效的科学的助人服务活动,才能实现社会工作助人、救难、解困、发展的正功能。

(2)微观层面。从微观层面讲,高校毕业生社会工作应紧紧围绕毕业生所面临的主要问题开展，因此，其主要内容包括以下方面：

1）针对毕业生的心理问题，建立危机干预机制。毕业生心理危机干预机制，就是当发现学生出现心理危机时，相关工作人员要预先发出警报并采取相应措施给予及时的保护，防止过激行为和严重侵害发生，从而达到最大限度地降低损失的目的。大学毕业生心理危机的主要干预对象有以下四类：

第一，贫困大学毕业生。经济困难的毕业生生活境况比较艰难，自身有较强烈的无助感，同时家人和他们自己对就业都有较高的期望值，这些都会使他们产生心理压力。当就业不顺利时，容易产生较深的焦虑和自责情绪，如果这种焦虑不能得到缓解，常常会引发心理危机。

第二，面临升学压力的毕业生。由于就业形势不容乐观，高校毕业生一方面为了提升自身素质，怀着继续深造的理想；另一方面又充满着对工作的期望。

第三，其他特殊毕业生群体。主要指依赖性强、生活自理能力差、沟通能力差、自我封闭、心理与生理不能同步成长的大学毕业生群体。

2）针对大学毕业生的情绪、情感问题，建立完善的社会支持系统。提供社会支持是帮助大学毕业生应付压力的有效手段。完善的社会支持系统包括家长的宽容、同学的支持、教师的关爱等方面。当学生出现情感危机时，如果能启动社会支持系统的话，将能使他获得心灵的支持与慰藉，从而勇敢地渡过难关。另外，社会支持可使消极情感如焦虑、失落、愤怒、恐惧、挫折等得到某种宣泄，这对舒缓压力和紧张的情绪是非常必要的。作为大学毕业生，同学和教师是其社会支持的主要对象。学校还应该重视学生家长与毕业生本人在离校阶段的联系，这样可以缓解学生在离校阶段的消极心理。亲戚朋友提供的关心、理解、认同是社会巨大的支持力。这方面的工作在国内高校是个空白点，而国外就非常注重毕业生的毕业典礼，如请家长参加学生的毕业典礼等，其目的正是给予毕业生更多的社会支持和成就感。

3）针对学生就业问题，开展职业生涯辅导。生涯辅导是指依据一套系统的辅导计划，通过辅导人员的协助，引导个人探究、评判并整合运用相关知识、经验而展开的一系列活动。这些知识、经验包括：对自我的了解，对职业世界及有关影响因素的了解，对生涯规划和生涯决定中必须考虑的各种因素的了解，对个人成功必须具备的各种条件的了解，等等。

职业生涯辅导又称职业生涯规划，是指个人与组织相结合，在对一个人职业生涯的主客观条件进行测定、分析、总结的基础上，对自己的兴趣、爱好、能力、特点进行综合分析与权衡，结合时代特点，根据自己的职业倾向，确定其最佳的职业奋斗目标，并为实现这一目标做出行之有效的安排。职业生涯设计的目的绝不仅是帮助个人按照自己的资历条件找到一份合适的工作，达到与实现个人目标，更重要的是帮助个人真正了解自己，为自己定下事业大计，筹划未来，拟定一生的发展方向，根据主客观条件设计出合理且可行的职业生涯发展方向。

职业生涯辅导不同于就业指导。就业指导的任务是：帮助和引导学生了解社会，了解职业和专业，了解自己的生理、心理、兴趣、能力、价值观等特点，增强学生的职业意识和对未来职业的适应能力，选择符合社会需要及身心特点的职业。生涯辅导是以个体心理发展规律为依据，以生涯发展过程为着眼点，在生涯辅导或心理咨询专家的帮助下，明确自我生涯发展方向，正确理解、整合，运用各种知识、经验去解决生涯发展中的各类问题，从而获得自己生涯的良好适应和发展。其着眼点是每一个人，强调个人发展的"自主性"和"个体性"。即学生自己是主体，外部提供的各种生涯辅导帮助都是为学生服务的，目的是让学生逐步建立起对自己个性、特点、优劣势的判断，树立对外部社会、职业世界的认识和评估，并能根据个人兴趣、能力和社会的需求规划自己的职业人生发展道路。

4）针对毕业生面临的社会适应问题，建立实习基地，加强校企合作。实习基地是指为满足实践教学需要，由高校与校外企事业单位共同建立的、具有一定规模并相对稳定的实习场所。毕业生实习基地为毕业生提供了就业培训和实践的机会，真正做到理论联系实践，从实践中体会所学内容，加深理解，快速提高毕业生职业技能，使其成为更加贴近市场的人才。同时，对于学校来说，就业率的高低将越来越直接影响到一所院校的稳定与发展，影响到一所院校的声誉和前途。因此，建立就业实习基地促进就业问题的解决，对于维护校园稳定，促进和谐校园建设、和谐社会建设也具有重要的意义。

长期以来，我国高等教育过度重视理论的传授而轻视实践技能的培养，致使社会上学术型人才与技术型人才中间出现断层，造成人才结构的不合理，而社会上用人单位急需大批能将科技成果及时转化为物质产品和现实生产的服务型技术人才，因此，加强校企合作既能发挥学校和企业的各自优势，又可弥补双方的不足是一个迫切需要解决的问题。为此，高校普遍采取"产学结合，校企合作"模式，加强学校与企业的合作、教学与生产的结合。这种模式可以使校企双方互相支持、互相渗透、双向介入、优势互补、资源互用、利益共享，是高校与企业（社会）双赢的模式之一，也是实现高校教育及企业管理现代化，促进生产力发展，加快企业自有人才的学历教育，使教育与生产可持续发展的重要途径。

校企结合的方式方法很多。就办学形式而言，有企业办职校，职校办企业，"定单教育"，职校与企业联合办学，职业教育集团化等；就师资队伍建设而言，有聘请企事业单位工程技术人员，管理人员和有特殊技能的人员到职业学校担任兼职教师，职校教师到企业进行社会实践、蹲点调查；就教学而言，可采取"请进来，走出去"等。不同的方式各有所长，重要的是根据学校条件、专业要求来决定校企结合形式。目前普遍采用的是"产、学、研结合"的方式。产、学、研结合可以充分发挥高等院校和科研机构所拥有的智力资源优势，进行产业升级中的关键技术攻关研究，从而实现企业的技术创新；通过科技人员之间、科技人员和管理人员、市场营销人员与生产工人之间的互相沟通与交流，实现人才的组合；产、学、研各方面掌握的各种信息包括最新科技动态，新技术研制和新产品生产过程，生产供需和政策法规信息，通过产、学、研的结合汇集在一起，实现信息的有效组合与综合利用。

对于高等院校来讲，充分利用企业的信息、技术和设备优势可以及时调整专业设置和培养目标，培养出真正适应社会经济发展需要的高素质、强技能的人才。这也要求学校和企业达成互信共认的伙伴关系，紧紧依靠企业，让企业技术人员及时为学生传帮带，提高学生的职业能力，提高学生在就业市场上的竞争力。

2. 高校毕业生社会工作的实践

高校的社会工作实践可以从以下方面进行：

（1）开设生涯辅导课程，对学生进行职业生涯规划辅导。针对毕业生的生涯辅导主要是主要职业的生涯规划。职业生涯规划可以帮助大学生在对自己的兴趣、爱好、能力、特点、职业倾向等进行综合分析与权衡的基础上，结合时代特点选定自己的最佳奋斗目标，并为实现这一目标做出行之有效的安排。一份行之有效的职业生涯规划不仅可以帮助大学生发掘自我潜能，增强个人实力，还可以增强发展的目的性与计划性，提升成功的机会，进而提升应对竞争的能力。开展职业生涯规划的具体步骤如下：

第一，自我评价。自我评价也就是要全面了解自己。一个有效的职业生涯设计必须是在充分且正确认识自身条件与相关环境的基础上进行的。

第二，确立目标。确立目标是制定职业生涯规划的关键。通常目标有短期目标、中期目标、长期目标和人生目标之分。长远目标需要个人经过长期艰苦努力、不懈奋斗才有可能实现；确立长远目标时要立足现实、慎重选择、全面考虑，使之既有现实性又有前瞻性。短期目标更具体，对人的影响也更直接，也是长远目标的组成部分。

第三，环境评价。职业生涯规划还要充分认识与了解相关的环境，评估环境因素对自己职业生涯发展的影响，分析环境条件的特点、发展变化情况，把握环境因素的优势与限制，了解本专业、本行业的地位、形势以及发展趋势。

第四，职业定位。职业定位就是要为职业目标与自己的潜能以及主客观条件谋求最佳匹配。良好的职业定位是以自己的最佳才能、最优性格、最大兴趣、最有利的环境等信息为依据的。职业定位过程中要考虑性格与职业的匹配、兴趣与职业的匹配、特长与职业的匹配、专业与职业的匹配等。

第五，实施策略。就是要制订实现职业生涯目标的行动方案，要有具体的行为措施来保证。没有行动，职业目标只能是一种梦想。要制订周详的行动方案，更要注意去落实这一行动方案。

第六，评估与反馈。整个职业生涯规划要在实施中去检验，看效果如何，及时诊断生涯规划各个环节出现的问题，找出相应对策，对规划进行调整与完善。

由此可见，整个规划流程中正确的自我评价是最为基础、最为核心的环节，这一环节做不好或出现偏差，就会导致整个职业生涯规划各个环节出现问题。

（2）开设社会工作服务中心，采取多样化的形式开展毕业生社会工作。目前，鉴于我国的高校还没有专门的社会工作服务机构，学校可以以社会工作服务中心的形式承揽部分毕业生社会工作。当然，也可以利用原有的就业指导中心和心理咨询中心进行机构的整合。这样学校就可以充分利用现有的资源，采取多样化的形式开展毕业生社会工作，提高就业指导的针对性和有效性。社会工作服务中心针对毕业生的工作主要体现在如下方面：

1）对毕业生进行相关调研工作。对毕业生的调研包括：毕业生心态的调查；毕业生的思想政治状况调查；就业观和就业意向调查；薪金期望值调查；职业适应性调查；人际关系调查；专业的教育与教学状况调查等。开展毕业生调研工作一方面可以及时了解毕业生面临的各种问题，了解毕业生自身存在的各种不足，及时调整专业目标和人才培养方案。同时，对毕业生的质量跟踪调查和市场调研工作，还可以了解毕业生就业的各种动态和市场需求，为高等教育体制改革进行信息反馈，提出合理化建议。

2）就毕业生面临的心理困惑进行个案的或团体的辅导和咨询服务。现在大部分高校针对毕业生的心理问题都是由心理咨询中心来负责辅导的。但是由于心理咨询室在大多数学生看来是只有存在心理问题的学生才会去的地方，所以多数学生并不能从中受益。但是，毕业生面临的心理问题却是普遍的。社会工作服务中心可以利用专业的优势，积极开展心理辅导工作，及时发现学生中存在的不良心理和行为。发现了问题以后，要帮助学生积极调整心态，寻求教师、家人的理解和指导，帮助学生及时走出困境，积极面对人生的挑战。必要的时候，要求助于专业的心理辅导治疗。

此外，中心在设备上可以充分利用现代化的通信设备，如多媒体、计算机、网络视频、可视电话、传真机等，提高中心的信息化水平，同时可配备专用报告厅、洽谈室、资料室以及相关的网络化办公设备，让学生可以方便地了解全国的招聘信息，提高就业的机会。

3）做好毕业生政策宣传和相关的日常服务工作。

第一，宣传工作。宣传、贯彻国家和地方高校毕业生就业的方针和政策，制定高校毕业生就业工作规定，负责毕业生就业工作的组织、管理、协调和实施；编制毕业生就业建议计划并报上级主管部门审批；积极做好毕业生资源的对外宣传工作。

第二，组织工作。组织系、二级学院开展毕业生就业推荐材料的填写和审核工作；为毕业生办理就业派遣手续；为毕业时尚未落实单位的学生办理人事和档案托管手续；协助相关部门做好选调生、免研和考研学生的推荐工作；负责处理毕业生就业过程中的违约改签及遗留问题；协助办理毕业生报到证的发放及协调各部门办理毕业生离校手续；协助做好毕业生教育和毕业生文明离校工作。

第三，信息管理与维护工作。收集、整理与发布毕业生就业信息，开发并维护毕业生就业信息网。

第四，相关活动。聘请相关专业的成功人士、政府官员、校友、国际大公司经理等做顾问，为学生开设就业指导讲座，提供职业咨询服务，使学生了解社会职业特点，发现自己的不足，明确自己的努力方向，增强求职自信心，提高学生的就业素质，增强就业竞争能力；组织校内毕业生就业供需见面、双向选择活动，为学生参加校内外就业双选市场提供指导和服务；积极开展日常就业咨询、指导服务；加强与用人单位的联系与交流，努力开辟更广泛的就业基地。

（3）建立毕业生就业实习基地。所谓就业实习基地，是指通过签订相应协议建立校企合作关系，校方授权企业为学校定向校外实习基地，企业定期吸收在校生作为实习对象，进行培训、工作，最终获得双赢的合作方式。一般校方的权利包括负责对企业的申报条件进行核准，根据企业的安排，为其输送相关专业的实习学员；为企业到学校进行人才培训、委托培养、课程进修、咨询服务、信息交流等方面提供便利和技术支持；在招聘毕业生时，学校优先推荐学员参加等。而企业方的权利和义务一般包括定时定量接收学生到单位实习；制定实习规范，指定专门的技术与管理人员作为实习指导教师，对实习学生进行实习鉴定；招聘员工时，同等条件下优先录用学校推荐的学员等。目前各个高校为大力开拓就业市场、建立稳定的学生就业网络，普遍采取与企业和相关单位建立双向合作关系的做法。学校通过采用各种方式与用人单位建立互惠互利的战略伙伴关系，建立稳定的毕业生就业基地，为学生就业创造了更广阔的空间。

第四节　高校社会工作嵌入新生管理的专业平台搭建研究

新生作为高校学生管理工作的"特殊群体"，他们具有显著个性差异性及多元化需求，同时也面临着诸多成长性问题。在新时代背景下，有效拓宽高校学生管理工作职能是解决新生适应性问题的关键。高校社会工作嵌入新生管理不仅可以提高管理工作质量，而且能够创新高校新生管理工作模式。目前，高校社会工作的发展仍处于局部探索阶段，山东工商学院、中国青年政治学院为典型代表。华东理工大学结合社会工作专业背景创建了新生入学适应小组，致力于解决新生适应性问题，有效缩短新生适应性周期。从社会工作角度出发，首先对高校社会工作内涵与嵌入式模式进行论述，构建高校社会工作嵌入式框架。其次，从制度逻辑层面探讨高校社会工作与高校学生管理队伍的耦合性，并阐述在嵌入过程中所面对的困境。最后，从现实层面论证高校社会工作对于新生管理的现实意义。[1]

一、高校社会工作的嵌入模式分析

近年来，社会工作发展迅速，其服务领域涵盖医疗、家庭、教育、社区、禁毒等。围绕教育领域开展的学校社会工作也被广泛重视。学校社会工作是社会工作体系中的重要组成部分，同样具备在复杂环境中化解服务对象实际问题的能力，有效解决学生群体学习、生活方面问题，健全学生社会化人格的专业性服务，其本质上也是一种助人的专业化活动。随着我国社会转型的深入，部分复杂性社会问题投射到高校之中，给学生管理工作带来新挑战。在新形势下，将社会工作理念、方法嵌入到思想政治教育为核心的高校学生管理体制中。部分城市与学校也积极推进"一校一社工"的实践，学校社会工作得到了快速发展。

---

[1] 张斯虹. 社会工作嵌入高校学生工作研究 [M]. 广州：中山大学出版社，2013.

严格意义上来说，高校社会工作的提出与学校社会工作有着密切关联性，同属于社会工作范畴。

目前，国内部分高校也对高校社会工作的实践展开探索，例如：北京大学通过"信仰苑"成长小组为学生提供个案和团体性辅导；中国青年政治学院则结合社会工作特色设立公益服务热线，并创办具有社会工作特色的工作室，运用社会工作专业方法引导新生群体进行自我探索，提升适应性；山东工商学院创建了全国首家学校社会工作服务中心，致力于为本院学生排忧解难。因此，高校社会工作队伍由具有专业特长的师生群体组成，其服务对象主要为在校大学生，重点解决他们在学校场域内的个人成长、环境适应、人际交往等问题。不仅如此，高校社会工作作为一项社会工作领域的成熟服务，可运用个案、小组、社区等方法实现校内外的资源链接来解决学生群体的现实困境，同时弥补了当下高校新生管理工作的短板。

"嵌入"一词原用于解释经济活动与社会之间的关系，是社会经济学领域的一个重要概念。嵌入模式是指一个系统内生于另一系统，互嵌于双方之中。高校社会工作的嵌入以"人在情境中理论"为前提，将个人成长与所处环境相互联系，分别从心理因素、环境、社会因素中加以考察。其嵌入途径从社会工作与学生管理工作之间的交集点切入，尝试将社会工作的理念、方法、思维与学生管理工作有机结合，将"助人自助"的专业理念与"立德树人"的培养理念相融合。在运行机制上，高校社会工作遵循"一体两翼"组织框架。"一体"指的是以学生管理为主体。在现实中，学生管理工作涵盖了宿舍、班级、社团、就业、生活等内容，囊括了学习、生活等领域，是维持在校生安全稳定的核心。高校社会工作嵌入必须与原有学校管理工作优势互补，平等对话，形成合力，防止"越权"的现象。"两翼"指的是预防功能和干预功能。预防性工作将学生管理端口前移，通过校园文化建设、心理疏导、生命教育、职业发展规划辅导、集体认同等方式，减少新生学习生活方面问题的发生率。干预性工作则指问题的解决和能力提升，对困难学生群体提供实质性介入。此外，制度性嵌入需要建立一套评估系统，将每次活动开展的成效逐一记录并反馈到评估系统中，对整体理念、方式方法、活动效果进行反思和总结，促进学生管理的不断自我优化。

二、高校社会工作嵌入新生管理的制度

随着高校教育进入新时代，高校学生工作越来越注重服务性。当前，高校学生管理工作主要由专业队伍和专门性职能部门所承担，专业队伍一般由专职高校辅导员组成，组织机构一般在党政领导下设立学生工作处、教务处等主要职能部门。因此，高校社会工作的嵌入不能脱离于辅导员群体与组织机构。[①]

（一）高校社会工作与辅导员队伍的耦合性

1. 秉承工作理念的高度一致性

高校辅导员是当代大学生思想政治教育工作的主体，是大学生成长成才的领路人与贴心人。作为高校教师队伍中的一员，大学生思想政治教育的落实者，其主要任务是用正确的价值观帮助学生树立良好的道德品质，用科学方式向学生传授正确的生活之法，为广大学生排忧解难，帮助学生减少偏差行为，从而回到正常的状态。在育人过程中，高校辅导员同样强调新生的自主性、能动性与创造性的早期培育。高校社会工作作为社会工作的一个类别，在对待新生教育上同样强调学生的自主独立性，认为学生是独立个体，具有与生俱来的独立解决问题的潜能。因此，高校社会工作与高校辅导员价值理念一脉相承，在以"学生"为本的维度上具有高度一致性。

2. 学生管理工作内容的互通性

高校辅导员工作内容广泛，在新生管理上分为日常生活管理和思想政治教育两条主线，工作内容可大致概括为在校期间的思想道德教育、安全防范普及、择业就业服务、助学扶贫工作、心理健康引导以及学风班风建设等。换言之，辅导员队伍在各项新生管理工作中发挥着不可替代的作用，同时也是学校、家庭、社会、学生之间的联结纽带，肩负着维护学生自身利益和高校和谐稳定的重任。高校社会工作运用专业理论与方法不断引入内化，以接纳的态度为全体新生实施多维度的专业服务，帮助新生提升适应能力，调适偏差行为，通过助人机制让新生不断认识自我、完善自我，注重学生的全面发展。从宏观上看，

[①] 王信翔.高校社会工作嵌入新生管理的策略研究[J].厦门城市职业学院学报，2020，22（02）：44-50.

两者在学生工作范围上具有互通性，都是采用专业方法帮助学生有效解决问题，让学生在社会化过程中收获成长。当然，高校辅导员为高校社会工作的落实开展提供了保障，而高校社会工作也是拓宽高校辅导员工作方式方法的新途径。

3. 方式与方法的互鉴性

高校社会工作方法以个案、小组、社区三大方法为主。不同层次方法应用与辅导员的常规工作互为补充。高校辅导员工作需要面对不同新生个体和独立性问题，主要表现在心理、学习、助困就业等辅导工作。个案性的辅导工作可以帮助学生实现社会化目的和学校教育的目标。高校社会工作的个案运用不仅注重于问题的解决，同时还关注不同情景系统的影响，实现一对一的专业助人关系。以心理干预为例，高校社会工作介入与辅导员的干预颇为相似，在个体差异原则下采用平等对话，形成专业关系。在小组工作上，高校辅导员参与到不同的班级、学生社团、党团支部的建设中，为小组工作的开展提供了载体，由学生自发组建的兴趣小组也增加小组类别数，这与小组社会工作开展方式相符合。同样，在党、团引领下组织活动，架起了学校与社区之间的纽带，开辟了学校外的第二社区课堂。通过志愿者服务、活动进社区的形式增进学生归属感，丰富辅导员的育人方法。因此，将高校社会工作专业方法融入辅导员工作当中，为辅导员育人工作提供了可选择空间。

（二）高校社会工作与新生管理的互益性

1. 明确高校新生的管理目标

长期以来，高校作为大学生思想政治教育和培养高素质人才的主阵地，秉承自我教育、自我管理、自我服务的理念，对学生进行思想层面的塑造，日常教育引导，以促进学生的全面发展。中央出台的《关于进一步加强和改进大学生思想政治教育的意见》中明确提出了大学生的教育工作要坚持"以人为本"。换言之，学生管理模式要以学生为中心，以学生的需求为着力点。随着新生群体的个性化、差异性逐渐明显，"以人为本"的理念被越来越多的学校所认可。作为一门助人性的专业，高校社会工作同样强调以"案主"为中心的实务原则，即以"人"为中心。在目标上，高校新生管理工作通过思想教育引导与行为塑造让新生群体尽快适应新的学习环境。而高校社会工作则通过专业理论与科学方法为新生提供服务，帮助新生解决生活、学习、人际上等实际困难。在学校场域下，二者皆致力于促进新生的全面发展，以解决他人问题，改善他人所处环境为目标。

2. 推动高校新生管理与服务

随着社会转型的深入，宏观的社会环境发生了巨大的改变。大学生群体受到来自外部环境的影响与冲击前所未有，在新生群体中尤为明显。在制度上，仅仅依靠行政化指令和上下级任务分配的科层制管理架构已经难以适应学校发展需要和学生的个性化成长需要。高校社会工作从专业视角弥补了高校在学生管理方面"重管理，轻学生"的显性弊端。个案、小组、社区三大社会工作方法为高校学生管理工作提供了新视角、新思路。对于新生群体而言，社会工作的嵌入能有效恢复个人功能，对存在问题进行干预。总而言之，高校社会工作的嵌入可弥补当下高校学生工作在学生个性管理方面的短板，进而促进高校新生管理与服务的再优化。

3. 构建有效的社会支持网络

构建有效的社会支持网络是帮助新生尽快适应大学阶段的关键。目前，高校学生管理工作是在学校场域下，由不同的职能部门担任，通过制定严格规章制度开展日常教育、管理、服务。这种管理模式能够最大限度集中校内优势，充分调动学生群体、社团、管理部门之间的联动作用，形成一个稳定的内部运作系统。但是，这种闭环性的管理模式导致学校与外部之间联系不紧密，阻断了学校以外的资源链接。而社会工作能够有效链接社区、家长、社会团体等外部资源，构建"家—校—社"社会支持网络，强化三者之间联系，共同为新生构建多方位、多元化的社会支持体系，舒缓新生群体在初入大学阶段的压力，帮助他们顺利适应从高中过渡到大学的生活。

三、高校社会工作嵌入新生管理的困境

长期以来，国内多数高校主要采用学校为主体的"他治"管理。这种管理模式遵循学校管理为本位，维护学校权威，保证了学校管理的成效性，但也弱化了学生的自主性。传统"他治"型学生管理模式的弊端在学生群体与学生管理二者中显现。同理，新生群体当下问题与新生管理先天不足也成为高校社

工作的主要困境。

（一）新生群体的适应性表现

1. 内化大学生角色过程中存在的偏差

高校新生进入大学后，必须经历从高中生向在校大学生的角色转变。换言之，每一位新生需要不断进行模仿、学习，从而达到内化大学生身份的要求。新生刚步入大学时需要独自面对一个崭新的生存环境。一旦无法做出及时的自我调适，在角色转换过程中容易迷失方向。在学习方面，多数新生还是沿用大学前的学习模式，缺乏主动性、思考性。

在生活方面，多数新生从依赖型的家庭生活模式转变为独立型的集体宿舍模式，并且需要独自面对来自人际、饮食、语言等差异，再加上生活经验不足，容易心生无助感。在人际交往方面，部分新生将大量学习时间用在人际社交、社团联谊等活动，存在人际交往的主观盲目性，甚者造成学业荒废，出现本末倒置的现象。

2. 新生自主能力与现实生活要求相脱节

对于新生而言，步入大学不是单方面从一所学校到另一所学校场域转变，同时也是自身从个体依赖走向独立的开端。适应新的学习环境是每一个新生融入大学生活的"必修课"之一。如今，高校的新生多以"00"后为主，他们多为独生子女。在步入大学校园之前，关于自身的生活起居安排、人生抉择主要由父母代劳。他们在独自面对学习、生活等方面的问题时，更多的是通过学校、父母、教师等途径来寻求解决方法。这样的成长环境在无形中限制了他们独立自主能力的形成，也助长了内心依赖性。

此外，我国现有的教育教学在关于学生自主生活能力培养方面存在一定滞后性。因此，在自理能力和独立性欠缺的前提下，多数新生在面对陌生的大学环境时容易心生不适感，甚者严重影响基本生活，造成对大学生活的期望值降低。换言之，他们内心渴望改变现状的需求与现实行为表现相互冲突时，无形之中给大学生活增负。

（二）新生管理工作功能的缺失

（1）关于新生管理认识度有待提升。从高等教育改革以来，我国高校学生管理工作得到迅速发展，多数高校已逐步建立起相对独立且统一的制度体系，学生管理工作已经具备较为完善的制度体系和专业化水平。但是，新生管理作为学生管理工作的初始环节并没有得到充分重视。此外，学生工作者在新生管理上并没有达成共识，片面将新生界定为大学生涯中的暂时性角色，而缺乏足够的重视。在新生管理上，大致开展思想教育、意识形态、行为引导等普适性工作，并无再细具化、深入化。因此，新生管理工作虽然作为学生管理工作中的一个模块，但处于边缘化状态，进一步阻碍了高校新生管理工作发展。

（2）新生管理队伍的专业水平不足。管理人员专业化水平是衡量管理工作质量的关键，对于高校新生管理工作亦是如此。在数量配比上，多数学校专职辅导员与新生之比并没有达到教育部规定的1∶200比例要求，难以满足当前新生管理工作的需要，有的甚至出现新生与老生交叉管理的模式，难以演绎新生管理"多面手"的角色。从专业素养来看，新生管理队伍专业素养参差不齐，部分工作者仍然沿用落后的管理理念，在面对错综复杂的新生问题时缺乏有效的解决方案。在人才培养方面，有些高校并没有专门设立针对新生的培训机制，不利于新生管理人员的专业性成长，导致部分新生管理人员缺乏职业热情。此外，在新生管理上存在一定随机性，导致新生管理人员热情消减，增添新生管理队伍的不稳定性。

（3）新生管理制度系统性有待优化。缺乏一套系统性管理制度是新生管理工作存在的问题之一。高校对于新生的管理仍然强调"德育教育"为首，内嵌于学校学生管理结构中，无论是政策制定、制度运行，还是新生管理工作人员配置、工作执行，均没有再设立单独的管理制度。学生管理工作内容的多元性，需要涉及学生的方方面面，而管理程序不健全和运行制度不完善容易对新生管理工作造成冲击，难以收到应有的管理成效，造成制度无章可循的困境。一方面，新生管理工作强调制定规范性章程以达到约束学生的目的；另一方面，却经常制定临时性的"文件""规定"，新生管理上难以集中统一。同时，高校新生管理制度设计过于笼统，针对性和科学性不足，对具体事务性工作不具备指导意义。

四、高校社会工作嵌入新生管理工作的优化途径

随着社会工作的本土化进程不断深入，不少学者尝试将社会工作方法、专业理念融入高校管理中。学者林胜义在《学校社会工作》一书中提出了大专院校与中小学领域一样，均可以设置社会工作者。诚然，高校学生管理与社会工作之间具有紧密的共生性，新生管理方面亦是如此。在服务对象方面，二者均是以"人"为主，致力于解决他人的问题，满足他人需求。总之，社会工作与高校学生管理并不是彼此孤立存在，而是制度上的一种互为补充。从专业角度而论，高校社会工作应该发挥专业优势，运用科学的方法和技巧，进行助人的活动。

（一）搭建校内优势资源网络

优势视角起源于20世纪80年代，强调以人的优势为核心，优先关注优势，倡导案主通过自身的力量达到解决问题的目的。将优势视角理论应用到解决新生活的问题，开发新生的优势和资源，挖掘其潜能，引导新生自觉，回归到正常的学习状态。首先，以优势视角理论为基础，发挥校园文化育人功能，积极弘扬校园软文化，全方位向新生介绍学校特色、培养方案、管理模式，潜移默化地塑造新生归属感，让新生找到学习落脚点，主动调整自身学习方法，提升学习能力。其次，加强对学生情感关怀。倡导各个学院（系）建设新生反馈机制，收集新生关于教育教学的设想，建立"师生伙伴"关系，提升内在抗逆力，使他们相信自身具备足够的潜力去克服学习上的困难。最后，设立奖励机制，树立新生的良性竞争意识，增强学习的动力，通过开展各种以新生为主体的学科知识竞赛，让学生在参与过程中了解自身实力，激发潜能，帮助他们自我学习、自我成长。

（二）建构"家—校—生"联动工作模式

关于新生生活方面出现适应困难的问题，高校社会工作大力倡导社会工作"助人自助"的专业理念。从思想上认同每一位学生的潜在能力，相信他们能够发挥自己的潜力顺利适应大学生活。有针对性地开展相关生活辅导，进一步培养他们独自生活能力和大学所需的必要生活习惯与态度。对适应方面的困难或者重大挫折的学生，采用个案辅导，进行启发式指导，赋予独立生活的技能。

对于普适性的问题可采取小组介入的工作模式。此外，高校社会工作的介入应积极构建新生社会支持网络，通过书信、网络、电话等形式积极与学生家长进行沟通。通过座谈会、交流会等形式了解每一位学生的成长特性，构建家长、学校、学生三者互动的支持体系，丰富原有的学校管理方式，共同解决新生在生活方面的问题。

（三）建立专业平台强化新生角色定位

社会角色是指个体在社会群体中被赋予的身份及所对应的功能，是处在一定的社会位置与之相配套的个人行为模式。依据社会学相关理论，改变个体的角色行为模式分为两种策略：一是从改变个体的行为模式入手，二是从改变个体的观念入手。针对新生角色转换过程中所出现的问题，以"思想教育"为主，"行为指导"辅之。

新生初入大学时，应结合高校社会工作的专业特色开展系统性的新生思想教育，促使新生更进一步领会角色使命，及时调整心态，进一步审查自己所担当的角色，进一步弥补因角色转换不彻底所产生的角色差距。还应积极建立新生活动平台，将社工元素渗透到学校的软文化中，正确引导新生对"大学生"角色的认知。同时，加强开展心理辅导咨询和情绪疏导工作，建立心理咨询服务中心，对角色转换过程中所出现的心理问题进行"危机干预"，增强角色的抗压力，让新生尽快胜任"大学生"角色。

（四）推进高校社会工作因校制宜的试点

目前，一些发达国家和地区的高校，普遍存在运用社会工作专业理念与方法为在校生服务的情况，社会工作在高校管理中占据着重要位置。换言之，高校社会工作嵌入学生管理有着特定的空间与专业优势。但是完全照搬他校经验和做法并不能完全化解目前学生管理上存在的问题。在现实中，推进高校社会工作要立足于校情、学校特定环境来制定一套切实可行的嵌入途径，从而有效对新生群体提供实质性的帮扶。此外，高校社会工作的试点能形成学校管理工作在新生管理方面的政策性倡导，修正原有新生管理工作的偏差，推进现实成果转化，促使新生管理工作定位更加明确化、清晰化。

高校学生管理必须充分考虑当代大学生成长的特殊性。新生管理工作是高校学生工作的重要环节，更加注重在管理层面的规范性、科学性、多元性。社会工作在我国发展至今，已经具备较为完善的体系，在解决新生实际问题时具备一套完整的实务流程。遵循尊重与接纳专业理念，高校辅导员与学生彼此之间能够建立更加紧密平等的师生共同体。高校社会工作嵌入为高校辅导员队伍扩展工作职能、调适自身角色、提高学生管理水平提供了方向。同时，高校社会工作也必然为学生管理工作改革、学生管理思维创新注入新动力。当然，高校社会工作嵌入是否会造成学生管理内容重复性，挤压辅导员队伍的生存空间等问题值得研究与探讨。

总体而言，高校社会工作嵌入高校新生管理工作具有可行性、操作性。高校社会工作不仅关注新生健康成长，还遵循"人在情境中"的理念，注重学生的成长环境，引导新生学会在新环境中调整自己，与环境形成良性互动，不断完善自我。但是，嵌入同样存在局限性，并不是对新生所有问题全盘接纳，而是有选择性地嵌入。与介入相比较，嵌入避免了服务对象的被动型。就制度层面而论，嵌入属于制度上有益补充，通过高校社会工作的嵌入构建一种新的制度模式，与原有高校管理工作和管理队伍相辅相成，拓宽高校新生管理工作深度和广度。嵌入过程中价值、理念的应用以及管理方式的探索创新，是对高校新生管理乃至学生管理工作的正向补充。新形势下，高校社会工作嵌入高校新生管理工作的机制已经成熟，为建立更合理的高校新生管理工作做出有益探索。

第六章　高校社会工作专业的转型与未来发展

中国社会工作事业的发展，与高校社会工作专业教育的勃兴密不可分。伴随我国部分本科高校转型改革工作的持续推进，调整与发展是社会工作专业教育面临的重要问题。社会工作专业教育的探索，除关注教育模式的创新、教育困境的突破、本土化教育路径的探索外，教育本身人才培养质量同样需要给予极大的关注。本章重点围绕非营利组织与高校社会工作专业的融合性发展、开放教育社会工作专业发展路径——嵌入性模式、社会工作专业与高校协同创新的效应及其路径选择展开论述。

第一节　非营利组织与高校社会工作专业的融合性发展

随着开设社会工作专业的高校数量和高校所招收社会工作学生人数的不断增长，社会对社会工作专业学生吸纳成效的问题却日益凸显，社会工作毕业生中实际上只有10%～30%的学生选择了能与专业对口的工作。从某种意义而言，非营利组织是社会工作的重要买方市场，如何实现非营利组织与高校社会工作人才培养目标的无缝对接，实现非营利组织人才队伍建设与高校社工人才培养的双赢状态，将是本书研究的核心问题。

一、非营利组织吸纳高校社会工作人才成效低的主要原因

从学缘结构上来说，非营利组织是社会工作专业的重要买方市场，这一点

是毋庸置疑的。但是，在现实生活中，因非营利组织自身发展起步比较晚，组织间发展进度良莠不齐，组织内部管理机制不健全、资金短缺、薪资待遇较低、工作压力大、社会认可度低等诸多内外原因的存在，使得非营利组织虽然求才若渴，但往往吸纳不了高端优秀人才的加入。同时，鉴于非营利组织起步晚，各种制度、机制发展不如政府、企业部门健全，使得其在人才吸纳的竞争过程中处于劣势地位，甚至出现了一部分已培养成熟的人才外流向企业、政府部门的现象。

高校社会工作专业人才培养过程的缺点主要有以下两个方面：[①]

（1）高校社会工作专业人才培养实践本土化较弱，学生认可度较低。在中国目前的国情之下，高校人才培养过程"重理论，轻实践"的问题长期存在，且高校社会工作教育理念更多援引欧美，与本土非营利组织社会服务结合不够紧密，从而使学生对社会工作理论知识的内化和运用不够理想。同时，各高校在该专业人才培养过程中，虽然有计划地组织学生参与非营利组织的实习培训、调研项目、志愿活动等，但大部分学生只参与了底层的调研活动，并没有机会参与非营利组织项目运营过程，因而无法通过志愿活动有效感知非营利组织项目的核心价值理念。故学生参与了很多活动，但对非营利组织的价值认同、职业归属感并没有有效培养，社会工作专业人才培养目标也往往达不到理想效果。

（2）高校毕业生个人综合素质无法满足非营利组织人才需求。一方面是非营利组织在人员需求方面要求专业知识和技能等综合素质高的综合性人才；另一方面，我国高校培养出来的人才理论学习不透彻，实际技能不成熟，使得社会工作专业人才供需两方之间不匹配的矛盾日益凸显。

二、非营利组织与高校融合培养人才的可能性

（1）历史脉络的同源性。非营利组织和社会工作均起源于西方，随着西方资本主义国家工业化进程的加快，失业、贫困现象导致了各种社会问题，诸如家庭问题等的纷纷出现。在这一社会历史背景下，西方慈善事业开始产生发

---

① 张杰，赵丽红. 非营利组织与高校社会工作专业融合性发展研究[J]. 太原城市职业技术学院学报，2016（10）：111-113.

展。非营利组织和专业社会工作是慈善事业的延续性发展。二者最初都是为了解决社会问题、救助弱势群体而产生，其在专业理念、活动领域、服务手法等诸多方面都有相互融合、相互借鉴的空间。

（2）价值取向的同质性。非营利组织是不以营利为目的，主要开展各种志愿性的公益或互益活动的非政府的社会组织；强调利他主义、崇尚慈善主义，致力于弱势群体的可持续发展。社会工作是一项充满利他主义价值取向，致力于公共利益和社会服务的事业；强调助人自助。两者在价值取向上具有同质性，都是以利他主义为基础。

（3）工作方法的相似性。高校社会工作专业关于专业工作方法的教育相当系统，包括个案工作、小组工作、社区工作等工作方法的训练。非营利组织在具体的实务工作中也探索出各具特色的服务方法与服务模式，但都或多或少会涉及不同的社会工作具体方法。两者在工作方法上具有一定的相似性。

（4）融合发展的必然性。非营利组织和社会工作间存在诸多共性，使两者在人才培养方面合作成为可能。高校社会工作专业教育保证了高素质服务型人才的培养和储备，引进了更为专业的理念、方法和技能的培训，有助于非营利组织提升自身的服务品质；而非营利组织在长期实践中积累的实务工作经验，使社会工作专业教育不再是空中楼阁，也使得高校社会工作人才培养目标能够真正实现，同时还可以有效增强人才供需两方的联系，提高人才输送的效率，减轻就业压力。

三、非营利组织与高校融合发展

我国非营利组织与高校社会工作人才之间要实现融合发展，必须突破非营利组织发展的人才瓶颈，缓解高校社会工作专业人才培养去向的压力。首先是发展完善非营利组织，提高其吸纳社会工作专业人才的能力；其次是做好高校学生的培养，提高实务能力，满足买方市场需求；最后则是加强政策扶持，完善非营利组织与高校人才培养之间的政策衔接。

（一）非营利组织自身的发展进步是根本

随着社会经济的发展，各种社会问题日益凸显，越来越多关于社会服务方面的非营利组织发展迅速。但由于其自身发展起步比较晚，组织间发展进度良莠不齐，组织内外还存在很多发展局限。诸如：管理机制不健全、资金短缺、社会认可度低等，种种原因限制了非营利组织上升的空间。因此，若想提高非营利组织对于优秀专业人才的吸纳成效，非营利组织自身的发展进步是根本。

1. 拓展非营利组织的筹资能力

资金是非营利组织开展工作的基础，充足的资金可以提升组织的生存能力，保证组织项目的正常运作。根据约翰·霍普金斯大学非营利组织研究中心萨拉蒙对美、英、法等八个国家的非营利组织经费结构研究，这八个国家的非营利组织收入近半数来自会费和其他服务收费，资金来源渠道稳定，保证了其自身的独立性和有效运作。而我国非营利组织的资金来源中，政府拨款比例占非营利组织经费来源的一半，甚至更高。这一事实说明，非营利组织过分依赖于政府部门，向外界筹资能力欠缺，同时也说明非营利组织在社会筹资方面还大有可为。

为了降低非营利组织资金来源过分依赖政府的问题，目前非营利组织正积极拓展新的资金渠道，谋求与营利性组织联合筹资、与非营利组织协同筹资等方式将是未来非营利组织拓展筹资渠道和实现独立运作的有效方式。

2. 提高非营利组织的自身创新能力

非营利组织自身创新能力是其不断前进发展的动力。随着社会问题的日益增多，虽然社会服务需求的压力逐渐加剧，但也为非营利组织的发展迎来了难得的历史机遇。在全国建设服务型社会的大背景下，非营利组织要不断创新社会服务体制，与社区和居民个人服务需求对接，针对具体服务对象设计并创新服务内容，使非营利组织成为实施社会服务的主体，拓展更大的发展空间。

3. 提升非营利组织的社会认可度

非营利组织因其服务内容的公益性、服务对象的特殊性、筹资渠道的社会性等原因，使得其社会认可度与整个组织的发展前景紧密相关。非营利组织的社会认可度实质上就是该组织的公信力。麦肯锡公司曾对中国公益组织公信力做出这样的评价：中国社会其实并不缺少善心，缺少的是对公益组织的信心。中国非营利领域尤其是慈善领域频现丑闻，导致了公益组织信任危机不断加剧。可见，提升非营利组织的社会认可度至关重要。非营利组织的社会认可度与其内部治理结构的规范化息息相关，因此必须做好组织公信力建设。要想提高非营利组织的公信力，必须做好"制度公信力、财务公信力、行为公信力、过程公信力"四方面的建设工作，即健全合理的内部管理体制、公开透明的财务运作机制、完善严密的监督体系。通过对资金管理、使用过程的公开与监督，提升公众对非营利组织的社会认可度。

（二）高校与非营利组织的合作机制是桥梁

针对当前我国高校社会工作专业人才与非营利组织人才需求不匹配的问题，搭建高校与非营利组织间的合作平台是解决人才供需矛盾的有效途径。非营利组织作为社会工作专业人才的重要买方市场，它的快速发展能够为社会工作提供很好的发展空间和平台，而社会工作发展又能够进一步反哺非营利组织，为非营利组织提供更多符合需求的专业人才，提高其组织管理能力、运作效率，改善本土非营利组织内外部环境。

（1）高校为非营利组织提供本土化、系统化的理论培训平台。高校作为社会工作专业人才培养基地，拥有一套专业理念和学科背景过硬的师资队伍，能够提供系统化的社会工作理论和专业工作方法。社会工作理论如家庭社会学、儿童心理学、老年社会学知识等；社会工作专业方法及技巧如个案社会工作、小组社会工作、社区社会工作等；项目设计运营相关知识，如项目设计与管理知识等。针对非营利组织人员专业性差的问题，高校能够调动和利用自身及社会工作教育界的优势资源，更好地满足非营利组织从业人员对于社会工作专业知识补充和能力提升的需求。

（2）非营利组织为高校人才培养提供实务工作经验。非营利组织凭借其在社会服务实践中积累了丰富的项目运作管理经验、适应本土服务对象的实务工作经验，是社会工作专业学生重要的知识来源、实践基地和就业平台。因此，针对高校人才培养过程的薄弱环节，一方面，非营利组织通过参与制定修改高校人才培养方案，调整课程教学设计，创新教学方式、方法，强化实践环节，改变高校传统的以知识为中心教学方式，形成社会需要的以能力为中心的教学方式；另一方面，通过从非营利组织引进实践教学教师，组织学生进行项目整体运作实践指导，弥补高校实践性教学师资缺乏的同时，提高高校学生对于非营利组织工作的参与度，切实提升学生的实践能力。

（三）政府政策引导与扶持是保障

非营利组织与高校社会工作专业在我国建立时间相对较晚，作为新兴的社会组织和学科专业，其在自身发展成长过程中仍面临诸多困境，诸如社会认可度低、员工福利待遇较差、高校学科专业建设投入不足等。因此，两者的融合发展离不开政府的引导与扶持。在未来非营利组织与高校社会工作专业化、职业化、本土化建设过程中，政府需进一步加大向社会组织购买服务的政策扶持制度和高校社会工作专业建设力度，健全非营利组织人才引进的激励保障制度，为两者的健康发展提供强有力的保障措施。

第二节 开放教育社会工作专业发展路径——嵌入性模式

随着中国社会转型的不断深入，社会结构的不断变化，社会各领域对于专业社会工作者需求量远超预期。以上海市为例，具有社会工作职业水平的社会工作者较少，与发达国家和地区社会工作者一般占总人口2%。但目前又面临专业人才总量少、综合素质不高、职业能力不强、缺乏专业认同感与职业认同感、薪酬吸引力不足等问题，这不仅造成供不应求的现状，同时，职业人才流失严重，使得社会工作职业发展处于瓶颈。

目前，就普通高校而言，多数本科毕业生流向政府机关、事业单位、教育机构，而从事一线社会工作者的人数较少。但无论是在妇女、青少年、养老、医疗，还是在社区矫正等特殊社会工作领域都需要一线社会工作者。开放教育社会工作专业学生就业期望值相对偏低，从事一线社会工作能基本满足开放教育社会工作专业学生的职业需求。因此，开放教育作为终身教育系统的重要组成部分必须承担这一重要的使命和责任。

一、得以生存——职业分化与专业选择的偏好

上海的社会工作专业发展在全国都处于较领先地位。上海开放大学是一所优质的开放大学，下设30所分校。尽管不同分校专业开设不同，但本书所选

取的具有代表性的静安分校（核心城区）和崇明分校（郊区）均开设社会工作专业。同时尽管两所分校的运行机制不同，教学质量不同，但却遇到了相同的困境，社会工作专业招生人数呈现"断崖式"递减。在宏观社会对于社会工作专业的人才需求下，这种递减不符合常理。因此极为有必要对该专业的生存与发展进行详尽的探索与分析。

就上海开放大学而言，总体生源在不断下降，选择社会工作专业的学生人数较少。一些分校已处于停招阶段，部分分校还在以小班化教学支撑专业发展。所以在谈"质量"的同时，也应看到"数量"。目前开放大学的社会工作专业正在处于生存边缘期。此外，频繁的跳槽以及专业知识不能满足学生职业要求，这些问题也在不断考验开放教育的专业设置能力。

上海开放大学的社会工作专业是小专业，各分校平均每届人数不超过20人，甚至部分分校实行小班化教学，人数在12人左右。而与之相比，行政管理专业人数颇多，崇明分校平均每届人数在100人以上。此外，市中心部分分校社会工作专业处于停招状态，崇明分校也是每一年或者两年招一届学生，不能实现长效化。这样的专业人数悬殊，不得让人思考是哪些因素造成专业之间人数差异如此巨大，是市场需求的原因，还是宣传力度不够，或是其他的因素。

开放教育学生与普通高校学生具有较大的差异。而在专业选择方面，更多地表现出学生的职业背景和职业倾向性。在对行政管理专业和社会工作专业新生进行调查时发现，开放教育学生与普通高校学生的最大差异在于开放教育学生多数具有职业背景，在专业选择方面具有职业的倾向性；而普通高校学生在选择专业时主要根据自己的兴趣爱好，因此，学生本身的职业对于专业选择具有很重要的影响。中国正面临快速的社会转型期。20世纪90年代，中国学者提出中国社会结构转型具有自身的特殊性，中国正在从自给半自给的产品经济社会向社会主义市场经济社会转化，从农业社会向工业社会转化，从乡村社会向城镇社会转化，从封闭半封闭社会向开放社会转化，从同质的单一性社会向异质的多样性社会转化，从伦理社会向法理社会转化。

异质的多样性社会结构也带来了社会阶层的不断分化，职业也呈现出多元化的特点。例如，选择社会工作专业的学生中已从事社会工作岗位的人员占到了近90%，大专非社会工作专业就读本科社会工作专业的人数只占到10%。对于已从事社会工作岗位的人员而言，选择本科社会工作专业，更多表现出来的是一种职业的延续，也是职业的一种补充形式。而大专非社会工作专业就读本科社会工作专业的学生，往往处于社会"中下层"，通过学历教育，拿到相应的文凭，他们对于社会工作专业的就业期望值并不高，认为即使以后对口从事社会工作，也只是职业的一种过渡。一方面，如果从职业到专业完全对口，那么社会工作专业的生源极为有限，这就降低了社会工作专业生源的广度，将面临专业生存困难；另一方面，如果只为了单纯提高社会工作专业的就读率，将一些盲目选择专业的学生吸纳进来，又使得以后的教学和就业进入窘境。

社会工作专业在开放教育中生存并蓬勃发展起来，就必须摆脱"职后培训""剩余专业"的色彩，需大力宣传社会工作专业，让社会人员了解社会工作专业的广度和包容度，改变陈旧的观念。英克尔斯在其名著《社会学是什么》中指出，学术界并不是一艘防水船，不是整整齐齐地分为几个单独的知识防水舱的。社会工作专业化是开放性的，社会工作应跳出狭隘的专业范畴，树立大专业的思想。当代的社会工作学者应是多学科复合型结构人才，其知识包括社会学、心理学、法学、管理学、医学、经济学、信息科学等。社会工作专业化不是要排除其他学科的知识，反之，越是专业的，就越是知识多样的。从社会工作专业本身而言，就需要各类相关学科的融入，如果把其他专业拒之门外，势必会限制社会工作专业发展。

二、尊重与理解——广泛回应多元化的求学诉求

目前开放教育学生的诉求呈现多元化趋势，主要概括为三种诉求：利益诉求、心理诉求、价值诉求。这三种诉求有时会相互交叉。利益表达（即利益诉求）是人们对待利益问题的一系列态度和行为的总和。开放教育学生的利益诉求主要包括在处理自身与社会关系之间所体现出的对自身利益的实际感受及对外部组织（学校和社会）的表达。开放教育必须关注学生的利益诉求，必须关心学生的权利表达的需求、职业发展的需求。例如，开放教育专门设立学生处，将学生权利表达的需求放在首位，规范他们的表达途径和表达方式，并将其需求予以满足，形成良性的行为主体间的互动。自从有了社会分工，职业的发展

更趋向于多样化，人们对于职业发展的需求也是各有不同。开放教育学生更多表现出的是物质性职业需求。

如上所述，学生在开放教育就读是一种职业的延续，或者说是在职业方面进行继续社会化，学生们更多倾向于"培训式教育"。学历式教育与培训式教育在教学内容、教学方法、教学手段甚至是整个教学体系都有明显的差别。社会工作专业的学历式教育更强调系统性和基础性，课程设置时充分考虑这两个特征，所以，课程之间存在重复和交叉现象。学生们所倾向的"培训式教育"，其特点在于时间短，具有针对性。希望能用有限的时间将授课时间缩短，并具有针对性地进行授课。例如，中级社会工作师的社会工作综合能力、社会工作实务相关课程的授课。

开放教育学生的心理诉求表现出在心理上对某事的渴望和要求。例如，被他人关注的心理需求，以及个体互动的需求。在非参与观察中发现，社会工作专业学生出勤具有一定的规律。他们将在学校进行学习作为一种社会参与的行为，而且表现出一种集体的行动。频繁的个体间互动对于他们之间的关系产生一定的影响，而且同时也会对社会环境形成一定的作用。一方面能加深学生之间的友谊；另一方面又能营造良好的学习、教学环境。这种"联动作用"在开放教育教学中表现得极为明显。此外，开放教育的部分学生在过去的学习生活中没有很好地进行社会化，在人际交往方面存在一定的障碍。通过良性的个体间互动能增强学生的社会交往能力。

对于社会工作专业学生的另一种求学诉求常常被忽略，即是价值诉求。无论专业初生时其慈善的使命宣称和科学的使命宣称之间存在着怎样的张力，现今通过一个表述两者似乎达到了均可接受甚至尽皆满意的局面，这个表述就是"助人自助"。开放教育社会工作专业的学生能认知到社会工作作为一门以助人为职业的专业，部分学生带有"利他主义"精神和职业追求选择社会工作专业。这种精神应该在开放教育教学中予以重视，并积极予以引导和强化于职业工作者的产生。

专门职业必须具备三重性价值：求知（knowing）价值，即专门职业获取系统化知识和专门技能的价值；实践（doing）价值，即专门职业具有的获取训练有素的能力和技术技巧的价值；第三重价值也是默顿特别强调的援助（helping）的价值，这是将知识与技能结合起来，以服务他人为取向的职业价值。对这种援助价值的支持和确认就是利他主义规范的确立，默顿称之为"制度化的利他主义。社会工作专业的这种价值取向贯穿于学习和职业的始终，开放教育对于社会工作专业学生的培养关键在于专业价值观的正确树立。

如何去重视和整合学生们这三种求学诉求，如何满足学生多元化的求学诉求，这是开放教育社会工作专业需要迫切思考的问题。因此，必须建立完善的管理服务制度、完整的内在组织结构、专业的教师队伍以及具有服务意识的合作团队。将利益诉求、心理诉求、价值诉求有机整合起来，有针对性地予以满足，才是开放教育社会工作生存发展的重点。

三、本土化渗透——嵌入性模式的实践运用

开放教育之所以是培育成长社会工作专业的土壤，不外乎两个原因：第一，已有职业背景，即现已从事相关社会工作的学生急需相关专业理论知识；第二，已从事社会工作和将要从事社会工作的学生组成小群体，学校作为他们重要的社交场所，他们在情感方面的支持以及其他求学诉求得以满足。但是，在实际教学和管理过程中，也面临着这样一系列的问题。

"社会工作"一词的宽泛应用，早已失去原有的社会工作专业化色彩，过度的本土化，使得社会工作者包括了专业类社会工作者之外，其他行政类的工作者比如社区工作者在现有的体制框架下也被认可为社会工作者，这在人才培养和学生职业发展中存在着冲突与矛盾。2011年，王思斌在《中国社会工作的嵌入性发展》一文中，在社会工作发展结构的意义上引入经济学中的"嵌入"概念。他认为本土社会工作实践是原生的，并且广泛存在于社会生活之中，专业社会工作只是弱小的后来者，所以就二者的基本关系来说，专业社会工作实际上是进入本土社会工作实践的原有领地，专业社会工作嵌入本土社会工作之中，实质就是在说明原有行政性社会工作与外来专业性社会工作之间的关系。

已有职业背景已从事行政社会工作的学生在接受西方专业社会工作理论的同时，难免会产生一些排斥和反应。这种反应是一种结构性的、群体性的。他们在长期固化的体制框架下，很难摆脱行政化和官僚化的思维模式，更在短期

内无法从管理手段转化为服务活动，甚至他们认为专业化的社会工作是建立在没有经验和没有特定情境之下的，这给开放教育社会工作发展带来瓶颈。

专业社会工作嵌入实际社会服务具有明显的"物理性"——这是一种外来物的进入。一种外来物要进入庞大的强势体系，需要亲和，这就是社会工作的本土化努力。开放教育社会工作专业发展需要进行这种本土化的努力，在教学和管理模式方面发生巨大转变。一方面，不排斥行政社会工作者参加专业学习，与之相反，而是通过专业宣传将他们吸引到社会工作专业学习中来；另一方面，在专业教学过程中不再过分强调"专业化"，一味地被专业化所替代，而是一种有机融合。嵌入性模式就是两者相互融合的初始阶段。但与此同时，也会面临这样的问题，嵌入性模式的优势在过去的几年的实践中已凸显出来，但弊端也在不断地暴露，这种本土化的努力在一定情况下显得没有张力，想要将行政社会工作和专业社会工作进一步的实现双向融合，还需要将最为核心的内容贯彻在开放教育社会工作专业发展之中。

四、专业与职业——嵌入性模式格局的突围

如果没有引导树立正确的专业价值观，没有专业认同和职业认同的支持，那么专业社会工作在本土化努力下则显得极为乏力，开放教育专业社会工作发展也缺乏长效性。专业认同与职业认同这两个概念存在差异。专业认同是学生专业成长的起点，也是学生专业发展的动力之源，强调的是学生们对于社会工作专业的专业知识、专业价值观和专业就业前景等多重方面的认同。随着对于专业的深入学习，专业认同度也在发生变化。

例如，在对上海开放大学两个分校88名的社会工作专业本科学生三年的追踪调查显示，有近70%的学生专业认同度在不断上升。原非从事社会工作行业且专科非社会工作专业的学生专业认同度也有明显变化。首先，这种专业认同度直接归因于开放教育社会工作专业教学中的情感支持和班级学生间的交往；其次是开放教育的专业教育和培养；再次是个人的利他主义倾向。可见，专业认同度随着学习时间的推移也具有纵向发展的过程，而且专业认同度呈明显的上升趋势。但与之相比，职业认同就有所不同。

职业认同类似于职业现实，这种现实的建构是一个正在进行的个体的和情

境的解释过程气可见,职业认同更强调一种情境和过程,它需要在特定的环境中,自我感知和自我体验。例如,在对学生的追踪调查中显示,首先,原从事专业社会工作的学生职业认同度较高,其次是在专业社会工作行业曾实习或实践的学生,他们的直接自我感知和体验决定了其职业认同度。相比之下,从未涉及社会工作行业的学生对于社会工作行业没有了解,认为专业与职业间的"断裂",在面对就业形势、工资待遇、岗位设置等方面表现出较低的心理承受能力。他们一旦进入社会工作行业,就会出现频繁跳槽的现象。

在此基础上,不难发现除了在职业环境中进行职业现实的建构外,在实习或实践阶段也可以在认知、情感和行为等多方面对职业现实进行建构。同时,调查显示,从事行政社会工作的学生对于职业认同也在不断发生变化,在不断受到专业认同与职业认同之间碰撞的冲击。他们最显著的行为变化是对于服务对象的态度转变,专业社会工作中"助人自助"的理念促使他们不断进行自己的行为检查和修正,不断以专业社会工作的职业准则要求自己。

开放教育开设社会工作专业具有一定的优势,这种优势与我国社会工作专业特有发展路径有关。它能更加快速、高效地培养一线社会工作者以此来弥补市场的巨大空缺。通过嵌入性和互构性模式的引导,走出实践运用中的困境。开放教育只是社会的一个小缩影,但它折射出中国社会教育基本格局中的现状,希望通过开放教育社会工作专业发展中的实践,给予社会工作建设更多借鉴,从而促进其长足顺利发展。

第三节 社会工作专业与高校协同创新的效应及其路径选择

协同创新多为组织企业内部形成的知识(思想、专业技能、技术)分享机制,特点是参与者拥有共同目标,通过内在动力和直接沟通,依靠现代信息技术构建资源平台,进行多方位交流、多样化协作。宏观层面的主要形式就是产学研协同创新,其本质属性是一种管理创新,通过管理创新突破主体间的壁垒,充分释放彼此间"人才、资本、信息、技术"等创新要素活力而实现深度合作。

积极推动社会工作专业在中国的快速发展与社会管理创新、高校协同创新等思想陆续在一个时期相继提出来，使得社会工作专业与高校协同创新之间的关系较为明确。

高校社会工作专业培养专门从事社会工作的专业人才，致力于解决人们在成长和发展过程中的问题和困难，增强其社会生活和关系功能；参与和推动社会政策的制订和完善，增进社会正义、实现社会和谐，其从业人员被称为"社会工程师""社会医师"。社会工作在一定程度上有利于促进社会管理的理念创新、主体创新、路径创新，有助于建设一个稳定有序、公平正义、平安幸福的和谐社会，社会工作对社会管理创新的意义不容置疑，社会工作对高校的协同创新同样功不可没。

一、社会工作专业与高校协同创新的效应

（一）社会工作专业创新高校人才的培养

高校社会工作专业可在校内依托社会工作实训室建设"青年地带社工之家"在专业教师的指导下，由校内学生自主服务本校师生；高校社会工作专业举办的社会组织或者养老院提供平台让学生学以致用。这两者均能对相关专业的学生提供全方位、全过程的岗位训练，对学生技能、素养的培养将更有自主性和针对性，学生将在课程上所学的知识和技能及时运用到服务实践中。[1]

教师在服务前、服务中及服务后安排反思活动，帮助学生整合其课程学习与服务经验，并促使学生在服务实践中关注社会、培养社会责任感，这样的人才培养方式可以更好地实现各个专业学生"个人成长＋专业成长"的人才培养目标，为高校素质教育的内涵拓展新的内容。依托社会工作专业还可进一步建设老年学、护理学等系列专业群，这些专业将是社会发展、产业升级换代后新的热点。同时，结合学校已有的艺术设计、玩具设计、财务管理、人力资源管理等专业培养公益创意设计、公益管理、公益创业、公益服务等急缺的复合型公益人才，这些将成为高校协同创新的生长点，既创新了人才培养的方式，也

---

[1] 王雪莲. 社会工作专业与高校协同创新的效应及路径选择[J]. 湖北社会科学，2013（08）：163-165+168.

创新了人才培养的规格。

(二)社会工作专业创新高校服务社会的主要形式

大学除了培养符合社会需要的人才,还需要服务地方经济发展、服务地方居民社会生活需要。社工专业通过整合校内外各种资源能使各专业在校大学生发挥最大的潜能,在学习中服务社会,在服务中学习,这种方式不仅能创造经济价值,更能服务民生,创造社会价值,发挥社会效益;社工专业举办的社会组织也能让社工专业教师通过承接疑难案例的辅导、督导一线社工及社工专业实习生在开展服务、承接社工人才的继续教育培训、开展社会调研等方式发挥最大的能量、提升专业能力;社会工作专业可组建高校教师志愿服务队,在社会工作专业举办的社会组织中担任志愿者,利用专业特长对社区居民开展培训服务社会,承担公民应有的责任,共同推进社区教育及社区建设。

通过师生的广泛社会服务还能逐步加强学生社会服务活动的社会支持体系的建设,推进政府、学校、社会(社区及各种机构和部门)为学生社会实践和服务提供支持的网络,充分调动和发挥各种教育资源来完善实践活动体系的建立,使社会实践、社区服务成为学校教育的常态,使公益教育走入学生的课堂和生活,进而使学生在服务实践中得到正向的成长。社会工作专业通过高校的协同创新服务居民、促进地区发展、助力社会管理。

(三)社会工作专业创新高校管理的方式

高校社会工作专业可与学生处团委、就业指导中心、心理咨询中心等部门共同解决大一新生的适应性问题、大学生的一般恋爱问题、人际关系调适、就业辅导、兴趣培养、领导力训练、团队融合、公民意识培养等青年大学生正向成长的系列问题。高校举办社会工作专业可与校工会、人事处共同服务学校教职工的教学、休闲娱乐及家庭生活,为高校教职工开展压力舒缓、系部教职工团队建设、教师志愿服务队伍建设,教职工亲子沟通、家庭康乐及各类兴趣小组。这些以人为本的管理方式能增强师生对学校的归属感,提升学校的管理效率,建设和谐人文校园文化。

（四）社会工作专业加强高校的社会效应

高校举办的社工组织或者校园养老院可做产学研的典范，既解决特定的社会问题、满足特定的社会需求，又能为学生提供实践平台；既能创造经济效益，更能创造出积极的社会效应。狭义的社会效应指的是直接为弱势群体或欠发达地区创造就业机会或者提供产品和服务来满足他们的需求。广义上的社会效应则包括了对社会道德伦理的重塑、社会经济结构的重构，新的生产加工方式（如有机种植以及民主赋权的治理结构和所有权结构等。高校举办的社工组织或者校园养老院在运营过程经常会促进高校与政府、企业、商会、共青团、妇联、工会等部门建立更紧密的联系，增加社区人们的交流、增进社会的融入，动员大量的社会资本，动员大量志愿者的参与，公众会捐钱、捐物、捐时间、捐智力，促进更加稳固的关系网络、增加社会的信任程度，从而有助于实现一个更加有机而富于活力的高校和社会。

二、社会工作专业与高校协同创新的路径选择

（一）社会工作专业的特点及对高校协同创新的可能选择

社会工作服务的对象是具有高度能动性的人、具有各种复杂情况和差异性的人，因此社会工作者要融服务者、倡导者、支持者、教育者、资源筹措者、个案管理者、政策影响者等多重角色于一体。这些决定了社会工作专业具有高度整合资源、要素的特点。社会工作专业与社会学、心理学、教育学、经济学、政治学、人类学、法律、管理学等学科均有跨界。社会工作运用社会学理论去了解服务对象问题的根源；运用心理学的原理和心理分析方法，促成专业的个案工作；社会工作重视人类学中个别差异和社会文化环境因素对个人行为的影响；社会工作藉着教育学的方法去了解个人的学习动机和社会化问题，并藉着教育增进入类知识和谋生的能力；社会工作方法之一的社会行政，就是采用政治学中的公共行政知识与技术，如机构的抉择、组织、人事部署、领导沟通及公共关系等；社会工作与经济学都在为高度发挥人的潜能、提高福利水平、以及人人充分就业而努力，都在直接的促进改善经济发展的环境；社会工作依靠立法，依各种社会福利法规，去推进社会福利措施，解决社会问题。

培养社会工作专业人才的教育过程必须充分整合各方资源，为学生创设能接触不同人的情境和平台来进行专业训练，国际上社会工作专业本科学生毕业需要完成 800 小时的专业实践。社会工作教育的过程就是资源动员与构建的一个过程。资源动员理论对"资源"范围的界定越来越广泛，它既包括有形的资金、场所、设施、成员，也包括无形的意识形态、领袖气质、组织技巧、合法性支持等。而高校作为科技第一生产力和人才第一资源重要结合点，有文、理、医、艺术等多学科、多功能的优势，有学者、企业、学生、家长、政府、公众、媒体、行业、社区共同参与，有资金、场地、设施等硬件，有文化、场域、社会资本、机会等各种资源，对这些资源进行动员与构建能更好满足社会工作专业人才培养的需要，又能使高校的管理创新产生奇妙的效应，社会工作专业对高校协同创新将有所作为。

1. 高校与社区对接提供社区家庭综合服务及其社区教育

家庭是社会的细胞，社会建设的核心是建设幸福家庭。家庭综合服务中心是由专业社工机构承接政府购买的服务所开设的，通常服务本街道的居民。服务开展的形式有以心理辅导、生活救助、就业帮扶、情感支持等为主的个案辅导服务；以法律知识、环保意识、职业安全、健康知识等为主的社区教育服务；以组织交友聚会、举办各类兴趣小组和户外活动为主的社区康娱活动服务；以培育社区自助、互助团体，倡导和组织社区居民参与义工队伍建设，培养社区互助友爱精神为目的的社区（义工）发展服务；以整合资源、链接资源、与相关部门建立友好转介机制、管理个案为形式的咨询及转介服务。开办社会工作专业的高校在当地民政部门注册成立社会组织承接政府购买的社会服务，在社区开展家庭综合服务，这在全国高校中不陌生，许多学校已经探索走出了一条适合的道路，给高校各个专业协同创新创造了无形的广阔平台，将高校与社会及社区对接，进一步推动社区学院的建设及社区的发展。

除了直接创造经济价值外，高校教育资源也可以服务民众日常生活；除了社会工作专业能服务民众之外，其他与民生相关的专业也可以服务民众。以社工专业为主体融合其他专业人才，建设"社会资源中心"能真正体现社会工作者"资源整合者"的角色。服务型专业人才在正式进入工作岗位之前，可以通过社区家庭综合服务中心这个平台来服务社区居民。如将玩具设计与制造、计算机网络技术、金融管理与实务、装潢艺术设计、酒店管理、珠宝首饰工艺及鉴定、房地产、会计、艺术设计、人力资源、文秘、商务英语、电子商务、法律事务等与民生紧密联系的专业整合起来，可由社会工作专业学生链接给有需要的社区居民，实现多赢。一方面通过这种公益学习、服务学习的方式，在专业社会服务的实践中培育人才；另一方面学以致用，服务社会，储备人才，把高校教育资源链接到社区，发展社区教育。

2. 高校与企业对接提倡企业社会责任

兴起于英、美等国的慈善组织会社与睦邻运动共同促进了社会工作的形成。社区睦邻运动的方法是让社会工作者广泛、深入地参与社区生活，调动并利用社区内的各种社会资源，组织和教育居民改善自己的环境，培养居民的自助与互助精神。这种精神是每个社工在实务工作中都必须掌握两个最基本的技能，即"代表"和"影响"也即社工始终在倡导。这给高校协同创新以启示：高校作为一个特殊的社会主体，在倡导承担社会责任方面能发挥特有的功能，并展示出很好的协同创新性。

许多高校办学历来注重校企合作，各个专业都有校企合作伙伴，已在合作培养人才、合作开发产品、合作攻关课题等方面做出了有益探索，并实现了多赢。企业社会责任是未来企业公关的大势所趋，这样的企业慈善并非纯粹的利他行为，是企业战略的一部分，可以提高企业的竞争能力。这是高校协同创新的契机。开办社会工作专业的高校可以身体力行从全校各专业已合作的企业开始，开展"公民精英商界伙伴协作计划"或者成立"高校社会责任委员会"链接企业资源助力社会管理，倡导企业参与公益社会服务、承担社会责任。首先倡导企业所经营的事业不应对公众利益造成损害，在创造利润、对股东负责的同时，还应承担起对劳动者、消费者、环境、社区等利益相关方的责任；其次企业应在资助教育事业、推动环保、扶持艺术等领域做一些努力；更高层面企业要关心社会问题和社会走向，推动社会向更好发展，将对社会和环境的关注融入其商业运作以及与企业利益相关方的相互关系中。同时，高校应向具有较好社会责任意识的企业提供回馈服务，为其提供优质毕业生，提供企划咨询及广告宣传，提供员工 EAP 帮扶计划、职业技能培训及员工关系辅导企业社会工作服务。

3. 高校与社会对接开办校园养老院

随着社会经济的发展，人们的生活水平、消费水平、养老观念的变化，社会养老问题日益突出，养老需求逐步向多层次、多元化、个性化方向发展。老年养老不仅是要满足基本的衣、食、住、医的需要，同时还希望能满足沟通、交流、娱乐、休闲、学习、教育、有为、亲情、临终关怀等需要。这些变化使得举办了社会工作的高校可以吸纳商业资本在大学开办养老院。大学花园式的校园环境、各种体育活动设施、图书资源、青年生机勃勃的活力、多彩的社团活动、热情满溢的青年志愿者，以及大学里的人文历史、旅游地理、艺术财经等学科资源都为老年人养老需要的满足提供了可能。而大学校园文化也需要老年人丰富人生经历的渲染，社会工作相关服务专业学生可以在这样的养老院学以致用，普通大学生与老人一对一的对接更能传承爱老、敬老的传统文化，这种跨年龄的交流和互动，能提升双方的社会资本。

同时大学也可依托校园养老院建设医疗保健、生物工程、老年学等系列专业群。校园养老院能避免新建养老院基础设施建设所需要的高额成本，能充分整合高校的人力资源，用高校的场地及智力资源，以商业的运作模式合办"校园养老院"这样的社会企业，力所能及地解决社会养老问题，将为高校协同创新写上崭新的一笔。

（二）社会工作专业促进高校协同创新发展路径选择的建议

积极开发社会工作专业及高校的资源，尝试做出各种资源的跨界组合。社会工作专业涉及的部门非常广泛，包括政府职能部门、群团组织和社会团体。其中政府职能部门有民政、劳动和社会保障、教育、卫生、司法、公安等；群团组织有共青团、妇联、工会、老龄工作办公室、残疾人联合会、红十字会等。一方面是为儿童、青少年、老年人、残疾人、贫困者、失业者、吸毒者等特定群体提供服务；另一方面是在一些特定机构中开展社会服务，如在大学开展学校社会工作，促进学生身心健康发展；在医院和社区卫生机构开展医疗社会工作，调节医患关系，解决影响健康的心理和社会问题在监狱和社区开展矫正社会工作，帮助违法人员回归主流社会；依托社区或非营利机构开展家庭社会工作，促进家庭和谐；在企业中开展企业社会工作，保护职工权益，缓解压力、发展能力等。这些部门或个体都是高校协同创新共同体，迈克尔·武考克在微观层面把社群内部的联系称为整合，把社群外的网络称为链合，整合和链合作为社会资本独立而又互补的形态，可以增加个体获取社会资源的机会。社会发展、科技进步推动着"自主创新"向"协同创新"的迈进。开办社会工作专业的高校，在培养人才过程中通过突破创新主体间的壁垒，充分释放彼此间"人才、资本、信息、技术"等创新要素活力而实现深度合作。

充分发挥社会工作专业的倡导功能，辐射影响高校其他部门。社会工作专业是个新兴专业，其办学实力还不强，其能量还不能被大多数人意识到。社会工作专业要充分发挥自身的倡导、影响功能，广泛向其他部门进行宣传介绍，可策划组织相关领导或退休教师参观优秀的社区服务中心或者养老院，让其直观了解到社会工作领域的发展态势；要有效向普通民众宣传，使得普通居民能意识到"学校、医院、地铁、社工中心，置业居家一个不能少"，让民众认识到社会工作关乎民生，认识到重要性，相关的合作、协同创新才更有土壤。

树立协同创新理念，加快培育社会创新家。高校要将"协同创新"理念贯彻到人才培养、科学研究和社会服务的实践之中，突出"创新"在办学理念中的重要位置，强调"协同"作为办学思路的重要内容，依托优势学科群，与科研院所、行业企业、政府部门及国际社会等深度合作，建立"开放、集成、高效"的协同创新共同体。这些最终离不开人的观念转变和想象力的解放，因此要精心选择和培育协同创新领军人物，加快培育社会创新家，能够跨领域、跨行业、跨地域乃至跨国界整合资源，不仅要懂得科学研究的规律，还要懂得市场和社会的规律，与政府、社会乃至世界对话，总揽全局，协调各方，同时富有强烈的社会责任意识，对不同事物能够包容和创造。还要不断培育敢于积极承担社会责任的公民。日本采取了"市民社会主导、高等院校参与、政府部门支援"这一社会总动员式的"社会创新家"培育模式值得我国加以研究、学习和借鉴。

总之，在社会管理及社会建设的热潮中，高校协同创新的本质是社会管理创新。高校社会工作专业以"力推服务学习，培育公益人才，助力地区发展，服务社会管理"为目标，以协同创办社工组织或社会企业为依托，联合各界社会团体、社会热心人士共筑社会服务新格局，形成高校主导、多方参与、相互协作、共同进步的协同创新服务新体系，可为高校协同创新贡献特殊的力量。

参考文献

[1] 库少雄. 社会工作实务（第2版）[M]. 北京：中国人民大学出版社，2016.

[2] 杨晓龙，张子龙. 高校社会工作[M]. 北京：中国社会出版社，2010.

[3] 王信翔. 高校社会工作嵌入新生管理的策略研究[J]. 厦门城市职业学院学报，2020，22（02）：44-50.

[4] 张荣，李伟峰，许淑华. 当前我国医务社会工作专业教育的发展特点探析[J]. 黑龙江教育（高教研究与评估），2019（01）：60-62.

[5] 滕燕华. 嵌入性模式：开放教育社会工作专业发展路径分析[J]. 天津电大学报，2019，23（04）：13-16+32.

[6] 加鹏飞，燕艳，徐菁. 地方性高校社会工作专业"教学、科研、实践"三位一体教学模式构建[J]. 教育与职业，2017（24）：91-94.

[7] 武艳琼. 高校医务社会工作实习存在的问题及对策研究[D]. 西北大学，2017.

[8] 张杰，赵丽红. 非营利组织与高校社会工作专业融合性发展研究[J]. 太原城市职业技术学院学报，2016（10）：111-113.

[9] 刘庆. 高校社会工作专业学生就业路径探讨[J]. 现代国企研究，2016（14）：131.

[10] 段四来，赵敏. 浅谈高校社会工作专业学生就业形势与政策[J]. 科技经济市场，2014（12）：110.

[11] 李树文，刘媛媛. 高校社会工作专业学生实习面临的问题及发展路径探析[J]. 洛阳师范学院学报，2014，33（09）：119-121.

[12] 王尧. 高校社会工作专业实践教学体系的完善[J]. 职业技术，2013（12）：

59.

[13] 王雪莲. 社会工作专业与高校协同创新的效应及路径选择 [J]. 湖北社会科学，2013（08）：163-165+168.

[14] 唐晓英，李精华. 高校社会工作专业隐性课程的缺失与构建 [J]. 北方经贸，2013（03）：164.

[15] 董志峰. 对我国高校社会工作专业人才培养的思考 [J]. 社会工作，2012（10）：56-58.

[16] 刘刚，李德刚. 高校社会工作专业师资培养方式分析 [J]. 社会工作（学术版），2011（09）：58-60.

[17] 王金元. 高校社会工作专业实习实践教育体系的构建 [J]. 黑龙江高教研究，2010（12）：82-83.

[18] 张子中. 高校社会工作的定位 [J]. 河南理工大学学报（社会科学版），2006（04）：344-348.

[19] 关信平，杨晓龙，张子中. 高校社会工作 [M]. 北京：中国社会出版社，2010.

[20] 张斯虹. 社会工作嵌入高校学生工作研究 [M]. 广州：中山大学出版社，2013.

[21] 蔡艳杰. 转型与发展——高校社会工作专业教育探索 [J]. 福建茶叶，2019，41（11）：90-91.

[22] 苗春凤. 高校社会工作专业小组工作课程实验教学探索 [J]. 内蒙古师范大学学报（教育科学版），2019，32（7）：118-124.

[23] 王文晶，甘颖. 高校社会工作专业毕业生就业问题研究 [J]. 现代教育科学，2016，（7）：104-108.

[24] 夏权威. 高校社会工作专业实践教学改革的探讨 [J]. 教育探索，2013，（7）：40-42.

[25] 付双乐. 社会工作与城市经济社会发展 [J]. 华东理工大学学报（社会科学版），2019，34（3）：13-24.

[26] 王雪莲. 社会工作专业与高校协同创新的效应及路径选择 [J]. 湖北社会

科学，2013，（8）：163-165，168.

[27] 袁琳. 高校社会工作专业学生的就业压力成因及对策分析 [J]. 继续教育研究，2007，（2）：156-158.

[28] 吕红梅. 社会工作专业就业困境及对策分析 [J]. 中国商论，2016，（30）：191-192.

[29] 陈连军. 社会工作介入居家养老服务的推进路径研究 [J]. 学术交流，2013，（7）：131-133.

[30] 张琳. 论社会工作与高校思想政治教育的共轭与模式生成 [J]. 高等农业教育，2014，（5）：26-29.

[31] 王杨，陈树文. 学校社会工作介入高校学生工作探析 [J]. 广西社会科学，2012，（1）：186-188.

[32] 刘小霞. 论社会工作专业实践教学体系的构建 [J]. 教育与职业，2012，（24）：166-167.

[33] 章羽. 学校社会工作：高校学生思想政治工作的新架构 [J]. 探索与争鸣，2011，（12）：111-113.

[34] 陈东恩. 高校社会工作服务体系构建研究 [J]. 中国青年政治学院学报，2010，29（6）：137-142.

[35] 田萍. 大学生弱势群体与学校社会工作支持 [J]. 教育与职业，2012，（35）：37-38.

[36] 朱眉华，文军. 社会工作实务手册 [M]. 北京：社会科学文献出版社，2006.

[37] 翟进，张曙. 个案社会工作 [M]. 北京：社会科学文献出版社，2001.

[38] 宣兆凯. 学校社会工作学 [M]. 北京：北京师范大学出版社，2000.

[39] 唐忠新. 中国城市社区建设概论 [M]. 天津：天津人民出版社，2000.